Leid und Mitleid
bei Edith Stein

VERLAG ANTON PUSTET

Leid und Mitleid bei Edith Stein

Herausgeber:
Małgorzata Bogaczyk-Vormayr,
Elisabeth Kapferer, Clemens Sedmak

VERLAG ANTON PUSTET

Gedruckt mit
freundlicher Unterstützung
durch:

Rotary Club Ried im Innkreis,
Distrikt 1920

Impressum

Bibliografische Information der Deutschen Nationalbibliothek
Die Deutsche Nationalbibliothek verzeichnet diese Publikation
in der Deutschen Nationalbibliografie; detaillierte bibliografische
Daten sind im Internet über http://dnb.d-nb.de abrufbar.

© 2013 Verlag Anton Pustet
5020 Salzburg, Bergstraße 12
Sämtliche Rechte vorbehalten.

Bilder: © Edith Stein Archiv, Karmel vom Frieden
Coverbild: Edith Stein als Lehrerin (um 1928)

Grafik, Satz und Produktion: Tanja Kühnel
Lektorat: Dorothea Forster
Druck: Druckerei Theiss, St. Stefan im Lavanttal
Gedruckt in Österreich

ISBN 978-3-7025-0692-6

www.pustet.at

Inhaltsverzeichnis

7	**Einleitung**
14	**Edith Stein und die Idee der Lebenstiefe** Clemens Sedmak (London/Salzburg)
29	**Vom Leiden und vom Kreuz** Bernhard Augustin (Salzburg)
38	**Der intellektuelle Weg der Edith Stein:** **Von dem „Problem der Einfühlung" bis hin zu dem „Ewigen Sein"** Wilhelm Blum (München)
59	**Phänomenologie des Erlebens der Gemeinschaft** Urbano Ferrer Santos (Murcia)
74	**Mitleid und Einfühlung** Margaretha Hackermeier (München)
84	**Die Ich-Du-Beziehung nach Edith Stein** Małgorzata Bogaczyk-Vormayr (Poznań/Salzburg)
96	**Leid und Mitleid als Antwort auf das Fremde.** **Edith Steins Weg der inneren Freiheit** Joachim Piecuch (Opole)
111	**Kraft aus der Höhe: Befähigung zum Mit-Leid und zur Mit-Freude** Beate Beckmann-Zöller (München)
136	**Die Anerkennung der Menschenwürde von Demenzkranken.** **Untersuchungen im Lichte der Philosophie Edith Steins** Mette Lebech (Maynooth)
148	**Die Ethik des Opfers.** **Eine phänomenologische Annäherung an Edith Steins** **Grundhaltung angesichts des Unvermeidlichen** Claudia Mariéle Wulf (Tilburg/Utrecht/St. Gallen)
171	**Verzeichnis der Autorinnen und Autoren**

Einleitung
Zur Idee dieses Buches: Edith Stein und Salzburg

Edith Stein hat viele Spuren hinterlassen. Eine dieser Spuren findet sich in Form eines schlicht gehaltenen Hauses auf dem Mönchsberg in Salzburg; das Haus mit den klaren Formen steht neben der aufwendigeren, imposanteren und auffälligeren Edmundsburg. Die Schlichtheit der Linienführung entspricht den Inhalten im klaren und am Wesentlichen orientierten Denken von Edith Stein. Obwohl Edith Stein selbst es nie betreten hat, heißt das besagte Haus: Edith Stein Haus. In seiner Namensgebung ist es Sinnbild dafür, dass Edith Steins Spuren in Salzburg nach wie vor gesucht und aufgenommen werden. Das Edith Stein Haus ist eine Forschungsstätte, an der christlich und humanistisch orientierte Arbeit im Mittelpunkt steht. Fragen der Rechtspolitik, der Menschenrechte, der Ostkirchen und auch der Sozialethik werden hier bedacht. In diesem Haus hat auch das internationale forschungszentrum für soziale und ethische fragen (ifz Salzburg) seinen Sitz, das seit Anfang der 1960er Jahre als Denkwerkstatt für Grundfragen der Wissenschaften besteht und nun einen Schwerpunkt auf Fragen des guten Zusammenlebens und der guten Gesellschaft setzt. Hier kann das Denken Edith Steins Impulse geben, gerade im Sinne eines Zusammenhangs von Fragen des Erkennens, von Fragen der Ethik und von Fragen des Glaubens.

Vor diesem Hintergrund entstand am ifz Salzburg die Idee eines Edith Stein Symposiums, das im November 2011 im Rahmen des Edith-Stein-Gedenkjahres 2011/12 stattfand. Das Symposium sollte einerseits die Präsenz Edith Steins in Salzburg vertiefen und ein Signal zu Ehren der Patronin des Hauses setzen, andererseits inhaltliche Impulse aus dem reichen Denken Edith Steins bringen. Mit dieser Tagung wollten wir zur weiterführenden Auseinandersetzung mit dem Werk Edith Steins in Salzburg und zur Geschichte dieses Hauses auf dem Mönchsberg beitragen.

Auf dem Plakat des Symposiums „Leid und Mitleid bei Edith Stein" konnte man einzelne Worte aus dem geistigen Testament von Edith Stein lesen – man sah ihre charakteristische Schrift, die schmalen, leicht nach rechts geneigten Wörter, die gut lesbar, ohne Verspannung, mit zartem Strich zu Papier gebracht worden waren. Stein schrieb das Testament im Jahre 1939, noch vor der Katastrophe des Zweiten Weltkrieges. In prophetischer Art und Weise sieht sie Unheilvolles sich zusammenbrauen und hält doch an der Bereitschaft zum Dienst fest.

Das Testament ist ein Zeugnis ihres Glaubens und ihrer Lebensphilosophie, es sind aber auch die Worte, die nach außen hin gesprochen wurden und an ihre Mitmenschen gerichtet waren. Die ersten Worte des Testaments lauten: „Ich danke meinen Lieben ..." Schon in ihrem Frühwerk *Individuum und Gemeinschaft* sagte sie:

„Es ist nun höchst merkwürdig, daß positive und negative Stellungnahmen, die beide als intensive Lebensregungen einen erheblichen Kraftaufwand erfordern, in der Person selbst, von der sie ausströmen, in ganz verschiedener Weise wirken. Der, der mich liebt, verliert nicht in dem Maße an Kraft, wie er mich belebt, und der mich haßt, gewinnt nicht etwa die Kräfte, die er in mir vernichtet. Im Gegenteil: die Liebe wirkt in dem Liebenden als eine belebende Macht, die evtl. mehr Kräfte in ihm entfaltet, als ihr Erleben ihn kostet; und der Haß zehrt als Gehalt noch weit stärker an seinen Kräften als sein Erleben. Die Liebe und die positiven Stellungnahmen überhaupt zehren sich also nicht selbst auf, sondern sind ein Born, aus dem ich andere nähren kann, ohne selbst ärmer zu werden."[1]

Das Mitgefühl, die Liebe und die Mitverantwortung waren die metaphysisch-ethischen Prinzipien im Denken einer Philosophin, die diese zu den Orientierungspunkten ihres eigenen Lebens machte. Stein betonte oftmals, dass es die einfache, in jedem Menschen lebendige Ethik des Miteinanderseins sei, die jede Beziehung, jede Gemeinschaft ausmache: die Fähigkeit zum Mitgefühl, zum Mitleid. Und so soll dieser Band mit seinem Titel *Leid und Mitleid bei Edith Stein* unsere Aufmerksamkeit darauf richten, welche Stimmigkeit das philosophische Werk und die Biographie von Edith Stein auszeichnet. Es soll auch nicht verschwiegen werden, dass die Intuition, dass Umgang mit dem Leiden und eine Kultur von Mitgefühl auch heute große Fragen unserer Gesellschaft sind und wesentlich für die inhaltliche Konzeption waren. – Gerade in einer Gesellschaft, in der Bücher über erschöpftes Selbst und Unbehagen der Gesellschaft (Alain Ehrenberg), über die narzisstische Gesellschaft (Hans-Joachim Maaz) oder ein Roman mit dem bezeichnenden Titel *Die Entbehrlichen* erscheinen (Ninni Holmqvist), zeigt das Thema seine Bedeutung. Solche Inhalte sind Grundanliegen des ifz.

Das ifz wurde im Jahre 1961 gegründet, man feierte damals gerade das 30. Jubiläumsjahr der Salzburger Hochschulwochen, die seit Sommer 1931 veranstaltet worden waren. Ein Jahr vor den ersten Salzburger Hochschulwochen, Anfang September 1930, fand in Salzburg eine Tagung statt, die Edith Stein (als einzige Referentin) besuchte. Es war die Herbsttagung des Akademikerverbandes zum Thema „Christliches Berufsethos", die man heute als Auftakt der dann jeweils im Sommer veranstalteten Salzburger Hochschulwochen betrachten kann (auch deren Verwaltung ist im Edith Stein Haus untergebracht!). Edith Stein hielt also am 1. September 1930 ihren Vortrag zum Thema „Ethos der Frauenberufe". In einem Brief vom 20. August bat sie ihre Schwester Erna um ein „besonderes Memento" am Tag des Salzburger Vortrages.[2] Ihr war durchaus bewusst, wie wichtig die Aufgabe sein würde, die sie auf sich nahm, zur sogenannten Frauenproblematik zu sprechen – als Philosophin, als Jüdin aus Ostpreußen, als gläubige Christin unter Wissenschaftlern. Ihr Salzburger Vortrag war und ist heute noch für viele, die in Salzburg studieren und forschen, ein philosophisch-historisches Ereignis von ganz besonderer Bedeutung. Sie selbst hat diesem Besuch und dem von ihr sogenannten „Salzburg-Büchlein", dem Erstdruck ihres Vortrags, einen großen Wert zugeschrieben. In den darauffolgenden Jahren der Salzburger Hochschulwochen wurde dieser Vortrag immer wieder erwähnt – man sprach von der beeindruckenden, ruhigen, aber offenen und freundlichen Dr. Edith Stein. Wir zitieren hier eine kurze Erinnerung an diese Rede: Im Jahr 1967 erinnerte sich Andrea Loske, ehemalige Studentin und Besucherin der Hochschulwochen in Salzburg, an Edith Steins Vortrag:

„[Damals] saß ich in einer der vordersten Reihen, als ein berühmter Professor seine Rede hielt. Wie das bei jungen Studentinnen oft passiert, fühlte ich in mir die Neigung, mich über die kleinen Eigenarten des Sprechers lustig zu machen. So hatte ich meinen Spaß daran, daß der Professor bei jedem Satz, den er betonen sollte, mit der Faust auf das Pult schlug. Dabei hüpfte das Glas mit Wasser mit mehr oder weniger großen Sprüngen über das Tablett. Die Erwartung, daß das Glas endlich vom Rand springen würde, war faszinierend. Ich war enttäuscht, als die erwartete Katastrophe nicht stattfand. Der Professor hatte die von ihm unfreiwillig verursachten Kapriolen gar nicht bemerkt – jedoch wohl jemand anders.

Eine schlanke, mittelgroße Dame mit dunklen, großen Augen und in der Mitte gescheiteltem, glattem Haar ging ruhig nach vorne, nahm Glas, Tablett und Wasserflasche von dem Pult und stellte alles hinten auf den Boden. Als sie sich umkehrte, begegneten sich unsere Augen. Mit einem verhaltenen, vergnügten Lächeln sah sie mir in mein spottendes Gesicht. Es war Edith Stein. Sie war die zweite Referentin jenes Tages mit dem Thema ‚Das Ethos der Frauenberufe'. Etwas Langweiligeres konnte ich mir damals kaum vorstellen. Es war ein Modethema, in den zwanziger Jahren schon reichlich kaputtgeredet. Ich hatte mir vorgenommen, bei diesem zweiten Vortrag ‚die Schule zu schwänzen', aber die Episode mit dem Glas Wasser hatte meine Sympathie für die Rednerin geweckt. Ihre Sachlichkeit, ihr Humor – ohne die Tendenz zum Spott wie bei mir – und ihr Charme hatten mich im Griff. Also blieb ich.

Edith Stein sprach fast zwei Stunden […] Gefesselt hörten alle jener zarten Frau zu, die mit charmanter Einfachheit, das feine Gesicht öfters von einem undefinierbaren Lächeln erheitert, mit sanfter, klarer, bis in die entlegensten Winkel hörbarer Stimme sprach. Nicht das kleinste Stück Papier hatte sie vor sich. Die Hände hielt sie ruhig auf dem Pult gefaltet, und dennoch lag eine verhaltene Dynamik in jedem Satz. Ich erinnere mich nicht daran, mich für eine Minute müde gefühlt zu haben. Denn hier spürte man eine große geistige Seelenkraft, ein durch Disziplin beherrschtes überreiches inneres Leben, das einer äußersten Sicherheit entsprang."[3]

Dieses reiche innere Leben als Quelle von Sicherheit, auch im Dienst an anderen, ist Erinnerung an das, was Menschsein ausmachen könnte, gerade auch in unserer Zeit. 1999 wurde Edith Stein zu einer Patronin Europas erhoben. Dafür sprachen ihre jüdische Herkunft, ihr philosophisches Werk, vor allem aber ihr christlicher Weg zum Karmel und ihr Martyrium. In den letzten 20 Jahren ist das gesellschaftliche Bewusstsein – und nicht nur im deutschsprachigen Raum – für das außerordentliche Werk und die beeindruckende Lebensgeschichte von Edith Stein, Schwester Teresia Benedicta vom Kreuz, sicherlich stärker geworden. Zahlreiche wissenschaftliche Institutionen, aber auch Schulen, Bildungsinitiativen, Sozialzentren und Krankenhäuser tragen Edith Steins Namen – von Wrocław/Breslau, München, Erfurt,

Köln und Darmstadt über Rom, Granada, Hengelo in den Niederlanden und Notre Dame in Indiana bis nach Mississauga in Ontario oder Buenos Aires. Das Haus auf dem Mönchsberg in Salzburg bekam den Namen von Edith Stein am 10. Oktober 2002. Die Festrede hielt damals Erzabt Edmund Wagenhofer – wir zitieren aus dem Bericht des Katholischen Hochschulwerkes vom November 2002:

„Erzabt Wagenhofer schilderte in bewegten Worten eine Begegnung mit einem Freund, der von 1944 bis 1947 als Zögling auf der Karl-Thomas-Burg gewohnt habe. Hier war die Schulungseinrichtung der Hitlerjugend untergebracht. Erzabt Wagenhofer fand im Katasterplan tatsächlich den Namen ‚Karl Thomas Burg'. Im Landesarchiv finden sich Akten, aus denen hervorgeht, dass das Haus 1941 nach dem [...] HJ-Führer Karl Thomas benannt wurde. Und heute bekommt dieses Haus den Namen einer Märtyrerin der NS-Zeit: Edith Stein!"[4]

So wird die Geschichte wiederum ins rechte Lot gerückt. Dieses Haus – sagen wir heute – wartete auf Edith Stein. Ihr Name hat auch politische Kraft, die aus der Geschichte schöpft.

Auf noch eine andere Weise wird der Geschichte nachgefolgt: Edith Stein hat den dringenden Wunsch gehabt, ihr Opus magnum *Endliches und ewiges Sein* im Anton Pustet Verlag in Salzburg zu veröffentlichen.[5] Diese Pläne wurden jedoch von den Wirkungen des Nationalsozialismus verhindert. Es ist also heute unsere große Freude, dass wir die vorliegende in Salzburg entstandene Sammlung von Studien zu Edith Stein in diesem Salzburger Verlag veröffentlichen konnten.

Dieser Tagungsband ist im Rahmen des Edith-Stein-Jahres 2011/2012 entstanden und den Leserinnen und Lesern als ein bleibendes Ergebnis dieses Gedenkjahres in die Hand gegeben. Es bleibt im Werk Edith Steins noch viel zu entdecken und zu diskutieren. Wir hoffen, dass dieser Band dazu beitragen kann. Was die Leserin und den Leser des vorliegenden Buches erwartet, fasst der folgende Überblick zusammen.

Zur Thematik des Bandes – ein Überblick

Mitleid entsteht nicht von selbst und nicht zufällig, es braucht Voraussetzungen: Das Phänomen der menschlichen Tiefe, sowohl im eigenen Leben als auch in der Wahrnehmung anderer Menschen, kann als eine in der Persönlichkeit liegende Voraussetzung für die Fähigkeit zur Einfühlung, also auch zu Mitleid, gelten. *Clemens Sedmak* beleuchtet in dem den Band eröffnenden Beitrag *Edith Stein und die Idee der Lebenstiefe* diese Vorbedingung für Mitleid. Er stellt dar, was einen „tiefen Menschen" kennzeichnet, was ihn ausmacht und wozu ihn Lebenstiefe befähigen kann. Zentraler Subtext oder gewissermaßen „Gesprächspartner" in dieser Betrachtung über das „Innere der Seele" ist – neben anderen Werken aus der Geistes- und Literaturgeschichte, die

Beispiele für Menschen bieten, die eine solche Tiefe auszeichnet oder denen es an dieser eben mangelt – Edith Steins Hauptwerk *Endliches und ewiges Sein*. Kein Mit-Leiden aber ohne Leiden: *Bernhard Augustin* stellt im darauffolgenden Beitrag Edith Steins eigene Erfahrungen und ihr Wissen *Vom Leiden und vom Kreuz* dar. Er beruft sich dabei neben den Leidens- und Kreuzes-Erfahrungen, die Stein im eigenen Leben machen musste, insbesondere auf die Phänomenologie des Leidens, die er anhand Steins eigener philosophischer Tätigkeit zur Einfühlung sowie anhand eines Gegenmodells, des Erlebens von Genuss, entwirft. Mit dieser Phänomenologie des Leidens einerseits und der Tiefe der Persönlichkeit als Bedingungen des Mit-Leidens andererseits sind wesentliche Eckpunkte für das Thema des vorliegenden Bandes gesetzt.

Die Auseinandersetzung mit Leid und Mitleid geschieht nicht ohne Kontext. Die folgenden Texte präsentieren den umfassenden geistigen Hintergrund von Steins Wirken und bieten Anhaltspunkte, wie sich Edith Steins Überlegungen zu Leid und Mitleid in einen weiteren geistesgeschichtlichen Kontext einfügen lassen. Eröffnet wird dieser Abschnitt von *Wilhelm Blum*, das Thema seiner Ausführungen ist *Der intellektuelle Weg der Edith Stein: Von dem Problem der Einfühlung bis hin zu dem „Ewigen Sein"*. Es ist ein umfassendes und kritisches Portrait des Denkens und Schaffens der Philosophin und später der Karmeliterin Teresia Benedicta a Cruce, das von den ersten Schritten in den Fußspuren ihres „Meisters" Edmund Husserl und weiter über die Ablösung von der Phänomenologie sowie über eine Würdigung der Übersetzerin bis hin zur eigenständigen philosophischen Arbeit Steins führt, die schließlich im Hauptwerk *Endliches und ewiges Sein*, so Blum, „die Grenzen der Philosophie überschreitet". Diese Entwicklung kann nicht ohne Steins Auseinandersetzung mit Lehrern und zeitgenössischen Denkern sowie philosophischen Bewegungen betrachtet werden, wie die anschließenden Beiträge verdeutlichen.

So beschäftigt sich *Urbano Ferrer* damit, wie Stein die Arbeiten Edmund Husserls und Max Schelers rezipiert und diskutiert. Er greift dabei gleichzeitig einen weiteren wesentlichen Aspekt des Einfühlens und somit des Mit-Leidens auf. In einer *Phänomenologie des Erlebens der Gemeinschaft* geht Ferrer mit Stein der Frage nach, inwieweit geteiltes Leid gemildertes Leid sein kann und wo gemeinschaftliches Leben auch an Grenzen stößt oder gar stoßen muss: etwa wenn es zum Beispiel um Fragen der Verantwortung geht. Der Zusammenhang von Gemeinschaft und „Wertintention" erfährt dabei besondere Aufmerksamkeit, neben unterscheidenden Aspekten im Verhältnis von Individuum und Gemeinschaft – so auch der Titel der dem Beitrag wesentlich zugrunde liegenden Schrift Steins. *Margaretha Hackermeier* spannt darauffolgend den Bogen der Auseinandersetzung mit *Mitleid und Einfühlung* von für Stein einflussreichen Denkern und Begleitern wie Edmund Husserl, Max Scheler, Roman Ingarden, Hans Lipps und Martin Heidegger bis hin zu Maurice Merleau-Ponty und später Bernhard Waldenfels, von denen die beiden Letztgenannten Steins Gedanken gewissermaßen aufgegriffen und weitergeführt haben; Hackermeier zeigt insbesondere die Bedeutung und

Besonderheit, die in dieser Auseinandersetzung der von Stein entworfenen Anthropologie zukommt.

Die *Ich-Du-Beziehung nach Edith Stein* und somit das steinsche Werk im Kontext der Dialogphilosophie ist Thema der Ausführungen von *Małgorzata Bogaczyk-Vormayr*. Dabei stehen jene Knotenpunkte im Zentrum, an denen sich die Denkwege von Martin Buber, Franz Rosenzweig und Emmanuel Lévinas mit jenen von Edith Stein wie auch von Simone Weil kreuzen. Es geht um Orte des Denkens und der Erfahrung, eigene und solche der anderen, um die Begegnung im „Zwischen" und darum, welche Rolle dem Leiden und der Selbstentfaltung vor diesem Hintergrund der Sphäre des Zwischen zukommen kann. Dieses Zwischen ist nicht nur eines von Ich und Du, sondern auch von Mensch und Gott; dies zeigen etwa Edith Steins lyrische Meditationen als ein Weg, Ausdruck für das „Verlangen des Herzens" in einem Dialog mit Gott zu finden. Mit der zentralen Bedeutung des Erlebens und des Erleidens des Fremden – nichts anderem als der Einfühlung also – in Edith Steins Leben und Werk beschäftigt sich schließlich *Joachim Piecuch* in seinem Beitrag *Leid und Mitleid als Antwort auf das Fremde. Edith Steins Weg der inneren Freiheit*; auch in diesem Aufsatz finden sich Bezugnahmen auf Husserl, Scheler, Lévinas, Waldenfels und andere bereits erwähnte Autoren. In Steins immer weiterentwickelter „responsiver Auslegung der Phänomenologie" erkennt Piecuch eine Methode zum Versuch, Einsicht in die Geheimnisse des Lebens zu gewinnen und die (Grenz-)Erfahrung des Fremden erdulden und beantworten zu können.

Das Erleben von Leid und die Fähigkeit zum Mit-Leid können Möglichkeiten und neue Perspektiven eröffnen: Die Überwindung der Einsamkeit durch die Kraft, die aus dem Mit-Fühlen gewonnen werden kann, ist Thema der abschließenden Beiträge des Sammelbandes. *Beate Beckmann-Zöller* geht noch einmal dem Schlüssel zur Fähigkeit der Einfühlung nach und verweist auf die Bedeutung der Tiefe wie auch der Fülle. Aus der Tiefe der Seele und Fülle des Lebens erwächst *Kraft aus der Höhe: Befähigung zum Mit-Leid und zur Mit-Freude* – es braucht Kraft, um sich anderen zu öffnen, und diese Kraft erlangen wir aus der „Tiefe der eigenen Seele", aber besonders auch aus der Beziehung zu Gott, wie Stein wiederholt, zuletzt in der *Kreuzeswissenschaft*, betont. Dank dieser Kraft wird es möglich, das Leid anderer anzunehmen und anderen im Mit-Leiden Trost und Erleichterung zu spenden. Zentral ist dabei für Stein immer das auch positive Gefühl der Freude, der Liebe und der Zustimmung zum Leben auch im Leid – als Voraussetzung letztlich für echte Menschlichkeit. Einer speziellen Form des Leids widmet sich der Beitrag von *Mette Lebech: Die Anerkennung der Menschenwürde von Demenzkranken. Untersuchungen im Lichte der Philosophie Edith Steins*. Lebech beschäftigt sich darin mit den Konsequenzen von Demenz für die erkrankten wie für die pflegenden Betroffenen und nähert sich ihrem Thema dabei über Edith Steins Gedanken zur Person und zur Einfühlung. Die zentrale Frage ist, wie – von beiden Seiten – die Gefahr der Isolation überwunden werden kann. Dazu stellt Lebech der Demenz am Beispiel der „dunklen Nacht der Seele" des hl. Johannes vom Kreuz, wie

Edith Stein sie beschreibt, das mystische Erleben als einen in gewisser Weise vergleichbaren geistigen Ausnahmezustand gegenüber. Einfühlen, Verstehen und Mit-Leiden werden ihr zum Schlüssel eines gelingenden menschlichen Miteinanders auch unter den Bedingungen einer fortschreitenden Krankheit wie etwa der Demenz. Bei *Claudia Mariéle Wulf* steht noch einmal das Leiden im Mittelpunkt, genauer gesagt *Die Ethik des Opfers*. In einer Phänomenologie des „Unvermeidlichen" präsentiert Wulf Edith Steins Grundhaltung und Grundgedanken zum Thema Opfer, wobei Steins Schriften ebenso wie zentrale Ereignisse in ihrem Leben die Basis der Argumentation bilden. Gerade auch das eigene religiöse Erleben Edith Steins spielt hier eine besondere Rolle, nämlich im Thema der Mittlerschaft und im Thema des Lebensopfers als Mittlerschaft – dies insbesondere vor dem Hintergrund von Steins Tod in Auschwitz, als Märtyrerin, wie sie oft bezeichnet wird, im August 1942.

Das Erfahren von Leid und Mit-Leid hat Edith Stein geprägt, ihr Leben und ihren Tod ebenso wie ihr Denken und Schreiben. Die im vorliegenden Sammelband präsentierten Beiträge nähern sich Edith Stein und ihren Schriften über Person und Einfühlung, Leid und Mit-Leid auf unterschiedlichen Wegen, die teils von intellektuellem Interesse, teils auch von eigenem und persönlichem Erleben geprägt und gefärbt sind. Sie gelangen dabei immer wieder zu dem einen großen Thema der Ethik des Miteinanders und kommen auf jene produktive Kraft zu sprechen, die aus Mitgefühl für andere, im Erleben von Freude wie auch von Leid, für die Gemeinschaft entstehen kann.

Małgorzata Bogaczyk-Vormayr, Elisabeth Kapferer, Clemens Sedmak
Salzburg, im September 2012

---

1 E. Stein, Individuum und Gemeinschaft, in: Dies., Beiträge zur philosophischen Begründung der Psychologie und der Geisteswissenschaften; Eine Untersuchung über den Staat, Max Niemeyer Verlag, Tübingen 1970, S. 190.
2 E. Stein, Selbstbildnis in Briefen, Teil I: 1916–1934, ESGA B. 8, hrsg. von L. Gelber, Herder Verlag, Freiburg–Basel–Wien 1976, S. 67.
3 A. Loske, Das Glas Wasser; zit. aus: U. Hillmann, apropos Edith Stein, Verlag Neue Kritik, Frankfurt am Main 1995, S. 95–96.
4 „In die Tiefe der Seele. Akademischer Festabend zur feierlichen Erhebung von Edith Stein zur Patronin des IFZ am 10. Oktober 2002", in: Katholisches Hochschulwerk. Internationales Forschungszentrum; Salzburger Hochschulwochen. Berichte – Mitteilungen – Informationen, Nr. 5 – November 2002, S. 4/4.
5 Vgl. z. B.: P. Mittermayr, H. Spatzenegger, Die Welt zu Gast in Salzburg. Episoden und Intermezzi, Verlag Anton Pustet, Salzburg 2009, S. 164.

Clemens Sedmak (London/Salzburg)
Edith Stein und die Idee der Lebenstiefe

Was ist ein tiefer Mensch? Was gibt einem menschlichen Leben „Tiefe"? Wie kann von solchen Überlegungen aus der Begriff der „Lebenstiefe" angenähert und entwickelt werden? Ich will diesen Fragen im Dialog mit Abschnitt VII von Edith Steins Werk *Endliches und ewiges Sein* nachgehen.[1] Dieser Abschnitt trägt die Überschrift „Das Abbild der Dreifaltigkeit in der Schöpfung"; dabei werde ich mich besonders auf § 9, „Das Gottesbild im Menschen", konzentrieren. Und in diesem Paragraphen wiederum wird es mir vor allem um Punkt 4 – „Das Innere der Seele" – gehen. Ziel ist es, eine aufmerksame Lektüre in erkenntnisgewinnender Absicht, die über die bloße Rekonstruktion hinausgeht, vorzulegen. Dabei will ich diese Lektüre einerseits in den Rahmen von Überlegungen zu Lebenstiefe und tiefen Menschen und andererseits in den Kontext von Steins Werk *Endliches und ewiges Sein* stellen.

1. Was ist ein „tiefer Mensch"?

Die Frage nach einem tiefen Menschen könnte sich in einem ersten Schritt am Gegenbegriff, dem Begriff der Oberflächlichkeit, orientieren. Wir verstehen unter einem oberflächlichen Gespräch etwa ein solches, das gewisse Punkte nicht beharrlich verfolgt, sondern von einem Topos zum nächsten springt, wenig Überraschendes in sich birgt, weil es tendenziell an stereotypen Vorstellungen hängen bleibt und schwierige Differenzierungen vermeidet. In vielen Fällen scheut ein oberflächliches Gespräch auch das schmerzhafte Erkunden unangenehmer Punkte, geht nicht an die Wurzeln einer Sachlage vor. Ein oberflächliches Gespräch mag im Alltag bei den zufälligen und kurzen Begegnungen mit Menschen in all der Unverbindlichkeit und dem gut überschaubaren thematischen Rahmen seinen Platz haben, doch bei kritischer Betrachtung hat Oberflächlichkeit mit Desinteresse, Berechenbarkeit und Schmerzvermeidung zu tun. Entsprechend könnte man unter einem oberflächlichen Menschen einen Menschen verstehen, der a) tiefe Fragen nicht stellt, b) tiefe Erfahrungen nicht macht, c) geringe Anhaltspunkte für Unausschöpfbarkeit liefert. Unter dem ersten Punkt kann die mangelnde Fähigkeit oder Bereitschaft verstanden werden, die tiefen Fragen nach „Woher" und „Wohin", nach „Warum" und „Wie", nach „Selbst" und „Ich" zu stellen; hier haben wir es also mit den großen Orientierungsfragen zu tun, die auf den Rahmen des Lebens blicken wollen; die großen Lebensfragen können durchaus unangenehm sein – wer sich zu deutlich vor Augen führt, dass sein Leben nur ein Hauch in der Geschichte der Menschheit ist, die wiederum nur einen Augenblick in der Geschichte des Planeten bedeutet, der wiederum nur einer von Milliarden Materieansammlungen darstellt – der kann durchaus ein Moment des Absurden erfahren.² Schmerzhaft kann es auch sein, dass die Menschheit keine definitiven Antworten auf die großen Fragen des Lebens anbieten kann. Dies hat George Steiner zur Beobachtung geführt, dass das Denken traurig macht.³ Ein tiefer Mensch weicht diesen Fragen, die das Leben als Ganzes in den Blick nehmen und nicht nur in Segmenten, nicht aus.

Der zweite Punkt spricht mangelnde Bereitschaft und Fähigkeit an, disruptive Erfahrungen zu machen, Erfahrungen, die Wunden reißen und Narben hinterlassen. Eine disruptive Erfahrung ist eine solche, die den Handlungsfluss bricht, den Lebenszusammenhang zerfetzt und eine grundsätzliche Neuorientierung einfordert. Es sind Erfahrungen, wie sie etwa Descartes, den Durchbruch zum „Cogito ergo sum" erfahrend, im Winterlager in Neuburg an der Donau 1619/1620 gemacht hat, Franz Kafka in der Nacht vom 22. auf den 23. September 1912, als er in acht Stunden die Erzählung *Das Urteil* niederschrieb, oder Edith Stein in jener schicksalhaften Nacht im Sommer 1921, als sie das Leben der Teresa von Avila studierte – ein tiefer Mensch lässt sich von der Begegnung mit Wirklichem rühren, er hat die Gabe, Wirkliches als Widriges zu erfahren. Dann kann eine Begegnung, eine Erfahrung tief gehen; sie geht über „Erleben", das an der Oberfläche bleibt und Eindrücke sammelt, hinaus, formt als Erfahrung oder als „Erleidung" nachfolgende Erfahrungen. Tiefe Erfahrungen sind solche, in denen auch ein Moment des Geformtwerdens zu gewärtigen ist, eine Dimension von Passivität. Hier erlaubt ein Mensch, dass ihn eine Erfahrung auch prägt, vielleicht auch überwältigt. Hierin liegt bereits eine Herausforderung, dass die durch die Beschäftigung mit den angesprochenen Lebensfragen gewonnene Festigkeit die Gefahr der Überwältigung durch Erfahrungen zügelt.

Der dritte Punkt thematisiert die Idee, dass der Mensch ein Wesen von unausschöpfbarer Tiefe ist; eine Idee, wie sie in den *Confessiones* des Augustinus entwickelt wurde. Anhaltspunkte für Unausschöpfbarkeit liefert ein Mensch, der andere auch überraschen kann, der ein breites Spektrum an Gedanken, Gefühlen, Äußerungen aufbietet; der sich mit sich selbst zu beschäftigen versteht, dem eigenen Wesen nachgeht, an sich arbeitet und aus der Überzeugung lebt, weder vollkommene Selbsterkenntnis noch vollkommene Selbsthaftigkeit zu erreichen. Hier gibt es also stets ein „Magis", ein Mehr, zu erlangen und zu entdecken. Beispiele für solche Anhaltspunkte für die Unausschöpfbarkeit des Menschen finden sich im geistlichen Tagebuch von Johannes XXIII. und im Tagebuch von Dag Hammarskjöld, das unter dem Titel *Wegmarken* veröffentlicht worden ist. In diesen Zeugnissen des Nachdenkens über sich selbst und das eigene innere Wachstum finden wir Menschen, die mit sich ringen, die an sich arbeiten, die immer wieder auch mit Einsichten und Urteilen überraschen.

Ein tiefer Mensch, so könnten wir in einer ersten Annäherung sagen, ist ein Mensch, der gewichtige Fragen stellt, der offen für Erfahrungen ist, die Spuren hinterlassen und sich einprägen, der aus einer inneren Fülle schöpft. Wenn man dies näher betrachtet, so könnte man auf den Gedanken kommen, dass „Tiefe" und „Innerlichkeit" miteinander verbunden sind. Ein Mensch, der sich tiefen Fragen des Lebens stellt, lebt auch in einer Welt der Ideen und Fragen, in einer Welt des Denkens und der Reflexion. Er holt sich das Erlebte immer wieder in die Gegenwart, dreht und wendet es, um es von möglichst vielen Seiten zu betrachten und so zu einer „tiefen Betrachtung" zu finden. Ein Mensch, der für tiefe Erfahrungen offen ist, wird von diesen Erfahrungen im Inneren geformt. Anders gesagt: Diese Erfahrungen werden dadurch „tief", dass sie dem Menschen nicht einfach „widerfahren", sondern seine Innerlichkeit strukturieren, seine Weise zu denken und die Welt zu sehen. Ein Mensch, der den Eindruck der Unausschöpfbarkeit vermittelt, hat Zugang zu einer Innenwelt, hat Strukturen der Innerlichkeit aufgebaut, birgt in sich einen Reichtum.

Ein tiefer Mensch ist ein Mensch, der in einem Modus grundsätzlicher Offenheit lebt; er lebt in einer offenen Welt, die nicht geschlossen und vollständig standardisiert ist; es ist eine Welt, in die Eindrücke und Erfahrungen einbrechen können. Ein tiefer Mensch ist offen für das, was geschieht. Hier zeigt sich auch eine Brücke zwischen „Tiefe" und „Aufmerksamkeit". Um diese Überlegungen deutlicher zu machen, können wir uns das Beispiel von Paul Austers Vater ansehen. Der Schriftsteller Paul Auster beschreibt seinen Vater als einen Menschen, der keinen Sinn für innere Tiefe erkennen lässt.[4] Der Begriff, den Paul Auster zur Charakterisierung seines Vaters verwendet, ist der Begriff der „Abwesenheit". Sein Vater war merkwürdig abwesend für die Menschen in seinem Leben und in gewisser Weise auch in seinem eigenen Leben. Das mag ein Indiz für die angedeutete Brücke zwischen Tiefe und Wachsamkeit sein. Eine andere Kategorie, die wir in Austers Porträt finden, ist der Begriff „solitary" – „in the sense of not having to see himself, of not having to see himself being seen by anyone else"[5].

Hier wird ein Mensch beschrieben, der tiefen Erfahrungen und tiefen Fragen ausweicht. Austers Vater lebte in seinem eigenen Haus wie ein Fremder, war wie ein Tourist in seinem eigenen Leben, war frei von Leidenschaften und Dingen, die ihn wirklich beschäftigten und erfüllten, verfügte auch nicht über Vorstellungskraft. Man hatte den Eindruck, als könne nichts in ihn eindringen, als hätte die Welt nichts zu bieten, was ihn interessieren würde. Die Welt prallte entsprechend an ihm ab, drang nie durch, gleichzeitig weigerte er sich auch, genauer hinzusehen, er blieb an der Oberfläche der Dinge. Es war, als würde sich ihm sein eigenes inneres Leben entziehen. Auster beschreibt seinen Vater als einen Menschen, der keinen Zugang zu seinem Inneren hatte und diesen Zugang auch tunlichst vermied. Damit entzogen sich die tiefen Fragen des Lebens. Entsprechend unvorbereitet ging der Vater auch aus dem Leben, als hätte er sich nie mit den Fragen nach dem Woher, Wohin und Warum beschäftigt. Er richtete sich in einem Leben ohne Reflexionsanstrengungen ein, er folgte einer Routine, die sich nach dem Urteil seines Sohnes weniger dem Gedächtnis als der Nachlässigkeit verdankte. So konnte er sich auch nicht in gebührender Weise auf neue Wendungen in seinem Leben einstellen, er blieb höflich, korrekt und distanziert und zeigte kein inneres Engagement. In keiner Situation zeigte er Präsenz, er vermittelte den Eindruck, sich im „Hier und Jetzt" nicht wohlzufühlen, er war unfähig, sich zu entspannen und eine entspannte Konversation zu führen. Dabei war er ein durch und durch praktisch veranlagter Mensch, der in einer Welt lebte, in der alles seinen Platz und seinen Preis hatte.[6]

So entsteht das Bild eines Lebens, das über keinen Zugang zu Innerlichkeit und keine Kultur der Interiorität verfügte, also über kein reiches Innenleben mit Gedanken und Hoffnungen, Strebungen und Neigungen, Regungen und Glaubensüberzeugungen. Damit kann die Idee illustriert werden, dass „Tiefe" und „Innerlichkeit" zusammengespannt sind, dass ein tiefer Mensch ein Mensch ist, der aus Innerem und Eigenem schöpft und nicht bloß auf Entwicklungen reagiert.

Der Begriff der „Lebenstiefe" soll die Lebensform eines tiefen Menschen andeuten. Ein Leben hat „Tiefe", wenn es Richtung und Gewicht, Kraft und Farbe aufweist. „Richtung" will heißen – eine Ausrichtung, eine Orientierung, ein Wertegefüge; das Leben verfügt über einen Kompass, der es auf ein „bonum" ausrichten lässt. „Gewicht" will andeuten – hier finden wir einen Sinn für Bedeutsamkeit, die verschiedenen Handlungen und Herausforderungen liegen nicht auf derselben Ebene, sondern wir haben es mit Präferenzenordnungen und Strukturen von Prioritätensetzungen zu tun, es macht für den handelnden Menschen einen Unterschied, welche Handlungen er setzt und wie er sie setzt, und dieser Unterschied gibt der Lebensgestaltung Relevanz. „Kraft" will sagen – ein Leben, das aus einer Tiefe schöpft, verfügt über Kraftquellen, die die Kraft für schwierige Vorhaben geben und den langen Atem für zähe Unternehmungen, wie etwa die Kraftquellen der Dankbarkeit und der Hoffnung. Hier müssen starke Überzeugungen zugrunde liegen, um auch angesichts von Widrigkeiten Kurs auf das Gute zu halten. „Farbe" schließlich will ausdrücken, dass ein Leben mit Tiefe nicht ausschließlich berechenbaren Standards folgt, sondern Besonderes als Besonderes anerkennen und würdigen kann. Ein Leben hat „Farbe", wenn es viele Dimensionen aufweist, Schattierungen, ein breites Spektrum an Aspekten, die das Leben ausmachen, also eine Idee von „Fülle" vermitteln.

Halten wir fest: Ein tiefer Mensch führt ein Leben aus einem Innen heraus; diese „Innenseite" verleiht dem Leben Tiefe. Einzelne Dinge oder Gegenstände erhalten ja deswegen Tiefe, weil sie für das Innere, für die Welt der Erinnerungen, der Vorstellungen, der Überzeugungen der Menschen Bedeutung haben – und durch diese.[7] Der entscheidende Topos zum Verständnis von Lebenstiefe ist also der Begriff der Innerlichkeit.

2. Was sagt uns Edith Steins *Endliches und ewiges Sein* über die Innerlichkeit?

Edith Stein zeichnet die Interiorität als entscheidend für den Menschen und das Menschliche. Grundsätzlich ist das „Ich" (als Träger seines Lebens) „das, dem das innere Leben entquillt"[8]; das Ich muss dieses seines Lebens als seines eigenen auch gewahr werden, das ist ein Prozess der Selbsterkenntnis.

Diese Form der Selbsterkenntnis lässt das persönliche Ich sein Leben verstehen und versetzt es in die Lage, das Leben frei aus sich gestalten zu können. In diesem Sinne sind Innerlichkeit und Freiheit miteinander verbunden. Freie Akte sind Taten des Ich. Zur Fülle gelangt die Freiheit freilich nur durch die Seele, die zwischen Geistigkeit und Leib-Sinnenhaftigkeit vermittelt:

„Das geistige Leben erhebt sich immer aufs neue aus dem sinnlichen und steht nicht auf eigenem Grunde, aber das Ich hat die Möglichkeit, in seinem höheren Sein seinen Standort zu nehmen und von dort aus das niedere frei in Angriff zu nehmen."[9]

Diese Freiheit verdankt sich dem Umstand, dass der Mensch Geistnatur hat – diese Geistnatur ist voll ausgeprägt, wo das seelische Eigenleben persönlich geformt ist, sagt Edith Stein, hier kann der Mensch seine Freiheit als bildender Geist leben. Durch diese Freiheit erschließen sich dem Menschen neue Welten, die er in seinem Inneren findet:

„Sofern der Mensch seinem Wesen nach Geist ist, geht er mit seinem ‚geistigen Leben' aus sich selbst heraus und in eine sich ihm erschließende Welt ein, ohne dabei sich selbst zu verlassen."[10]

Die äußere Welt ist das, was der äußeren Wahrnehmung zugänglich ist. Die innere Welt erschließt sich dem Menschen dadurch, dass er sich nach innen wendet. Zur äußeren Welt ist alles zu zählen, was gegenständlich verfasst und zugänglich ist; für die innere Welt bedarf es einer eigenen Form der Aufmerksamkeit. Die innere Welt ist nicht restlos erschließbar. Dem Menschen bleibt die Aufgabe des Erkennens aufgetragen:

„Der Menschengeist ist für sich selbst sichtbar, aber nicht restlos durchsichtig; er vermag anderes zu erhellen, aber nicht völlig zu durchdringen."[11]

Es ist interessant, dass gerade diese Erfahrung, im Erkennen an Grenzen zu kommen, Selbsterkenntnis vermittelt, also identitätsstiftend ist. Wenn man sich etwa überfordert fühlt – so wird diese Überforderung auch wahrgenommen, sie gibt sich kund (so wie sich die Stumpfheit eines Brotschneidemessers kundtut). Edith Stein schreibt:

„Die ursprünglichste Form solcher Erfahrung, auf die sich darüber hinausgehende Urteile und Schlüsse aufbauen und die – gedächtnismäßig bewahrt – in allmählicher Ansammlung zu jenem festen Erfahrungsbesitz führt, durch den wir ‚uns selbst kennen', nennen wir mit Husserl *innere Wahrnehmung*."[12]

Es sind also Grenzerfahrungen, die uns zu uns selbst kommen lassen. Wer ist nun „der Mensch selbst", was ist „das Selbst" des Menschen? Der Mensch lebt ein leibhaft verfasstes Leben, er ist in seinem Sein aber nicht nur leiblich; wo Leib ist, da ist auch Seele. Die Seele ist die Mitte des Leibes, verwandelt, wenn man sich dieser Terminologie bedienen wollte, „Körper" in „Leib", physisches So-Sein in leiblich strukturiertes Dasein. Dabei besteht die Hauptaufgabe der Seele nach Edith Stein nicht in der Lenkung des Körperlichen. Für die Seele ist die „Hineingestaltung in den Leib nicht ihr einziges und nicht ihr eigentlichstes Sein"[13]. Die eigentliche Aufgabe der Seele ist die Kultivierung des Innenlebens (und damit wohl auch die Gestaltung des äußeren Lebens von innen heraus).

Der Mensch befindet sich in einem Metaverhältnis zu Körper und Seele; hier findet sich eine eigentümliche Distanz, die gleichzeitig die Freiheit des Menschen ausmacht, der sowohl in Bezug auf Leib als auch in Bezug auf Seele exzentrisch zu sein scheint:

„Der Mensch ist geistige Person, weil er nicht nur seinem Leib, sondern auch seiner Seele frei gegenüber steht, und nur soweit er über seine Seele Macht hat, hat er sie auch über den Leib."[14]

Macht über die Seele zu haben hat mit Selbstdisziplin und Selbstkenntnis zu tun, mit Kenntnis der eigenen Neigungen und Regungen, inneren Bewegungen, den Quellen für innere Ruhe und inneren Sturm. Selbsterkenntnis als Erkenntnis der Seele ist als „allmählich anwachsender Besitz" aufzufassen. Auch hier stoßen wir auf die Idee der identitätsstiftenden und lebensprägenden Innerlichkeit. Das Innere, die Seele, ist nach Edith Stein „eigene *Seinsmitte* des Lebewesens"[15]. Die Seele ist sich selbst, so könnte man sagen, aufgegeben, sie muss sich erst in den Besitz ihres Wesens setzen, sie ist zu sich unterwegs. Das Leben ist der Weg der Seele zu sich selbst. Die Seele findet in diesem Weg zu sich selbst zur eigenen Erfüllung; hier tritt sie nicht als Zentrum auf, von dem aus die äußeren Handlungen gestaltet und der Leib gelenkt werden, sondern als ein „Sein in sich selbst", als Dynamik einer inneren Welt, die freilich nicht von Leib und der Welt, die der äußeren Wahrnehmung zugänglich ist, gelöst ist. Die Seele, die auf dem Weg zu sich selbst ist, wird auf je persönliche Weise geformt oder auch: findet zu ihrer je persönlichen Gestalt. In dieser Doppelbewegung von „Formen" und „Geformtwerden" durch die Kultivierung jenes inneren Lebens, jenes Lebens in Innerlichkeit, durch das die Seele zu sich selbst kommt, zeigt sich seelisches Eigenleben, zeigt sich, dass die Menschenseele „nicht nur ein Mittleres zwischen Geist und Stoff" ist, „sondern geistiges Geschöpf, nicht nur Gebilde des Geistes, sondern bildender Geist"[16].

Das Bild, das sich hier nahelegt, ist das Bild des Hauses. Teresa von Avila hat dieses Bild immer wieder gebraucht; sie hat auch immer wieder in klaren Worten darauf hingewiesen, dass es entscheidend ist, das eigene Haus zu kennen – tatsächlich sind viele Seelen so krank und so mit Äußerlichem beschäftigt, haben verlernt zu beten, sodass sie nicht mehr in ihr Inneres einkehren können; darum ist die erste Wohnung die Selbsterkenntnis.[17] Edith Stein übernimmt von Teresa von Avila die Idee, dass die Seele einer Burg gleicht, die von außen nach innen erobert werden müsse, gleichzeitig aber auch zu behüten und zu verteidigen sei. Dieses Erobern und dieses Behüten erfolgt durch den

Weg nach innen. Die Seele ist auf diesem Weg zu sich selbst, der durch Stille und Gebet und Meditation und Momente der Freiheit von äußeren Reizen gekennzeichnet ist, auf Kraftquellen angewiesen, die sie in Gott – und letztlich nur in Gott – findet. Die Seele ist angewiesen auf diese Kraftquellen, sie ist kein sprudelnder Quell, der sich aus sich heraus Leben erzeugt.[18] Die Seele ist deswegen vom „lebensspendenden Geist" klar zu unterscheiden; sie ist angewiesen auf das Trinken aus der Quelle, sie schöpft nicht aus sich selbst. Mehr noch: Nicht nur schöpft die Seele nicht aus sich, sie verbraucht sich auch. Dazu eine eindrückliche Stelle:

„Es ist ferner zu bedenken, daß bei der Menschenseele [...] das Maß an Kraft, das ihr nach ihrer Wesensbestimmtheit zukommt, nicht vom Beginn ihres Daseins an vorhanden ist, sondern daß es im Lauf ihrer Entwicklung erst erworben werden muß. Ihr Leben selbst ist ein ständiger Kräfteverbrauch, aber es führt dazu, ihr Quellen der Kraft zu erschließen. Das geschieht einmal durch den Aufbau des Leibes, aus dem die seelische Kraft immer wieder erneuernde Zuschüsse erhält [...], es geschieht aber auch durch Zuströme aus der ich-jenseitigen Welt, die durch das Ichleben zugänglich wird. Der helle Sonnenschein und das strahlende Blau des Himmels, eine heitere Landschaft, ein fröhliches Kinderlachen, ein aufmunterndes Wort – all das kann in der Seele neues Leben wecken."[19]

Was bedeutet das? Die Seele ist darauf angewiesen, sich Kraftquellen zu erschließen, wenn sie gesund und kraftvoll leben will. Diese Kraftquellen sind einerseits aus einem Leben aus dem Inneren heraus erschließbar. Das Erschließen der Kraftquellen ist eine Lebensaufgabe, wobei hier ein Gesetz gelten dürfte: Je konsequenter der Weg nach innen gegangen wird, desto mehr Kraft muss aufgewendet werden, desto mehr Kraftquellen erschließen sich aber auch. Kraftquellen sind aber andererseits auch aus der äußerlich wahrnehmbaren Welt, gerade auch aus dem Umgang mit Menschen und Natur, zu finden. Dazu bedarf es einer gewissen aufmerksamen Grundhaltung, die für die Schönheit und Geschenkhaftigkeit von Lebenserfahrungen offen ist. Der Mensch, der sich auf den Weg nach innen macht, ist damit gerade nicht der Mensch, der sich selbst genügt und in sich selbst hineingekrümmt lebt, sondern ein Mensch, der zu einer neuen Kultur von Aufmerksamkeit gewachsen ist. Daraus ergibt sich eine dreifache Entfaltungsrichtung: die Gestaltung des Leibes, die Gestaltung der Seele, die Entfaltung im geistigen Leben durch den Weg nach innen. Damit ist unschwer erkennbar, dass Edith Stein das, was eben als „Lebenstiefe" beschrieben wurde, durch den Weg der Seele zu sich selbst für erreichbar hält, wobei die je größere Aufmerksamkeit nach innen auch zu einer je größeren Aufmerksamkeit nach außen führt.

Es ist nicht von der Hand zu weisen, dass diese Überlegungen zur Seele auf die Idee von „Lebenstiefe durch Innerlichkeit" hinauslaufen; ein Mensch hat Lebenstiefe, wenn er einen Zugang zu sich selbst gefunden hat, wenn die Seele unterwegs zu sich selbst ist, wenn sich die Seele innerlich formen lässt, aber auch von innen her gestaltet. Durch diese der Innerlichkeit geschuldeten Lebenstiefe kann ein Mensch in Freiheit leben.

Halten wir fest: Die innere Welt ist der Schlüssel zur Freiheit; sie erschließt sich durch eine Wende nach innen, die wiederum zu Lenkung des Leibes und zu neuer Aufmerksamkeit gegenüber der äußeren Welt führt, was wiederum Kraftquellen für das Leben insgesamt (Natur, Begegnungen) zugänglich macht. Das Innere ist die Seinsmitte des Lebewesens, die Seele ist im Sinne ihrer Reifung darauf angewiesen, zu sich selbst zu kommen; für dieses anspruchsvolle Leben bedarf es bestimmter Kraftquellen, die letztlich nur in Gott gefunden werden können. Die Seele ist wie ein Haus, um dessen Kenntnis, Reinigung, Instandhaltung und Schutz wir uns unser Leben lang bemühen müssen.

2.1. Ein Gang durch *Endliches und ewiges Sein*, VII, § 9,4

Sehen wir uns nun auf dem Hintergrund des skizzierten Zusammenhangs von „Innerlichkeit" und „Lebenstiefe" Abschnitt 9,4 des siebten Teils von Edith Steins *Endliches und ewiges Sein* an. Ich werde den Text in neun Punkten mit Blick auf den Zusammenhang von Interiorität und Tiefe reflektieren, in der Absicht, Edith Stein aus dieser Perspektive tiefer zu verstehen.

a) Der Verstand durchdringt das Innere der Dinge: Die Erkenntniskräfte versehen den Außendienst in der Seelenburg. Sie holen die Dinge der Außenwelt herbei, wobei die Sinne die äußerlich wahrnehmbaren Aspekte der Dinge einholen, der Verstand ins Innere der Dinge dringt. Der Verstand dringt also in der Begegnung mit Dingen in Bereiche vor, die den Sinnen nicht erschlossen sind, aber doch einer sinnlichen Grundlage bedürfen und so ohne Sinne nicht erschlossen werden könnten. Die Sinne müssen wach und scharf sein, um diesen Dienst versehen zu können. Sie dürfen nicht abgestumpft sein. Fasten ist beispielsweise ein Weg, um den Geschmackssinn wachzuhalten, ebenso langsames und bewusstes Essen. Wir haben bereits gesehen, dass die Seele auch durch sinnliche Erlebnisse (die Wahrnehmung von Sonnenschein, Himmelsblau, heiterer Landschaft, Kinderlachen) genährt wird. Um die Seele auf diese Weise nähren zu können – nennen wir diese Kraftquelle „Schönheit" – muss der Mensch über wache Sinne verfügen und wach in den Tag gehen. Damit ist auch ein Zusammenhang zwischen innerem Reichtum und äußerem Sinnesreichtum gegeben. Sinnesvermittelte Schätze werden zu Quellen innerer Kraft, wenn sie in die Seelenburg hineingetragen werden. Der Verstand ist nun jenes Vermögen, das die Innenseite der sinnlich wahrgenommenen Dinge, um es einmal so zu sagen, durchdringt und sich zu eigen macht. Hier sind einerseits Abstraktionsprozesse am Werk, andererseits aber auch Interpretationsprozesse.

Die Idee, die „Innenseite" der Dinge zu sehen, könnte man so verstehen, dass es darum geht, die Bedeutung von Dingen zu erkennen, wohl: die Bedeutung von Dingen mit Blick auf größere, hohe und höchste Ziele. Diese Fähigkeit verlangt die Fähigkeit zur Zusammenschau, von der Thomas von Aquin geschrieben hat.[20] Durch diese Zusammenschau erhalten die einzelnen Dinge ihren Platz im Ganzen, dadurch aber auch die Tiefe, weil sich erkennen lässt, dass (und mit gewissen Einschränkungen auch wie) ein Gegenstand zum Erreichen von Lebenszielen beiträgt. Auf diese Weise erfasst und schafft der Verstand eine Innenseite der Dinge.

b) Das Gedächtnis strukturiert das Innere. Sinnliche Wahrnehmung und Verstandeserkenntnis bilden eine Erlebniseinheit, die verklingt und nicht von Dauer ist, aber vom Gedächtnis mit seiner zurückhaltenden Kraft gehalten werden kann. Durch das Gedächtnis geht der Seele das Erlebte nicht verloren. Dabei kann das Bewahrte auf unterschiedliche Weise wieder hervorgerufen werden – im Sinne eines „Lebendigwerdens" oder im Sinne eines Abrufens, losgelöst von den seinerzeitigen Umständen. Hier stoßen wir explizit auf den Begriff der Tiefe, um den es an dieser Stelle geht:

„Wie lange etwas im Gedächtnis bewahrt wird, das hängt – nicht allein, aber doch in hohem Grade – davon ab, wie tief es ursprünglich eingedrungen ist. Und dafür wiederum ist maßgebend, von welcher Tiefe her das Aufnehmen stattfand."[21]

Das Gedächtnis behält das, was tief eingedrungen ist; gleichzeitig strukturiert das Gedächtnis das, was in ihm Platz gegriffen hat. Edith Stein deutet hier eine Dynamik an, die in anderem Zusammenhang als Prozess der Aneignung „persönlichen Wissens" beschrieben wird.[22] Wer sich einen Gedächtnisinhalt auf eine existentielle, „tiefe" Weise zu eigen macht, hat dieses Wissen nicht in einer Form in sich, die einem Rucksack gleicht, den man jederzeit abschnallen könnte. Dieses Wissen ist Teil der Persönlichkeit geworden, formt das Innere der Person. Dieses persönliche Wissen ist die Grundlage von dem, was man Bildung nennen könnte. Hier besteht auch ein Gestaltungsspielraum. Das Gedächtnis kann sich mit gesammelter Kraft gegen das Entschwinden der Eindrücke zur Wehr setzen. Auch das ist eine Angelegenheit der ganzen Persönlichkeit, die von ihrer Seinsmitte, also von innen heraus, handelt. Mit anderen Worten: Die Strukturierung des Gedächtnisses ist eine Lebensaufgabe und möge nicht dem Zufall überlassen werden.

c) Es ist zwischen oberflächlicher und tiefer Verstandestätigkeit zu unterscheiden. Der Begriff der Tiefe kann nicht nur in Bezug auf das Gedächtnis, sondern auch in Bezug auf den Verstand und die Verstandestätigkeit unterschieden werden. Oberflächliche Verstandestätigkeit lässt die Tiefen der Seele unberührt. Man könnte hier vielleicht sagen: Die Seele „schwingt nicht mit", wenn der Verstand sich in einer nur oberflächlichen Weise engagiert, sie ist nicht beteiligt. In der tiefen Verstandestätigkeit ist der Mensch mit seinem ganzen Personsein beteiligt, er zeigt „inneres Engagement". Ob der Verstand sich auf oberflächliche oder tiefe Weise engagiert, hängt auch von der Vorstellungskraft ab. Edith Stein gibt als Beispiel „die Meldung vom serbischen Königsmord im Sommer 1914" an: Zwei Menschen hören diese Nachricht, der eine denkt sich nichts weiter, der andere ist „im Innersten erschüttert", weil er sich der möglichen Tragweite des Geschehen bewusst ist, um die disruptive Kraft des Ereignisses weiß, um Implikationen und mögliche Konsequenzen; fortan lebt er „in der fieberhaft gespannten Erwartung der kommenden Dinge"[23].

Das ist also eine Frage der Vorstellungskraft, aber auch der analytischen Fähigkeiten. Wenn der Mensch die Dinge von einem existentiellen Standpunkt mit Blick auf das betrachtet, was seinem Leben Struktur verleiht, was ihn mit „starker Sorge" erfüllt, zeigt sich der Verstand auf tiefe Weise engagiert. Das hat auch mit der Bereitschaft eines tiefen Menschen zu tun, sich von Erfahrungen formen zu lassen; bereit zu sein, sich im Inneren berühren zu lassen. „Lebenstiefe" und die Fähigkeit zu tiefem Verstandesengagement können miteinander verbunden werden. Dieses Engagement „mit voller Geisteskraft", der entsprechende hohe Grad an Aufmerksamkeit, wirkt sich nach Edith Stein auch auf die äußeren Organe aus, vor allem auf das Herz, sodass wir auf die Phrase „mit dem Herzen denken" reflektieren könnten. Ein Mensch mit Lebenstiefe, so könnten wir sagen, ist zu tiefem Verstandesengagement fähig.

d) „Im Inneren ist das Wesen der Seele nach innen aufgebrochen"[24] – die Seele ist auf sich selbst hin offen. Wer diese Offenheit spürt und diesem Weg nachgeht, kann von innen heraus leben. Wer von hier aus lebt, lebt ein „volles Leben" und erreicht „die Höhe seines Seins". Wenn das Ich hier, am Grunde seines Seins („wo es eigentlich zu Hause ist und hingehört"), lebt, dann spürt es seine gesammelten Kräfte und etwas vom Sinn seines Seins. Diesen Ort kann nur die Seele berühren, die unterwegs zu sich selbst ist. Diesen Ort erreicht nur das, was wirklich tief eindringt. Was an diese Stelle rührt, geht „in Fleisch und Blut" über, bleibt nicht an der äußeren Oberfläche stehen; das kann dann einerseits zum lebensspendenden Kraftquell werden oder auch zur Gefahr für die Seele, wo sie Widerstand leisten muss.

Hier finden wir ein geistliches Gesetz: Der Mensch mit Tiefe ist größerer Verwundbarkeit ausgesetzt, verfügt aber auch über stärkere Widerstandskräfte. Eindrücke und Erlebnisse werden, wenn sie tief gehen, zu Erfahrungen; diese zu verarbeiten bedarf eines gewissen Aufwands. Was in die Tiefe der Seele dringt, kann nur langsam verarbeitet werden, sagt Stein. Das auf diese Weise Verarbeitete bringt Urteile und Stellungnahmen hervor, weil der Mensch sich zu dem, was Teil seiner selbst geworden ist, auf eine bestimmte Weise verhält und positioniert. Hier erwachsen der Seele auch neue Aufgaben: Was ins Innere eindringt, ist stets ein Aufruf an die Person: „Ein Anruf an ihre *Vernunft* als die Kraft, geistig zu ‚vernehmen', d. h. zu *verstehen*, was ihr widerfährt."[25] Die Seele, die sich öffnet, ist bereit für tiefe Erfahrungen, die die Seele formen. Wenn etwas in das Innere aufbricht und eindringt, ändert sich auch die Grundverfasstheit der Seele, die man als „Stimmung" spürt – das kann dann von der Ruhe in Unruhe wechseln; zunächst innerseelisches Geschehen führt dann aber zum äußeren Handeln. Die offene Seele ist also „feiner", „sensibler" und in besonderer Weise zur Stabilität aufgefordert.

e) Ein tiefer Mensch lebt in großen Sinnzusammenhängen: Das persönlich-geistige Leben der Seele ist eingebettet in große Sinnzusammenhänge. Diese Sinnzusammenhänge setzen die Seele in Bewegung. Sie wird durch Sinnvolles und Kraftvolles motiviert, in Bewegung gesetzt. Edith Stein hält fest, dass im geistigen Leben Sinn und Kraft miteinander verbunden sind. Die Überzeugung von Sinnhaftigkeit gibt Lebens- und Handlungskraft. Ein „Warum" lässt die Seele tätig werden: Damit ist klar, dass wir es hier mit einem geistigen Geschehen zu tun haben und nicht mit naturmäßigen Abläufen; es handelt sich um eine anspruchsvolle Dynamik von Aufruf und Antwort und nicht um Reiz-Reaktions-Schemata. Aus dieser Verpflichtung auf Sinn ergibt sich auch die Verantwortung der Person, sich nicht einfach treiben zu lassen, sondern Stellung zu beziehen; und in der damit verbundenen Freiheit zu handeln. Man könnte dies die Grundhaltung der Responsivität nennen – eine wachsame Offenheit auf die Fragen und Aufgaben, die das Leben gibt und auf die es hinzuhandeln gilt. Diese Grundhaltung der Responsivität, die wohl darin besteht, dass man einen Ruf hört und auf diesen Ruf antwortet, hat viel mit einer Grundeinstellung des „Hörens" zu tun. In Freiheit auf Gehörtes zu antworten ist Ausdruck der Freiheit des Menschen als „Hörer des Wortes". In diesem Hören liegt die Möglichkeit zur echten Bekehrung, die stets ein „Weg" und nicht ein „Punkt" ist, eine neue Seinsweise. Eine Bekehrung erfolgt „nach innen", „von innen" und „ins Innere hinein". In der Bekehrung eröffnet sich ein neuer Sinnzusammenhang, der jedem Moment des Daseins und jedem Gegenstand der Erfahrung eine neue Bedeutung verleiht.

f) Lebenstiefe verweist auf die Herausforderung einer „gesammelten Existenz": Eine gesammelte Existenz weist einen Fokus auf; sie wird gelebt als Existenz aus einem Zentrum heraus. Wenige Menschen leben gesammelt:

„Bei den meisten hat das Ich seinen Standort vielmehr an der Oberfläche, wird wohl gelegentlich durch ‚große Ereignisse' erschüttert und in die Tiefe gezogen, sucht dann auch dem Geschehen durch ein angemessenes Verhalten zu entsprechen, kehrt aber nach längerem oder kürzerem Verweilen doch wieder an die Oberfläche zurück."[26]

Eine gesammelte Existenz lebt aus der Tiefe eines in sich stabilen Inneren, das den Erfahrungen ihren Platz zuweisen kann, ohne stets aufs Neue erschüttert zu sein. Eine gesammelte Existenz lebt aus einem Punkt, der nicht so ohne Weiteres von außen berührt werden kann. Dabei ist es durchaus möglich, gut „zu funktionieren", wie auch Paul Austers Vater gut funktioniert hat, und mit einer oberflächlichen Tätigkeit des Verstandes die Alltagsaufgaben zu bewältigen. Vieles von dem, was von außen an den Menschen herantritt, kann auch auf oberflächliche Weise angemessen erledigt werden. Freilich: Wer den Verstand auf tiefe Weise engagiert und die „Innenseite" der Dinge sieht, wer „gesammelt in der Tiefe lebt, der sieht auch die ‚kleinen Dinge' in großen Zusammenhängen: Nur er vermag ihr Gewicht – an letzten Maßstäben gemessen – in der richtigen Weise einzuschätzen"[27].

Wiederum stoßen wir auf die Bedeutung eines Lebens in großen Sinnzusammenhängen. Eine gesammelte Existenz lebt verankert in eine Weite und Tiefe, hineingestellt in einen großen Zusammenhang; sie erlaubt es, berührt zu werden. Das ist nicht selbstverständlich. Bei vielen Menschen bleibt die Tiefe, die für eine gesammelte Existenz ausschlaggebend ist, kaum berührt und kaum geformt. Manche Menschen berühren ihre Tiefe nur gelegentlich, manche Menschen berühren diese Tiefe nie, gelangen nie „bis zu ihrer letzten Tiefe"[28]; haben dann auch nicht das Wissen um den Sinn des Seins und die Kraft, sich auf ein Ziel zuzubewegen, oder den Sinn für die Verpflichtung, diese Bewegung in Gang zu setzen. Das Wissen um diese Tiefe wird durch bestimmte Erfahrungen, in denen Tiefe aufleuchtet, vermittelt. Solche Erfahrungen sind „Aufrufe an die Seele", bei sich einzukehren „und das Leben von ihrem Innersten her in Angriff zu nehmen"[29].

Wir können uns vorstellen, dass es sich um besondere geistlich anspruchsvolle Erfahrungen handelt. Wenn Menschen an der Oberfläche bleiben und Dinge nicht an sich heranlassen, kann dieses „Rühren an die Tiefe" nicht erfolgen. Diese Tiefe kann nach Edith Stein aber auch durch den Verstand angestoßen werden, etwa durch eine katechetische Instruktion. Auch intellektuelle Erfahrungen, die ein tiefes Engagement des Verstandes einschließen, können in die Tiefe dringen und diese Tiefe formen. Eine gesammelte Existenz kann aufgrund ihrer „Mitte" intellektuelle wie spirituelle Erfahrungen in eine Ordnung setzen, innerhalb derer sie den Menschen auch zu formen vermögen. Oder anders gesagt: Gesammelte Existenz ist ein Leben aus geordnetem Inneren. Ein Mensch, der eine gesammelte Existenz führt, lebt aus Eigenem heraus; er hat einen Blick auf das Eigentliche und Wesentliche kultiviert und ist nicht den Wellen ausgeliefert wie ein Schiff im Wind. Sein Lebensschiff ist hinreichend schwer beladen.[30] Eine gesammelte Existenz schöpft aus Innerem und steht nicht in Abhängigkeit von äußerer Anerkennung.

g) Inneres strahlt aus: Ein Mensch, der aus dem Inneren heraus, mit Lebenstiefe lebt, strahlt über sich hinaus. Hier zeigt sich das „innere Leben" der Seele[31], ein Leben, das sich auch nach der Loslösung vom Leib oder in ekstatischen Erfahrungen zu erkennen gibt. Je gesammelter ein Mensch im Innersten der Seele lebt, umso stärker ist die von innen rührende Ausstrahlung, die von diesem Menschen ausgeht; ein Mensch, der aus dem Inneren lebt, zeigt in Handlung und Haltung eine Eigentümlichkeit, prägt allem Verhalten den Stempel des Persönlichen auf, etwa im Sinne des von Papst Johannes XXIII. zitierten Wortes: „Omnia communia, sed non communiter".[32] Es ist eine Frage des „Wie" und nicht des „Was"; nicht was getan wird, sondern wie es getan wird, ist das entscheidende Moment. Das Innere wirkt über sich hinaus, ergreift Besitz von der Welt auf je persönliche Art.

Analog zur angesprochenen Kategorie des persönlichen Wissens können wir von „persönlichem Handeln" sprechen, von einer Weise des Sich-Verhaltens, bei der sich die Persönlichkeit zeigt. Es ist eine besondere Weise, Dinge anzufangen, Dinge in die Hand zu nehmen, durch die diese Persönlichkeit ans

Tageslicht tritt. „Vom Innersten her erfolgt auch die *Ausstrahlung* des eigenen Wesens."[33] Diese Ausstrahlung prägt denn auch die leibhafte Existenz im Sinne der Formgebung durch die Seele. Oder, um einen Begriff aus dem *Tractatus* Wittgensteins zu verwenden: Das Innere „zeigt" sich. Es geht aus sich heraus. Es entspricht dem natürlichen Leben der Seele, sich mit der Welt auseinanderzusetzen und auf die Welt zuzugehen. „Hinausgehen aus sich selbst" und nicht die „Einkehr ins Innere und Verweilen bei ‚sich'" sind jene Bewegungen, die der Seele natürlicherweise entsprechen.[34]

h) Die Seele „spürt" sich selbst: Das ist keine klare Verstandestätigkeit, die sich begrifflich fassen ließe; dieses Spüren der Seele ist mit einem „Sinn für das Wesentliche" vergleichbar; Robert Musil hat seinerzeit vom „Möglichkeitssinn" gesprochen, den die Literatur schärft. In einem ähnlichen Sinne kann man im Zusammenhang mit dem „Spüren der Seele" von einem „Wesentlichkeitssinn" sprechen. Etwas von diesem Spüren wird, mit Edith Stein, deutlich in der Stimme des Gewissens: „Das Gewissen offenbart, wie die Taten in der Tiefe der Seele verwurzelt sind, und es bindet das Ich [...] in die Tiefe zurück."[35] Das Gewissen erscheint als Stimme aus der Tiefe; es ist zugleich eine Form, sich des eigenen personalen Seins gewiss zu sein. Das Gewissen ist „Stimme", aber auch „lebendiges Organ", das prägt und geprägt wird; es ist auch eine Kraft, die wirkt, das Leben von innen her zu gestalten. Das Gewissen ist auch jene Kraft, die die Seele in sich hineinzieht, die einen Rückzug einleitet und die Seele einlädt, zu sich zu kommen. In diesem Bei-sich-Sein kann die Seele sich spüren. Diese Feinfühligkeit der Seele ist entscheidend für Menschen mit Lebenstiefe, die aus dem Inneren heraus leben. Denn jede Tat und jede Erfahrung lässt Spuren in der Seele zurück, verändern Zustand und Verfassung der Seele. Die Seele ist, wenn man so will, ausschlaggebend dafür, dass Menschen in einer bestimmten Weise handeln, die Seele drückt der Tat ihren je persönlichen Stempel auf, macht die Tat zu einer persönlichen Tat. Aus diesem Grund ist es doch nicht dasselbe, wenn zwei Menschen dasselbe tun. Die Seele prägt, „wie" etwas ist und spürt das „Wie" von Erfahrung und Handlung. Die Seele ist gleichsam das Organ zur Erkenntnis des „Wie", spricht damit nicht tangible Dimensionen an und hüllt den Umgang mit dem Leben in ein Geheimnis:

„*Was* und *wie* sie ist, das spürt die Seele in ihrem Inneren, in jener dunklen und unsagbaren Welt, die ihr das Geheimnis ihres Seins als Geheimnis zeigt, ohne es zu enthüllen."[36]

Die Seele prägt den angesprochenen Wesentlichkeitssinn aus und bewahrt die Offenheit für das, was wesentlich ist.

i) Das Innere kann nicht abschließend durchdrungen werden: Das Wort vom unausschöpfbaren Individuum gilt auch in besonderer Weise mit Blick auf das Innere des Menschen. Der Mensch bietet als Gegenstand der inneren Wahrnehmung, Erfahrung und Beobachtung reichlich und unausschöpflich

Stoff für eine geistige Auseinandersetzung. Freilich dringen nicht viele zum Inneren des Ich vor, viele bleiben am Äußeren hängen und betrachten ihre Kräfte und Fähigkeiten nur im Umgang mit der Welt. Dabei gehen sie nicht in die Tiefe des Inneren, sondern verharren an der Oberfläche, wo noch eine gewisse Geschäftigkeit herrscht. „Zieht man sich aus all dem wirklich ins Innere zurück, so ist da allerdings nicht nichts, aber doch eine ungewohnte Leere und Stille."[37] Wer sich dem innerseelischen Sein aussetzt, wird nicht in seinem Tatendrang und in seiner Selbstwirksamkeit befriedigt, sondern muss lernen, die Leere auszuhalten. Dies wiederum ist nur möglich, wenn sich hier etwas zeigt, das den Menschen festhält, das eine Kraft entwickelt, „wenn das Innere der Seele nicht durch etwas anderes als von der äußeren Welt her erfüllt und in Bewegung gebracht wird"[38].

Das ist die Erfahrung derjenigen, die das innere Leben kennengelernt haben. Sie wurden durch eine Kraft ins Innere hineingezogen, durch eine Kraft, die stärker war als die Dynamiken der äußeren Welt. Mystische Erfahrung zeigt sich hier zwischen Anstrengung und Gratuität, vor allem in der Bereitschaft, zu hören und die innere Leere nur als scheinbare Leere zu erfahren. Wir könnten hier vielleicht von der Erfahrung einer „bewohnten Seele" sprechen, die das Innere als Tempel Gottes erkennen lässt und auf eine Begegnung mit Gott hin vorbereitet.[39] Dann stellen sich tiefer Friede und tiefe Ruhe ein:

„[...] sich aus den Sinnen und ‚Bildern' des Gedächtnisses, ja selbst aus der natürlichen Tätigkeit des Verstandes und Willens zurückziehen in die leere Einsamkeit seines Inneren, um dort zu verweilen im dunklen Glauben."[40]

Und diese Dunkelheit ist unausschöpfbar.

3. Schlussbemerkung

Ein Mensch, der aus dem Inneren lebt, verfügt über Lebenstiefe. Er engagiert sich in tiefer Tätigkeit des Verstandes, dringt bis zu einer Innenseite der Dinge vor, zeigt persönliches Handeln, dem die Seele einen Stempel aufdrückt, gestaltet das Innere gerade auch durch das Gedächtnis, lebt „von innen heraus" durch sein Gewissen und die Idee einer gesammelten Existenz. Ein Mensch mit Lebenstiefe weiß um die Unausschöpfbarkeit des Inneren, das sich sich selbst gegenüber öffnen kann und damit einen Weg weist, der nicht zu einem Ende kommt.

Ein tiefer Mensch ist in besonderer Weise zum Leiden und zum Mitleiden fähig – zum Leiden deswegen, weil das Innere geöffnet ist und leidvolle Erfahrungen den Menschen tiefer berühren können; zum Mitleiden, weil die äußeren Ungleichheiten für einen Menschen, der aus dem Inneren lebt, gegenüber der fundamentalen Gleichheit, Hörende des Wortes zu sein, sekundär ist. Diese Tiefe lässt erahnen, dass alle Menschen Teil einer Gemeinschaft sind, die auch durch äußere Unterschiede nicht zerstört werden kann.

1 E. Stein, Endliches und ewiges Sein. Versuch eines Aufstiegs zum Sinn des Seins, Herder Verlag, Freiburg im Breisgau 1950 (Edith Steins Werke, hrsg. v. L. Gelber u. R. Leuven, B. 2).
2 Th. Nagel, Das Absurde. Kap. 2, in: Ders., Über das Leben, die Seele und den Tod, Hain Verlag, Königstein 1984.
3 G. Steiner, Warum Denken traurig macht, Suhrkamp Verlag, Frankfurt am Main 2006.
4 P. Auster, The Invention of Solitude, Penguin, London 1988.
5 a. a. O., p. 17.
6 Vgl. a. a. O., pp. 6–59.
7 Diesen Punkt hat Daniel Miller in einer empirischen Studie eindrucksvoll gezeigt – er hat herausgearbeitet, dass Menschen mit den Dingen, mit denen sie sich umgeben, identitätsstiftende Erfahrungen verbinden; D. Miller, Der Trost der Dinge, Suhrkamp Verlag, Berlin 2010.
8 E. Stein, a. a. O., S. 334.
9 a. a. O., S. 343, vgl. S. 342.
10 S. 336.
11 Ebd.
12 S. 338.
13 S. 411.
14 S. 394.
15 S. 341.
16 S. 393.
17 Vgl. S. 395, FN 87.
18 S. 423.
19 S. 400.
20 Thomas v. Aquin, De veritate, quaestio 8, articulus 10; Summa Theologiae I, quaestio 55, articulus 3. Edith Stein erwähnt diese Stelle, vgl. E. Stein, a. a. O., S. 402, FN 94.
21 E. Stein, a. a. O., S. 401.
22. M. Polanyi, Personal Knowledge, Univ. of Chicago Press, Chicago 1958; vgl. R. Gelwick, Science and Reality, Religion and God: A Reply to Harry Prosch, in: „Zygon. Journal of Religion and Science", 1982, vol. 17 (1), pp 25–40, sowie H. Prosch, Polanyi's View of Religion in *Personal Knowledge:* A Response to Richard Gelwick, in: „Zygon. Journal of Religion and Science", 1982, vol. 17 (1), pp 41–48.
23 E. Stein, a. a. O., S. 401 ff.
24. a. a. O., S. 402.
25 S. 403.
26 S. 404.
27 Ebd.
28 Ebd.
29 S. 405.
30 Das ist ein Bild, das Ignatius von Loyola in seinem *Brief über die Vollkommenheit* verwendet: Ein leeres Schiff schwankt bei Versuchungen hin und her; allerdings ist es noch gefährlicher, das Schiff „so sehr zu belasten, daß es untergeht", Ignatius von Loyola, Briefe und Unterweisungen, hrsg. u. übers. v. P. Knauer, Deutsche Werkausgabe, B. 1, Echter Verlag, Würzburg 1993, S. 146.
31 E. Stein, a. a. O., S. 405.
32 Johannes XXIII., Geistliches Tagebuch und andere geistliche Schriften, Herder Verlag, Freiburg im Breisgau 1965, S. 133.
33 E. Stein, a. a. O., S. 405.
34 S. 406.
35 Ebd.
36 Ebd.
37 S. 407.
38 Ebd.
39 Das Bild der bewohnten Seele ist einerseits dem Bild der inneren Wohnung geschuldet, andererseits einem Gedanken Aleida Assmanns, die an einer Stelle zwischen „bewohntem" und „unbewohntem" Gedächtnis unterschieden hat: Unter dem bewohnten Gedächtnis ist das Funktionsgedächtnis zu verstehen, also das lebendige Gedächtnis einer Gruppe, die aus dem Gedächtnis Identität bezieht; das unbewohnte Gedächtnis ist demgegenüber das Speichergedächtnis, das der Archivierung von Vergangenheit dient, aber keine vitalen Impulse für Verständnis und Bewältigung der Gegenwart vermittelt. Vgl. A. Assmann, Funktionsgedächtnis und Speichergedächtnis – zwei Modi der Erinnerung, in: K. Platt, M. Dabag (Hrsg.), Generation und Gedächtnis, Verlag Leske + Budrich, Opladen 1995, S. 169–185. Entsprechend könnte man eine bewohnte Seele, die Zugang zu sich selbst gefunden hat und gestaltet wird, von einer unbewohnten Seele, die lediglich als Archivort und Ablage dient und zufälligen Formungen unterworfen ist, unterscheiden.
40 E. Stein, a. a. O., S. 407.

Bernhard Augustin (Salzburg)
Vom Leiden und vom Kreuz

„[...] es scheint mir, als müsste eine nähere Analyse das Leiden
als negatives Gegenbild des Genießens herausstellen können."[1]

Ein philosophisches Thema aus den Schriften einer Heiligengestalt erschließen zu wollen, verpflichtet den Autor in gewisser Weise dazu, das nur unter dem Kriterium der Heiligkeit durchzuführen. Leben und Denken solcher Personen, wollen wir ihrer Bedeutung in ungeschminkter Weise gerecht werden, erlauben eigentlich kein anderes Richtmaß als jenes der Heiligkeit. Heiligkeit würde ich als die gelungene Vereinigung menschlichen und göttlichen Lebens in der Erfüllung des Planes Gottes bei einer Person fassen. Daher möchte dieser Beitrag auch ein Schritt der Deutung von Leiden im Denken Edith Steins sein, ohne den christlichen Sinn des Leidens durch das Kreuz Christi auszuklammern. Daraus ergibt sich nicht, und es wäre ungültig, so zu meinen, die phänomenologische Annäherung Steins an den Sinn des Leidens im Leben durch Argumente aus der übernatürlichen Offenbarung – also aus der Theologie – zu überdecken. Im Zuge präziser Argumentation über Leid und Mitleid bei Edith Stein werden wir zwar auf den Übergang von philosophischer Darlegung zu theologischer Spekulation stoßen. Wir werden versuchen, diese untrennbare Berührung nicht auszuklammern, sondern vielmehr, „ohne die Mittel natürlicher Menschenkenntnis und Wissenschaft zu verschmähen, eifrig bemüht sein, uns des Menschenbildes zu versichern, wie es uns die offenbarte Wahrheit zeichnet"[2].

Leiden und Mitleiden bei Edith Stein erschließt sich uns auch nicht unabhängig von ihrem eigenen Leben. Die gedankliche Durchdringung dieses philosophischen Themas bleibt bei Stein keine abstrakte, spekulative und spröde Abhandlung, sondern aus ihr spricht die lebendige, positive und gelungene Stellungnahme einer großen Persönlichkeit, die viele Menschen anspricht: Gebildete und weniger Gebildete, Mann und Frau, Menschen mitten in der Welt, für den Dienst an Gott und an den Menschen Geweihte, die sich aus der Welt zurückgezogen haben, Weltpriester und Ordenspriester.

Das eigene Leben und Leiden sowie das Nachdenken über Leid und Mitleid fügen sich bei Edith Stein zu einer untrennbaren, existentiellen Verbindung. Der vorliegende Beitrag möchte versuchen, die Verbindungen gedanklich aufzuschnüren, die erhellenden Zusammenhänge aufzuzeigen und danach alles wieder in das wohlgefügte Werk Edith Steins in eines zurückzulegen.

1. Kleine „Leidensgeschichten" aus dem Leben Edith Steins

1.1. Kindheit und Jugend

Einzelne Skizzen aus dem Leben Edith Steins in der Begegnung mit Leid bilden nicht nur einen Zugang zur Persönlichkeit Steins aufgrund der positiven Haltung, die daraus erkennbar wird, sondern sie liefern auch das Material für den Versuch einer phänomenologischen Analyse. So werden wir einzelne Ereignisse aus ihren Schriften oder aus Schriften über Stein aufgreifen und sie zuerst im Licht ihrer Persönlichkeit einzuordnen versuchen und in einer zweiten Zuwendung eine Phänomenologie des Leidens skizzieren.

Soweit uns aus den biographischen Schriften und Berichten über das Leben Steins bekannt ist, wuchs Edith in einer friedlichen Umgebung auf. Physische und psychische Gewalt oder sonstige Misshandlung musste sie nicht erfahren. Das Nicht-ganz-verstanden-Werden in ihrer Haltung oder ihrem Reden nahm sie wahr und dies „schmerzte sehr"; aber sie baute es in ihre Welt ein, oft mit dem Gedanken, die Zusammenhänge später ins rechte Licht zu bekommen, zumindest für ihr eigenes Leben.[3]

Auch das Leiden anderer, ihr nahestehender Personen in der Familie nahm sie in Einfachheit hin, aber auch in sich auf. Was in ihrer Familie geschah, erforderte für sie als Mitglied dieser Familie einfach eine Stellungnahme. Zum Beispiel zeigte sich anlässlich der Krankheit und des Todes einer Tante, die ihr besonders nahestand[4], in ihrer Haltung klar, dass sie das nicht quälte.

Sie entdeckte das Leiden an Eingrenzungen äußerer Ordnungen und der Unzulänglichkeit, sich als Jugendliche darin zurechtzufinden. Bei einer Schularbeit im Jahr 1910 wurde ihr die Zeit zu kurz, die Reinschrift fertigzustellen; sie litt an einem gewissen Unvermögen, das, was sie gut zuwege gebracht hatte, nicht in vollendeter Form weitergeben zu können. Ein solches Leiden an Unvermögen konnte sie nicht einfach übergehen oder ins Positive wenden, auch wenn gute, äußere Umstände das begünstigten, sondern solches Erleiden schlug sich nach innen nieder[5], reichte ins „Ich" hinein. Aus ihrer Studienzeit kennen wir schmerzliche Erfahrungen mit ihrer Mutter, die erst später so richtig aufbrechen: „Es war eine der wenigen scharfen und ungezogenen Antworten, die meine Mutter von mir bekommen hat; ich habe sie später bitter bereut."[6]

Sie wanderte gerne und eignete sich eine gesunde Haltung zur geschaffenen Natur an. Naturerlebnis diente ihr zur Vertiefung ihres Denkens, das als Ganzes danach strebte, die Dinge zu ergründen, wie sie wirklich sind. Wie es schon einmal vorkommt, verletzte sie sich bei einer solchen Wanderung. „Ich verstauchte mir schon beim Aufstieg zum Schneeberg[7] den Fuß und konnte nur unter den größten Beschwerden die Wanderung fortsetzen. [...] Denn beim Hinuntergehen war jeder Schritt eine Qual, und während es sonst meine größte Freude war, in vollem Lauf die Berge hinunterzuspringen, mußte ich jetzt mühselig Fuß vor Fuß setzen."[8] Nicht nur die Schmerzen der Verletzung beschäftigen Stein, vielmehr wird ihr die eingeschränkte Bewegungsfreiheit zur Mühe und bleibt als eine leidvolle Erfahrung in ihrem Inneren zurück.

Bei demselben Ausflug verfällt der Verlobte ihrer Schwester wegen der Verzögerungen in Missmut. Anstatt nur zu sagen, das sei das Problem des Betroffenen, geht ihr die ganze Situation zu Herzen und wirft in ihr die Frage der Schuld in Zusammenhang mit fremdem Leid auf.[9] Die Frage bleibt vorerst ungelöst. „Wie ein Blick in eine ganz neue Welt" erschien Stein da jene andere biographische Begebenheit, die Leid und Schuld für entstandenes Leid in einen Zusammenhang bringt, nämlich die christlich existentielle Einheit, die sie im stellvertretenden Erlöserleiden Christi reflektiert.

1.2. Reifezeit und ihre „erste Begegnung mit dem Kreuz"[10]

Trotz hoher Begabung und leichter intellektueller Auffassung bleibt ihr die Anstrengung bei der selbstständigen philosophischen Arbeit nicht erspart. Offensichtlich gerade immer wieder durch eine „erste schmerzhafte Anstrengung" hindurch gelangt sie dorthin, „jenes tiefe Glück zu empfinden, das sie bei der Arbeit fühlte"[11]. Dabei darf nicht übersehen werden, dass das nicht immer so war. Zu Beginn ihrer Arbeit an der Dissertation arbeitete sie sich in eine „richtige Verzweiflung hinein"[12]. Es dürfte zutreffen, wie Felix Schandl feststellt, dass „die Ursachen dafür auch in ihrer Persönlichkeit liegen"[13].

Sehr aufschlussreich ist auch der Hinweis auf die Erfahrungen bei der Arbeit an ihrer Dissertation wie „bei jeder späteren Arbeit", dass sich nämlich in ihr ein Ringen um Klarheit „unter großen Qualen vollzog"[14]. Hier dürfte doch ein allgemeines Phänomen jeglicher Arbeit und gerade intellektueller Tätigkeit zu Tage treten. Denn es liegt in der menschlichen Verfasstheit, dass jede solide Arbeit ein Ringen gegen schlechte Neigungen wie Bequemlichkeit, Oberflächlichkeit u. Ä. darstellt, aber dass sich gerade auch in diesem Ringen die Begegnung mit dem von schlechten Leidenschaften befreienden Christus vollziehen kann.[15] Nicht nur „Edith Steins Weg zum Glauben bliebe unvollständig und unverständlich"[16], wenn nicht die gewöhnliche Arbeit immer wieder durch einen bewussten Entschluss in Angriff genommen und in einem Ringen, sei es auch „unter großen Qualen"[17], zu einem guten Ende gebracht würde:

„Die Arbeit ist die ursprüngliche Bestimmung des Menschen und ein Segen Gottes. Sie als eine Strafe anzusehen, ist ein beklagenswerter Irrtum. Gott, der beste Vater aller Väter gab dem Menschen das Paradies zur Wohnstätte, ‚ut operaretur' – damit er arbeite."[18]

Die Unmittelbarkeit, mit der Stein über das Ereignis spricht, durch das sie zum ersten Mal dem Kreuz begegnet, lässt wenig Raum zur Interpretation. Es handelt sich einfach um eine existentielle Begegnung, die einzigartig und unendlich weit in ihrer Sinngeladenheit dasteht. Dass die Begegnung gerade in Verbindung mit dem Namen Adolf Reinach geschieht, zeigt sich in der Biographie wie von langer Hand vorbereitet durch ein Gespräch, das Stein anlässlich eines Besuches bei Reinachs über die Bedeutung des Kreuzes für den Einzelnen mit Reinach führt.[19]

Hier tun sich philosophische Zusammenhänge auf, die nicht alle aufgewiesen werden können. Einen Zusammenhang wollen wir aufgreifen, wie er sich aus dem Leben und der Philosophie Steins erschließen lässt:

Menschliches Leiden – Sinnerfüllung – Vermittlung in einfühlender Gegebenheit

Die Auffassung, die Stein über Stellvertretung, deren Grenzen und Möglichkeiten gewonnen hat, ist für diese Zusammenhänge grundlegend. Diese Ergebnisse fließen in ihre Analysen über die Struktur der Person ein.[20] Die folgende Erörterung stützt sich auf diese Grundlage.

2. Phänomenologie des Leidens

Einem kleinen Hinweis in ihrer Dissertation verdanken wir die Anregung, eine Phänomenologie des Leidens bei Edith Stein als Thema aufzugreifen. Als Gegenbild der Phänomenologie des Genießens nach Moritz Geiger lassen sich Wesenselemente des Leidens herausarbeiten, über die Stein reflektiert.

2.1 Leiden, Schmerz und Einfühlung

In ihrer Dissertation *Zum Problem der Einfühlung* schreibt Stein eine für das Thema bedeutende Analyse des Fühlens, die daher kurz besprochen werden soll. Das Fühlen „gibt ein Objekt oder etwas am Objekt"; von „Gefühl" spricht man bei demselben Erlebnis, aber aus der Richtung des Ich herkommend und zugleich eine Schicht des Ich enthüllend. Durch die Objektivierung des subjektiven Erlebnisses kommt es zur überschiebenden Deckung des erlebten und wahrgenommenen Ich.[21] Daran schließt eine Aufzählung der Erlebnisgattungen an. Die Gattung „Gefühlsempfindungen oder sinnliche Gefühle" wird anhand der Beispiele „Lust an taktilem Eindruck" und „sinnlicher Schmerz" näher erklärt. Als bedeutend dabei erweist sich die Feststellung, dass diese Gefühle „ins Ich hineinreichen und an der Oberfläche des Ich erlebt werden"[22]. Wo es eine Oberfläche gibt, da finden sich verschiedene Schichten nach innen (Gedächtnis, Verstand) und ein innerster, in eine unbekannte Tiefe geöffneter Bereich, der von außen keineswegs abgeschirmt ist. Was sich über Sinne oder Vernunft meldet, ist als Aufruf an diese Mitte zu verstehen, als Ruf zur Bestimmung des Sinns. Dort vollzieht sich keineswegs ein naturhaftes Geschehen, etwa ein reiner Triebablauf, sondern Antwort auf Anruf.[23] „Im Schmerz kann es geschehen, dass die Tiefe des eigenen Lebens ‚aufleuchtet'. […] Das empfindet aber in der Regel ein anderer" – schreibt Moritz Geiger[24]. Dieses Analyseergebnis, dass Schmerz ins Ich hineinreicht, deckt sich in diesem Punkt mit den Ergebnissen Geigers über das Genießen, „ein Erlebnis, an dem das Ich beteiligt ist"[25]. Über das Ich, das „im Innersten der Seele ganz eigentlich zu Hause ist"[26], gelangt das Erleben in die Tiefe der menschlichen Person.

2.2. Das Genuss-Phänomen

Im Zuge der Analyse des Fühlens und Genießens tritt ein Unterschied zu den rein sinnlichen Gefühlen auf, dass nämlich aller Genuss mein Genuss in dem speziellen Sinn der Ichbeteiligung ist:

„Die Ichbeteiligung, und vor allem die Ichzentriertheit alles Genusses, darf nicht so aufgefaßt werden, als ob das Genießen unter allen Umständen bis zur tiefsten Schicht des Ich reichen müsse. [...] Aber dennoch hat der Genuß eben wegen seiner Ichzentriertheit – [...] – stets die Tendenz, von der Peripherie in das Zentrum des Ich vorzurücken" und dabei „im Genuß Herr des Genusses zu bleiben."[27]

So kommt Geiger in seiner Analyse zu den „Eigentümlichkeiten, die für das Wesen des Genussphänomens charakteristisch sind"[28]:

Der Genuss ist motivlos.
Das Genussobjekt hat Fülle.
Aller Genuss hat „Ichbeteiligung".
Der Genuss ist ein Aufnahmeerlebnis.
Der Genuss enthält keine Stellungnahme zum Objekt, sondern Hingabe an das Objekt.
Der Genuss ist ichzentriert.
Der Genuss ist (der Tendenz nach) das Ich erfüllend.
Der Genuss ist eine Ichaffiziertheit.
Der Genuss zeigt bestimmte Färbungen und Qualitäten, wie ernst, leicht, tief,
die ihn näher bestimmen.

Die Analysen Geigers über den Genuss sollen helfen, gemäß der steinschen Anmerkung, „das Leiden als negatives Gegenbild des Genießens herausstellen zu können"[29], aufzuzeigen, inwieweit Leiden phänomenologisch fassbar ist, wo der Übergang in die religiöse Haltung liegen mag und wo schließlich christliche Kreuzeserfahrung im Leiderlebnis des Menschen andocken kann.

Als negativem Gegenbild schreiben wir dem Leiden alle Bestimmungsmerkmale des Genießens nach Geiger zu, aber unter einem anderen Vorzeichen. Zunächst ist jedoch noch eine Klärung über das Verhältnis von Genuss und Lust erforderlich. Stein sieht, anders als Geiger, auch in der Lust eine Ichbeteiligung. Damit fällt die Abgrenzung zwischen Genießen und Lust im Verhältnis zum Ich und es gilt zu überlegen, wie Genuss- und Lusterlebnis zu unterscheiden sind.

2.3. Die Unterscheidung zwischen Lust und Genuss

Die Analysen Moritz Geigers arbeiten sehr wertvoll für darauf aufbauende Haltungen des Menschen vorerst eine klare Scheidung von Lust und Genuss heraus.[30] Stein folgt Geiger hier bis zu einem gewissen Punkt. Es ist ja unleugbar, dass es eine Menge von Erlebnissen gibt, „die Lusterlebnisse sind, ohne Genuss zu sein"[31]. Für Stein wie übrigens auch für Geiger „gehört Genuss zu den Lusterlebnissen"[32]. In der Beziehung sowohl des Genusses als auch der Lust auf das Ich gewinnt dann Stein aber auf begründete Weise eine andere Sicht. Während Stein klar eine Ichbeteiligung auch der Lust sieht, spricht ihr Geiger das ab und schließt damit auch ein mögliches In-Beziehung-Setzen von Lust und Unlust sowie Genuss, der ja immer Ichbeteiligung aufweist, aus. Einen lustlosen Genuss gibt es für ihn nicht; und ein „Gegenstück zu lustlosem Genuss" ist also nicht mehr möglich.

Diese Sicht verhilft aber auch dazu, Leiden von einem verbreiteten Missverständnis zu befreien, nämlich es als Gegenstück zur Lust zu fassen, und damit wird der Weg frei, Leiden, wie Stein es vorschlägt, als Gegenstück des Genießens zu fassen, ohne es aber deshalb negativ und abstoßend erleben zu müssen. Es ist ebenso positiv und gehört ebenso zum Leben wie das Genießen, lediglich unter anderem Vorzeichen. Es ist wohl ähnlich zu sehen wie die Menge der natürlichen Zahlen, die gegenüber den negativen ganzen Zahlen nicht als besser aufgefasst werden dürfen, nur weil sie ein positives Vorzeichen aufweisen. Vielmehr bringen die negativen, ganzen Zahlen ein Mehr; sie werden das Spiegelbild der natürlichen Zahlen, führen aber auch dazu, dass jetzt von der Menge der ganzen Zahlen gesprochen werden kann, mit denen Rechenoperationen möglich werden, die über das visuell vorstellbare Verstehen der Operationen mit den nur natürlichen Zahlen weit hinausgehen. Leiden als Gegenstück des Genießens öffnet den Weg zu neuen Sinnerlebnissen. Leidensphänomene werden von denselben Merkmalen charakterisiert wie das Genießen.

Im Leiden wie im Genuss finden wir ein Moment der Passivität, wie es Geiger gut herausarbeitet. Er betont jedoch: „Im Genuß steckt die Bewegung vom Gegenstand her, und das Ich ist beteiligt, nicht durch eine genießende Einstellung, sondern dadurch, daß das Ich durch den Gegenstand affiziert wird."[33] Indem sich Genuss einstellt, ist er unausweichlich und erlaubt nur mehr eine Stellungnahme, aber kein Aufheben oder Abwehren.[34] Im Leiden geschieht es nicht anders. Die Stellungnahme, als „dynamische, dialektische Diskrepanz"[35] bezeichnet, kann jene der „hinnehmenden Leiderfahrung (Leidposition) oder jene der vergeblichen Leidaufhebung (Leidnegation)" sein.

Leiden kommt auf einen zu. Die Reaktionen des Ich auf Leiden können in einer ersten Stellungnahme sehr unterschiedlich ausfallen und reichen von fast wirkungslosem Sich-in-das-Leiden-Ergeben bis hin zur Selbsttäuschung, das Leid gehe einen nichts an und werde im besten Falle einfach wieder vergehen; im schlimmeren Fall wird versucht, es komplett auszuschalten, was aber meist andere Leiden nach sich zieht. Leiden bringt „eine wesensmäßige Offenheit" mit sich, die nicht einfach aus sich selbst ins Positive aufgehoben wird oder sich entwickelt. Deshalb erscheint ja die Stellungnahme der Leidnegation, die andere und möglicherweise mehr Leiden bedeutet, nicht sinnvoll. Warum soll ich etwas negieren, versuchen es aufzuheben, wenn es eine unumkehrbare Ausrichtung zum positiven, stärkenden Erleben in sich trägt?!

Die prinzipielle Offenheit ergibt aber nicht schon automatisch die Erfüllung. Die Sinnerfüllung braucht sinnenhaften Zufluss von außen, muss aber dann im Inneren so angreifen, dass sie nicht zur Fremdbestimmung wird und die Freiheit des Menschen aufhebt. Die Sinnerfüllung für die Person kann nur aus der freien Stellungnahme des Ich in seinem Inneren herkommen.

Hier versuchen wir, phänomenologisch die Brücke über das Leiden zum Kreuz zu schlagen. Über das Kreuz zu philosophieren kann einem modernen Philosophen wie ein Sakrileg vorkommen, dringt man hier doch scheinbar aktiv-invasiv in den Bereich der reinen Wissenschaft ein. Aber es ist nur scheinbar, denn wir gehen argumentativ nicht vom Erlebnis des Kreuzes aus, sondern von einem Erlebnis, das „als negatives Gegenstück des Genießens" alle Wesensmerkmale des Genießens aufweist. Dann fragen wir uns, ob dieses Erleben, nämlich Leiden, genauer das Leiden Christi am Kreuz, mit dem identifiziert werden kann, was Leiden eigentlich ist, und ob für einen, der leidet, das Leiden Christi überhaupt konstitutiv werden kann.

Hier liegt also die Möglichkeit, in philosophischer Weise einen Blick aus dem Leben und Denken Steins auf das christliche Kreuz zu werfen, an dem, nach der göttlichen Offenbarung, Christus für die Menschen gelitten hat und gestorben ist. In diesem FÜR ist das, was wir als „Stellvertretung, Aufopfern für" bezeichnen, ausgedrückt.

3. Schlussbemerkungen

3.1. Nochmals zur „Begegnung mit dem Kreuz"

Zwischen Edith Stein und Adolf Reinach besteht ein großes Vertrauen. Anders als anderen Besuchern gegenüber öffnet sich Reinach in einem bestimmten Augenblick gegenüber Stein über die Bedeutung eines kleinen Kreuzes in seinem Zimmer, das jemand anderer gleichgültig abgeurteilt hat. In derselben Familie widerfährt dann Stein, ohne dass sie das gesucht hätte, ihre erste Begegnung mit dem Kreuz. Diese ihre erste Begegnung mit dem Kreuz ist die Begegnung mit dem durch das Leiden Christi am Kreuz mit Sinn erfüllten menschlichen Leiden.

Adolf Reinach fällt im Ersten Weltkrieg im Jahre 1917. Zu dieser Zeit setzte sich Stein immer wieder mit dem übernatürlichen Glauben, mit katholischer und evangelischer Religion auseinander. Sie hat ihre Dissertation über das Erfassen fremder Bewusstseinsinhalte (Einfühlung) abgeschlossen und in ihrer zielstrebigen Art versucht, in eigenständiger wissenschaftlicher Arbeit den Dingen auf den Grund zu gehen.

Die Witwe Reinach, evangelische Christin, erlebte den Verlust ihres Mannes, der im Krieg umgekommen war, als schmerzlich und unausweichlich. Sicher hat sie als bewusste Christin versucht, das Ereignis in christlicher Weise zu verarbeiten. Offensichtlich dürfte es ihr gelungen sein, vom Leid nicht erdrückt zu werden. Stein, die in ihrer bis dahin noch wenig ausgereiften Art, mit Leid in christlicher Weise umzugehen, an Auflehnung und Trauer angesichts eines unausweichlichen Übels denkt, wird in diesem Augenblick die Verbindung zwischen dem Leiden des Menschen und dem Leiden Christi am Kreuz bewusst und sie drückt das später auch aus.[36] Dieses Erfassen geschieht durch eine dritte, vermittelnde Person, deren Erlebnissen sich Stein in einfühlender Vergegenwärtigung ausliefert. In der Objektivierung des Erlebnisses durch die lebendige Begegnung und das Gespräch mit der leidenden Person kommt es zu einer Korrektur der Einordnung des Erlebnisses nach seiner ursprünglichen Vergegenwärtigung.

Nicht die untröstlich leidende Witwe steht Stein leibhaftig vor Augen, der sie wahrscheinlich mit viel Mitgefühl, Verständnis und tröstlichen Worten begegnet wäre. Nein, eine gefasste, aufgeräumte Frau öffnet ihr die Tür, redet mit ihr, lässt sie ins Haus und Stein wird dann sagen: „Das war meine erste Begegnung mit dem Kreuz." Was kann diese Aussage nur bedeuten im Horizont der Rede über das Kreuz unter den Menschen:

„Für Juden ein empörendes Ärgernis, für Heiden eine Torheit, für die Berufenen aber [...], Christus, Gottes Kraft und Gottes Weisheit"?[37]

Als gläubige Jüdin hätte sie mit Ärger reagiert; als verbohrte Heidin hätte sie gespottet. In einer Art Weisheitserkenntnis blickt sie aber auf das Kreuz, auf den Sinn des Leidens, der vom Kreuz ausgeht und der ihr, die sie noch nicht getauft ist, den Sinn des Kreuzes Christi aus der Einfühlung in Erlebnisse einer anderen Person, mit der sie mitleidet, erschließt:

„Manchmal ragt plötzlich das Kreuz vor uns auf, ohne dass wir es gesucht haben: es ist Christus, der nach uns fragt."[38]

Wenn es wirklich das Kreuz Christi ist, dann ist es hell, auch wenn es dunkel erscheint; es erhebt und es entzündet andere Herzen mit dem Sinn, der vom Leiden Christi am Kreuz ausgeht: stellvertretend FÜR den Menschen zu leiden; der Mensch tritt in freier Stellungnahme in das Kreuz Christi ein. Der Sinn im Leiden kommt von außen auf den Menschen zu und der Mensch nimmt ihn im Inneren an.

Das eigene Leiden mit christlichem Sinn erfüllen zu können ist der Weg, in persönlichen, physischen Begegnungen zur Entschlüsselung des Leidens Christi, der Pro-Existenz des leidenden Heilandes, und zum Erleben der Sinnfülle im eigenen Leid zu gelangen. Der Mensch wird ergriffen und ergreift, wie Edith Stein mit ihrem Leben und in ihrem Denken aufzeigt, im Mitleiden fremden Leids die Sinnhaftigkeit dieses Leidens.

1 E. Stein, Zum Problem der Einfühlung, Herder Verlag, Freiburg–Basel–Wien 2008, ESGA B. 5, S. 118, FN 114.
2 E. Stein, Der Aufbau der menschlichen Person, Herder Verlag, Freiburg–Basel–Wien 2004, ESGA, B. 14, S. 13.
3 „[…] man warf mir Ehrgeiz vor und man nannte mich mit Nachdruck die ‚kluge' Edith. Beides schmerzte mich sehr […] ich wußte doch von den ersten Lebensjahren an, dass es viel wichtiger sei, gut zu sein als klug", zit. aus: E. Stein, Aus dem Leben einer jüdischen Familie, Herder Verlag, Freiburg–Basel–Wien 2002, ESGA B. 1, S. 103. „Diese sehr wohlmeinenden, aber in seiner gewöhnlich rauhen Art vorgebrachten Worte kränkten mich so […]. ‚Für was für eine eingebildete Gans muß er mich halten, dass er mir so etwas sagt.' Zu Hause war natürlich helle Freude über den Erfolg; darüber verschmerzte ich die bittere Pille", a. a. O., S. 120.
4 „Cilla Burchard [zweitälteste Schwester der Mutter – B.A.], starb nach einem langen, qualvollen Krebsleiden [1906 – B.A.] und einer schweren Operation, die das Ende nur um kurze Zeit verzögerte. Wir erlebten alle Stadien dieser Krankheit mit, denn mit der Familie Burchard verbanden uns besonders nahe Beziehungen", zit. aus: E. Stein, a. a. O., S. 101.
5 „Diesmal [1910? – B.A.] wurde ich mit der Reinschrift nicht fertig. Das war wahrhaftig kein Unglück, denn wir mußten unser Konzept mit abgeben, und das meine sah ganz wie eine Reinschrift aus. Trotzdem war ich am Nachmittag untröstlich.", a. a. O., S. 131.
6 a. a. O., S. 153.
7 Glatzer Schneeberg bei Wölfelsgrund [B.A.].
8 E. Stein, Aus dem Leben …, S. 97.
9 „[…] es bedrückte mich viel zu sehr, dass ich an der gestörten Freude unschuldig-schuldig war", a. a. O., S. 99.
10 Sr. M. T. Posselt, Edith Stein. Eine große Frau unseres Jahrhunderts. Ein Lebensbild, Herder Verlag, Freiburg–Basel–Wien, 1960 (6. Auflage), S. 49–50; A. U. Müller, Sr. M. A. Neyer, Edith Stein. Das Leben einer ungewöhnlichen Frau, Benziger Verlag, Zürich 1998, S. 121.
11 E. Stein, Aus dem Leben …, S. 230.
12 a. a. O., S. 226.
13 F. M. Schandl, Die Begegnung mit Christus auf dem Weg zum Karmel, in: L. Elders (Hrsg.), Edith Stein. Leben, Philosophie, Vollendung. Abhandlungen des internationalen Edith-Stein-Symposiums Rolduc, 2.–4. November 1990, Verlag J. W. Naumann, Würzburg 1991, S. 60.
14 E. Stein, ebd.
15 „Um die Dinge zu einem guten Ende zu bringen, müssen sie zunächst einmal in Angriff genommen werden … Es klingt banal; und doch ist es gerade solch eine einfache Entschlossenheit, die dir fehlt. Wie freut sich der Teufel über deine Trägheit!", J. Escrivá, Die Spur des Sämanns, Pkt. 492., Adamas Verlag, Köln 1989, S. 137.
16 F. M. Schandl, Die Begegnung mit Christus …, S. 60.
17 E. Stein, Aus dem Leben …, S. 226.
18 J. Escrivá, a. a. O., Pkt. 482, S. 135.
19 Bei einem Kaffeetisch am 23.12.1916 macht Steins Cousin Richard Courant eine abschätzige Bemerkung über ein dort befindliches „Eisernes Kreuz". Reinach rechtfertigt sich gegenüber Stein: „Mir hat es sehr viel bedeutet", Müller/Neyer, a. a. O., S. 120.
20 E. Stein, Welt und Person, (Edith Steins Werke VI), Nauwelaerts, Louvain 1962, S. 164–167; E. Stein, Einführung in die Philosophie, ESGA B. 8, Herder Verlag, Freiburg–Basel–Wien 2004; E. Stein, Der Aufbau der menschlichen Person, ESGA B. 14, Herder Verlag, Freiburg–Basel–Wien 2004.
21 Vgl. E. Stein, Zum Problem der Einfühlung, S. 116–119.
22 a. a. O., S. 118.
23 Vgl. E. Stein, Endliches und ewiges Sein. Versuch eines Aufstiegs zum Sinn des Seins, ESGA B. 11/12, Herder Verlag, Freiburg–Basel–Wien 2006, S. 370.
24 H. B. Gerl, Unerbittliches Licht. Edith Stein, Philosophie – Mystik – Leben, Matthias Grünewald Verlag, Mainz 1999, S. 142.
25 M. Geiger, Beiträge zur Phänomenologie des ästhetischen Genusses, Niemeyer Verlag, Tübingen 1974, S. 47.
26 E. Stein, ebd.
27 M. Geiger, a. a. O., S. 48–49.
28 a. a. O., S. 61.
29 E. Stein, Zum Problem der Einfühlung, S. 118, FN 114.
30 „[…] so trägt doch nicht alle Lust Genusscharakter", a. a. O, S. 19.
31 Ebd.
32 Ebd.
33 M. Geiger, Beiträge …, S. 50.
34 „[…] in der sinnlichen Lust gebe ich mich dem Objekt nicht hin, wie ich mich im Genießen dem Objekt hingebe", a. a. O., S. 47.
35 B. Wandruszka-Wandstetten, Leidensdruck und Leidenswiderstand: Phänomenologische Studie zur Grundstruktur des Leidens mit ihren Auswirkungen auf die Gestaltung der therapeutischen Beziehung, Dissertation, Universität Heidelberg 2001, Kurzfassung, S. 2.
36 A. U. Müller/M. A. Neyer, Edith Stein. Das Leben …, S. 121.
37 1 Kor 1,23–24.
38 J. Escrivá, Der Kreuzweg, V. Station, Adamas Verlag, Köln 1982, S. 54.

Wilhelm Blum (München)
Der intellektuelle Weg der Edith Stein:
Von dem „Problem der Einfühlung" bis hin zu dem „Ewigen Sein"

1. Einleitung

Edith Steins philosophische Arbeit beginnt wohl schon in ihrer Schulzeit in Breslau, ist aber seit ihrer Studienzeit in ein neues Stadium getreten und endet einige Jahre vor ihrem Tod, genauer im Jahre 1937. Ihre späteren Schriften sind Übersetzungen aus liturgischen oder geistlichen Texten sowie eigene geistliche Wegweisungen, nicht aber Philosophie. Die Philosophie, die sie hinter sich gelassen – man möchte fast sagen: überwunden – hat, begann mit ihrem Studium und danach der Assistentenzeit bei dem Begründer der Phänomenologie, bei Edmund Husserl (1859–1938): Diesem ihrem „Meister", wie sie ihn öfters nennt, war sie 1916 nach Freiburg gefolgt. Hier reichte sie 1917 ihre Dissertation ein: Schon deren Titel *Zum Problem der Einfühlung*[1] zeigt das ihr eigene „iurare in verba magistri"[2]. Die gesamte Ausführung ist ausschließlich in den Denkbahnen, ja mit den Worten des „Meisters" geschrieben, daher können wir uns bei der Betrachtung dieser Dissertation kurzfassen: Diese ist nicht eigentlich eine eigenständige intellektuelle Leistung, sondern sie ist nichts anderes als eine der ersten Darstellungen – wahrscheinlich die erste – Husserlscher Lehren nach Husserl. Ist schon der Begriff „Einfühlung" ein genuin und ausschließlich Husserlscher, so ist wahrlich ein jeder Satz dieser Arbeit, um es einmal so auszudrücken, reiner Husserl; das heißt, es ist nahezu nichts Originäres von Edith Stein in dieser Arbeit.

Dieses Urteil ist durch vieles zu beweisen, es würde schon allein ein Blick in das Inhaltsverzeichnis ausreichen: Das Kapitel „Die Konstitution des psychophysischen Individuums" folgt auf jenes von dem „Wesen der Einfühlungsakte" und das letzte Kapitel ist überschrieben mit „Einfühlung als Verstehen geistiger Personen". Über den „Einfühlungsakt im wörtlichen Sinn" sind wir „bereits in das Reich des Geistes eingedrungen"[3] und sie fährt fort:

„Wie in Wahrnehmungsakten physische Natur, so konstituiert sich im Fühlen ein neues Objektreich: die Welt der Werte, in der Freude hat das Subjekt ein Erfreuliches, in der Furcht ein Furchtbares, in der Angst ein Bedrohliches sich gegenüber, selbst Stimmungen haben ihr objektives Korrelat: für den Heiteren ist die Welt in rosigen Schimmer getaucht, für den Betrübten grau in grau. Und all das ist uns mit den fühlenden Akten als zu ihnen gehörig mitgegeben."[4]

Diese Feststellungen, so will es scheinen, sind ganz gewiss nicht anders denn als trivial zu bezeichnen. Dass aber dieses Beispiel durchaus nicht in gehässiger Absicht ausgewählt wurde, möge ein zweites beweisen. Unter der Überschrift „§ 3. Die Seele" lesen wir die folgenden zwei, nun zweifellos trivialen, Sätze:

„Die Gespanntheit oder Schlaffheit unserer Willensakte bekundet die Lebhaftigkeit und Kraft oder Schwäche unseres Willens, in ihrem Andauern zeigt sich seine Beharrlichkeit. In der Intensität unserer Gefühle verrät sich die Leidenschaftlichkeit, in der Leichtigkeit, mit der sie sich einstellen, die Aufführbarkeit unseres Gemüts usw."[5]

Wenn wir aber die Trivialität einmal außer Acht lassen, so muss doch noch gezeigt werden, dass das gesamte Werk durchaus nicht als eine eigenständige Arbeit angesehen werden darf, sondern dass hier einzig und allein des „Meisters" Lehren vorgetragen werden. Dieses Faktum lässt sich am besten anhand der Einleitung zu „§ 1. Die Methode der Untersuchung" zeigen, dort heißt es unter anderem:

„Ich kann bezweifeln, ob das Ding, das ich vor mir sehe, existiert, es besteht die Möglichkeit einer Täuschung, darum muß ich die Existenzsetzung ausschalten, darf von ihr keinen Gebrauch machen; aber was ich nicht ausschalten kann, was keinem Zweifel unterliegt, ist mein Erleben des Dinges (das wahrnehmende, erinnernde oder sonst wie geartete Erfassen) samt seinem Korrelat, dem vollen ‚Dingphänomen'."[6]

Und an derselben Stelle handelt Stein von der „Phänomenologie der Wahrnehmung": Diese „begnügt sich nicht, die einzelne Wahrnehmung zu beschreiben, sondern sie will ergründen, was ‚Wahrnehmung überhaupt' ihrem Wesen nach ist, und sie gewinnt diese Erkenntnis am Einzelfall in ideierender Abstraktion". Dass dies ausschließlich Husserl ist – besonders die „ideierende Abstraktion" –, bedarf keines Beweises, aber bezeichnend und höchst entlarvend ist die an diesen Ausdruck angefügte Anmerkung 1:

„Ich kann nicht hoffen, in ein paar kurzen Worten jemandem, der nicht damit vertraut ist, Ziel und Methode der Phänomenologie restlos klar zu machen, sondern muß für alle sich erhebenden Fragen auf Husserls grundlegendes Werk, die *Ideen,* verweisen."[7]

In diesem Zusammenhang muss auf eine sehr bezeichnende Tatsache hingewiesen werden: Die philosophische Erstlingsarbeit von Edith Stein kommt mit einer geringstmöglichen Zahl von Anmerkungen aus; und wenn überhaupt einmal eine Fußnote vorhanden ist, dann enthält sie zumeist einen Verweis auf eine der Schriften Husserls. Dieses Faktum zeigt überdeutlich, dass die Dissertation sich ganz ausschließlich im Umfeld Husserls bewegt, dass sie also keineswegs zu einer wie auch immer gearteten Auseinandersetzung mit irgendeiner philosophischen Lehre aus Vergangenheit oder Gegenwart taugt, ja dass sie eine solche Auseinandersetzung geradezu scheut. Darin liegt der Grund dafür, dass wir diese Dissertation als eine geisteswissenschaftliche Arbeit nicht recht anzuerkennen vermögen, darin auch liegt der Grund für die Hauptthese des vorliegenden Beitrags: Je mehr sich Edith Stein im Laufe ihres Lebens von Husserl und dessen Phänomenologie entfernt, desto selbstständiger, desto eindringlicher, desto besser und desto eindrucksvoller werden ihre Aussagen (was ganz besonders ihr letztes Werk, ihr Opus magnum, beweist, also *Endliches und ewiges Sein*).

2. Schriften im Umkreis der Phänomenologie

Textgrundlage dieses Abschnitts sind: 1. *Einführung in die Philosophie*, ESGA (Edith Stein Gesamt-Ausgabe) B. 8: Hinführung, Bearbeitung und Anmerkungen v. C. M. Wulf, Herder Verlag, Freiburg–Basel–Wien 2004; 2. *Beiträge zur philosophischen Begründung der Psychologie und der Geisteswissenschaften* und *Individuum und Gemeinschaft*, in ESGA B. 6, bearb. v. B. Beckmann-Zöllner, Herder Verlag, Freiburg–Basel–Wien 2010; 3. *Eine Untersuchung über den Staat*, ESGA B. 7, bearb. v. Ilona Riedel-Spangenberg, Herder Verlag, Freiburg–Basel–Wien 2006.

2.1. Zur Schrift *Einführung in die Philosophie* ist nur zu sagen, dass sie ihr Thema eigentlich nicht einlöst, sondern dass sie nur gewisse Ausschnitte zum Thema bietet. Dieses Urteil wird bewiesen einerseits durch einen Vergleich mit anderen Einführungen, von dem *Protreptikós* des Aristoteles[8] bis hin zu Karl Jaspers, von Ciceros *Hortensius*[9] bis zu der siebten Auflage von Hans Leisegang, andererseits durch einen kurzen Blick in das Inhaltsverzeichnis von Edith Steins *Einführung*. Diese beginnt mit dem Thema „Probleme der Naturphilosophie" und erörtert etwa den Raum oder die „reine Bewegungslehre" und die „reine Zeitlehre"; ganze 45 Seiten befassen sich mit „Die Naturwissenschaft als philosophisches Problem". Der zweite große Abschnitt behandelt „Probleme der Subjektivität", worunter in der Hauptsache Fragen der Psychologie („Die Person als Lebewesen", „Der Charakter", aber auch „Der Gegenstand der Geschichte") zum Thema gemacht werden. Wenn wir dort in der Einleitung vom „naiven Menschen" des Mittelalters als dem Gegensatz zum heutigen Menschen lesen, dessen „Blick auf den Sachen, wie sie in sich selbst sind", ruhe, so erkennen wir unschwer den Einfluss Husserls. Doch in den Rahmen der klassischen Philosophie fügt sich auch Edith Stein ein: Wir lesen von der Unterteilung des Faches in Ontologie, reine oder formale Logik, Ethik, Ästhetik und Religionsphilosophie und wir finden einen Satz, der von Thales, Heraklit und Platon genauso unterschrieben werden könnte wie von Heidegger, Kant oder Descartes: „Es gibt ein Ziel, auf das alle philosophischen Einzelforschungen hinarbeiten und zu dessen Erreichung sie zusammenwirken: das Ziel, die Welt zu verstehen."[10] Dennoch kann der aufmerksame Leser nicht anders, er muss zur Kenntnis nehmen und anerkennen, dass dieses Werk dem Anspruch seines Titels *Einführung in die Philosophie* nicht gerecht wird, dass es diesem Anspruch gegenüber beachtlich zurückbleibt.

2.2. *Individuum und Gemeinschaft* sowie *Untersuchung über den Staat* sind beide schon zu Ende des Weltkrieges fertig gewesen, wurden aber erst 1922 und 1925 in Husserls „Jahrbuch für Philosophie und phänomenologische Forschung" publiziert (sicher hat die Möglichkeit der Publikation ihrer Werke im „Jahrbuch" – dessen Geschäftsführer in den Jahren von 1920 bis 1926 der Münchner Professor Alexander Pfänder war – auch zur Verehrung der Schülerin gegenüber dem Meister beigetragen). Die erste Abhandlung mit dem

Titel *Psychische Kausalität* soll hier übersprungen werden, doch ein Blick in *Individuum und Gemeinschaft* ist allemal lohnend: „Der Charakter einer Gemeinschaft (z. B. eines Volkes) ist durchaus zu scheiden von dem Charakter der ihr angehörigen Individuen und auch von der typischen Beschaffenheit, die sie als Angehörige der Gemeinschaft kennzeichnet."[11] Ein wenig weiter werden wir von dem folgenden Sachverhalt in Kenntnis gesetzt:

„Gemeinschaft als solche ist Trägerin eines Wertes, und sie ist es auch dann noch, wenn sie sich in den Dienst eines schlechten Zweckes stellt und von daher mit einem Makel behaftet ist. Eine Räuberbande als Räuberbande[12] ist etwas Negativwertiges. Soweit sie aber Gemeinschaft ist, kommt auch ihr ein Wert zu. Daher die ‚Pflichten' gegenüber der Gemeinschaft und der Unwert, der jeder Verletzung dieser Pflichten anhaftet. […] Der Kern einer Gemeinschaft, aus dem heraus sich ihr Charakter gestaltet und der ihr dauerndes Sein verbürgt, – das sind die Träger des Gemeinschaftslebens, bzw. ihr persönliches Sein, soweit es der Gemeinschaft gewidmet ist."[13]

2.3. In der *Untersuchung über den Staat* wird gehandelt von der „ontischen Struktur des Staates", von „Staat und Recht" sowie u. a. „Staat und sittliche Werte" wie auch „Staat und Religion". Zur Entstehung des Staates lehrt die Verfasserin, dass der „Staat nicht bloßes Produkt Recht setzender Akte ist (obwohl die rechtliche Konstitution ihn erst zum Staat in vollem Sinne macht), sondern an eine vorausgehende Gemeinschaftsentwicklung anknüpft"[14]. Diese Aussage steht im Einklang mit den klassischen Lehren z. B. des Aristoteles, und auch Edith Steins Äußerungen zu einer möglichen Auflösung des Staates lassen sich im Kontext der klassischen Autoren der politischen Philosophie wiederfinden. „Die Gefahr einer Auflösung des Staates von innen her" ist nach Stein dadurch gegeben, „daß die Staatsgewalt nicht mehr anerkannt, daß ihre Bestimmungen nicht mehr befolgt werden"; sie schreibt:

„Die aktive oder passive Resistenz der Bürger braucht sich nicht auf alle Funktionen des Staates zu erstrecken. Es ist denkbar, daß sie von bestehenden staatlichen Einrichtungen wie Schulen, Bibliotheken, Versicherungen und dergleichen in großem Umfang weiter Gebrauch machen, daß sie in ihren Rechtshändeln die staatlichen Gerichte anrufen und nur dort, wo ihr privates Interesse gefährdet erscheint, sich den staatlichen Machtansprüchen entziehen. Wo eine Ahndung solcher fortgesetzter Leugnung der Staatsautorität nicht mehr möglich ist, da ist nach unserer Auffassung der Staat als aufgelöst zu betrachten."[15]

Nun aber kommt die schon ein wenig gereiftere Philosophin langsam zu eigenen, nicht mehr von Husserl bestimmten, Erkenntnissen:
Zum Verhältnis von Staat und Geschichte konstatiert sie, sehr zu Recht: „Seiner Idee nach hat der Staat nichts mehr mit der Geschichte zu tun. Das heißt, es gehört nicht zu seiner Idee, ein historischer Faktor zu sein."[16]
Zum Verhältnis aber „von Staat und religiöser Sphäre" kündet die Verfasserin, inzwischen mehr als 30 Jahre alt geworden, die althergebrachte, aber nichtsdestotrotz unbedingt gültige Lehre:

„Jeder Mensch untersteht zunächst und vor allem dem höchsten Herrscher, und daran kann kein irdisches Herrschaftsverhältnis etwas ändern. Wenn der Gläubige einen Befehl von Gott empfängt - sei es unmittelbar im Gebet, sei es durch Vermittlung seiner Stellvertreter auf Erden -, so muß er gehorchen, gleichgültig, ob er damit dem Willen des Staates zuwiderhandelt oder nicht. Wir stehen hier vor zwei Herrschaftsansprüchen, die sich in ihrer Absolutheit gegenseitig ausschließen. Es ist darum wohl verständlich, wenn der Staat den einzelnen Gläubigen, vor allem aber der sichtbaren und permanenten Verkörperung jenes seine Souveränität durchbrechenden Herrschaftsanspruchs - der Kirche - mit Mißtrauen und gegebenenfalls mit offener Feindseligkeit begegnet. Andererseits kann man es verstehen, daß unter den Gläubigen immer wieder die Auffassung vom Staat als Antichrist auftauchte. Eine prinzipielle Lösung des in der Eigenart von staatlicher und religiöser Sphäre begründeten Konflikts gibt es nicht. Es ist nur ein faktischer Ausgleich möglich."[17]

Im Zusammenhang mit dem Staat lesen wir bei Edith Stein ein erstes, klares und unwiderrufliches Bekenntnis zur Vorsehung Gottes und zur Lenkung aller Geschichte durch Gott: „Wenn nichts in der Welt geschehen kann ohne göttliches Plazet, dann ist auch eine weltliche Herrschaft unabhängig von Ihm undenkbar."[18] Hier können wir etwas erfühlen von der Ergriffenheit der Philosophin durch Gott, mit dieser ihrer - völlig unbewiesenen und unbeweisbaren - Aussage wird sie zur Künderin der Wahrheit des Seins: Das aber, Künderin der Wahrheit des Seins und der Wirklichkeit des Lebens, bleibt sie auch im Zusammenhang mit der Frage, was denn bei einem Konflikt zwischen Staat und religiös Gläubigen zu geschehen habe: Dem einzelnen Menschen bleibt nichts anderes übrig, „als sein Leben in Gottes Hand zu stellen". Mit dieser Überzeugung und mit solchen Sätzen hat Edith Stein die Phänomenologie Husserls nun endgültig hinter sich gelassen; und es ist nur konsequent, dass sie sich am 1. Januar 1922 taufen lässt, den Namen „Theresia" annimmt und katholisch wird.

3. Philosophische Übersetzungen

Aus vier Sprachen hat Edith Stein in ihrer schriftstellerischen Arbeit Übersetzungen vorgelegt, aus den zwei lebenden: Englisch und Französisch, sowie aus den zwei klassischen: Griechisch und Latein.

3.1. Im Englischen hat es ihr der große Oratorianer Kardinal John Henry Newman (1801-1890, seit 2010 Seliger der katholischen Kirche) angetan, dessen *Idee der Universität* sowie *Briefe und Texte zur ersten Lebenshälfte* (1801-1846) sie in einer deutschen Übersetzung zugänglich gemacht hat.[19] Besonders interessant sind Newmans Betrachtungen *Englische Katholische Literatur* (1845-1858) sowie seine beeindruckenden *Elementar-Studien*, beide im Band 21 (ESGA) nachzulesen.

3.2. Aus dem Französischen hat sie, gemeinsam mit ihrer Freundin Hedwig Conrad-Martius, eine Arbeit von Alexandre Koyré übersetzt: *Descartes und die Scholastik*[20]. Diese Übersetzung ist eine Frucht der Zusammenarbeit und des (seit 1921) zeitweiligen Zusammenlebens mit der Familie Conrad-Martius in Bergzabern; die evangelische Hedwig Conrad-Martius sollte die Taufpatin werden für die Taufe der Neukatholikin Edith Stein am 1. Januar 1922. Die französische Sprache hat Edith Stein sehr geschätzt: Sie vermochte sie nicht nur zu lesen, sondern sie verstand es auch, sich in dieser Sprache mündlich bestens auszudrücken, wie sie im September 1932 bei der Tagung zur „Christlichen Philosophie" in Juvisy bei Paris eindrucksvoll unter Beweis stellte.

3.3. Die Übersetzungen aus den Werken des Pseudo-Dionysios Areopagita, des großen Unbekannten aus der Wende vom 5. zum 6. Jahrhundert, beweisen ihre hohe Wertschätzung dieser Schriften, die man durchaus als grandios bezeichnen darf und die eine nahezu unglaubliche Folgewirkung nach sich zogen. Edith Stein hat zwar einerseits eine gute und schöne deutsche Übersetzung vorgelegt[21], andererseits aber können wir diese heute nicht mehr empfehlen, da der Übersetzerin ausschließlich der Text aus Migne's Patrologia Graeca, Bände 3 und 4, zur Verfügung stand. Wir Heutigen dürfen uns glücklich schätzen, das Gesamtwerk des Pseudo-Dionysios in einer unübertrefflichen Ausgabe[22] sowie in sehr guten Übersetzungen, u. a. von den Herausgebern Beate Suchla und Günter Heil[23], zu besitzen. Edith Steins Übersetzung ist zweifellos in der Zwischenzeit überholt, aber wertvoll ist sie allemal.

3.4. Die Übersetzung der *Quaestiones de Veritate* des Thomas von Aquin ist ganz gewiss das übersetzerische Hauptwerk von Edith Stein, deren unbedingte Eignung für diese Arbeit im Vorwort der Ausgabe durch keinen Geringeren als Martin Grabmann (1875–1949) öffentlich bestätigt wurde.[24] Stein hat mit dieser ihrer großen Übersetzung im Jahre 1925 begonnen und sie schließlich im Jahre 1932 fertig gestellt; es war dies die erste deutsche Übersetzung der *Quaestiones* überhaupt. Ziel ihrer so intensiven Arbeit am Text des Thomas, so darf man es wohl sagen, ist ihr Streben nach einer endgültigen Lösung von Edmund Husserl – und dieses Ziel ist, wie wir wissen, auch erreicht worden. Merkwürdig und ein wenig verwirrend an dieser ihrer Übersetzung ist ihr überall durchgehaltenes Prinzip, Begriffe, die in der deutschen Sprache als schwierig erscheinen, durch die Beifügung der original lateinischen zu erläutern. Das liest sich dann etwa so (zwei aufs Geratewohl herausgenommene Beispiele müssen genügen): „…dies Entsprechen aber wird als Übereinstimmung der Sache und der Erkenntnis (adaequatio rei et intellectus) bezeichnet, und darin bestimmt sich formaliter (sic!) die Idee des Wahren (in hoc formaliter ratio veri perficitur)."[25] Oder: „In der ersten Bedeutung wohnt die Wahrheit dem Dinge eher inne als in der zweiten (prima […] ratio veritatis per prius inest rei quam secunda)."[26] Unser Vorbehalt gegenüber dieser Übersetzung liegt also darin begründet, dass sie recht eigentlich nur demjenigen Genuss verschafft, der das scholastische Latein kennt, dass aber der deutschsprachige Leser ohne Lateinkenntnisse schlicht überfordert ist.

3.5. Ihre wahrhaft größte Leistung als Übersetzerin liefert Edith Stein nicht in ihrem Beruf als Philosophin, sondern in ihrem Dasein als Nonne des Ordens vom Berge Karmel. Die Fronleichnams-Hymnen des Thomas von Aquin sind wohl niemals so kongenial ins Deutsche übertragen worden wie von Edith Stein zum 20. Juni 1935 anlässlich der ewigen Gelübde einer Mitschwester im Kölner Karmel. Wir zitieren diese zwei Hymnen im Folgenden einschließlich des lateinischen Urtextes ohne den geringsten Kommentar, einzig mit Bewunderung.[27]

De Corpore Christi Sequentia

Lauda, Sion, Salvatorem,
Lauda ducem et pastorem,
In hymnis et canticis.

Quantum potes, tantum aude,
Quia maior omni laude,
Nec laudare sufficis.

Laudis thema specialis
Panis vivus et vitalis
Hodie proponitur.

Quem in sacræ mensa cenæ
Turbæ fratrum duodenæ
Datum non ambigitur.

Sit laus plena, sit sonora,
Sit iucunda, sit decora
Mentis iubilatio.

Dies enim solemnis agitur,
In qua mensæ prima recolitur
Huius institutio.

In hac mensa novi Regis
Novum Pascha novæ legis
Phase vetus terminat.

Vetustatem novitas,
Umbram fugat veritas,
Noctem lux illuminat.

Sequenz an Fronleichnam

Deinen Heiland, Zion, preise,
Lobe ihn in Wort und Weise,
Der dir Hirt und Führer ist.

Was Du kannst, das sollst Du wagen,
Ihm gebührend Lob zu sagen,
Man vergebens sich vermißt.

Brot, des Lob das Lied verkündet
Das, lebendig, Leben zündet,
Wird uns heute dargereicht.

Daß Er es im heil'gen Saale
Den zwölf Brüdern gab beim Mahle,
Davor jeder Zweifel weicht.

Lob erschalle, Lob ertöne,
Gott genehm, voll hoher Schöne
Sei des Herzens Jubellaut.

Denn das Fest wird heut gefeiert,
Das des Tages Glanz erneuert,
Der uns dieses Pfand vertraut.

Neuen Königs Tafelrunde,
Neues Lamm im Neuen Bunde
Hat des Alten End' gebracht;

Neues treibt das Alte fort,
Schatten scheucht der Wahrheit Wort,
Und das Licht verjagt die Nacht.

Quod in cena Christus gessit, Faciendum hoc expressit In sui memoriam.	Was beim Mahl durch Ihn geschehen, Das hieß Christus uns begehen Zum Gedächtnis Seinem Tod.
Docti sacris institutis Panem, vinum in salutis Consecramus hostiam.	Treu befolgend heil'ge Lehren Weihen, unser Heil zu mehren, Wir als Opfer Wein und Brot.
Dogma datur Christianis, Quod in carnem transit panis Et vinum in sanguinem.	Wie der Christen Glaube lehret, Wird das Brot in Fleisch verkehret Und in Christi Blut der Wein.
Quod non capis, quod non vides, Animosa firmat fides Præter rerum ordinem.	Scheu kannst du's nicht noch fassen, Starker Glaube wird's nicht lassen Trotz Natur und Augenschein.
Sub diversis speciebus, Signis tantum et non rebus, Latent res eximiæ.	Unter zweierlei Gestalten, Die als Zeichen hier nur walten, Birgt sich großer Dinge Glanz.
Caro cibus, sanguis potus, Manet tamen Christus totus Sub utraque specie.	Blut als Trank und Fleisch als Speise, Christus ist auf beide Weise Bei uns ungeteilt und ganz.
A sumente non concisus, Non confractus, non divisus Integer accipitur.	Wer Ihn aufnimmt, bei Ihm weilet, Hat Ihn ganz und ungeteilet, Ungebrochen, unversehrt.
Sumit unus, sumunt mille, Quantum isti, tantum ille, Nec sumptus consumitur.	Einer nimmt und tausend nehmen, gleichviel stets, soviel auch kämen, Und nie wird Er aufgezehrt.
Sumunt boni, sumunt mali, Sorte tamen inæquali, Vitæ vel interitus.	Gute kommen, Böse kommen, Doch nicht jedem will es frommen, Leben birgt's und Untergang.
Mors est malis, vita bonis, Vide paris sumptionis Quam sit dispar exitus.	Bösen Tod, den Guten Leben: Sieh, das Gleiche wird gegeben, Doch nicht Gleiches man errang.
Fracto demum sacramento, Ne vacilles, sed memento Tantum esse sub fragmento, Quantum toto tegitur.	Wird das Sakrament gespalten, Laß den festen Glauben walten, Jedem Teil bleibt der Gestalten Stets des Ganzen Vollgehalt.

Nulla rei fit scissura,	Nichts muß von der Sache weichen,
Signi tantum fit fractura,	Brechen kann man nur das Zeichen,
Qua nec status nec statura	Nicht das Ding ist zu erreichen,
Signati minuitur.	Zustand bleibt ihm und Gestalt.

Ecce panis Angelorum,	Sieh das Brot, der Engel Gabe,
Factus cibus viatorum,	Wird den Pilgern hier zur Labe,
Vere panis filiorum,	Wahrhaft ist's der Kinder Habe,
Non mittendus canibus.	Nicht den Hunden werft es hin.

In figuris praesignatur,	Lang' in Bildern ward's bedeutet,
Cum Isaac immolatur,	Isaak, der zum Opfer schreitet,
Agnus Paschæ deputatur,	Osterlamm, als Mahl bereitet,
Datur manna patribus.	Und es war des Manna Sinn.

Bone pastor, panis vere,	Guter Hirt, Du wahre Speise,
Iesu, nostri miserere,	Dich barmherzig uns erweise,
Tu nos pasce, nos tuere,	Nähre uns auf uns'rer Reise,
Tu nos bona fac videre	Deine Güter Jesu, weise
In terra viventium.	Uns in der Lebend'gen Land.

Tu qui cuncta scis et vales,	Du, der alles weiß und leitet,
Qui nos pascis hic mortales,	Hier im Tal des Tods uns weidet,
Tuos ibi commensales,	Dort, wo licht Dein Reich sich breitet,
Coheredes et sodales	Sei uns Erb' und Tisch bereitet
Fac sanctorum civium.	In der Heiligen Verband.

Hymnus zur Vesper

Pange, lingua, gloriosi	Töne, Mund, des glanzverklärten
Corporis mysterium,	Leibes heil'ge Wundermacht
Sanguinisque pretiosi,	Und des nie genug verehrten
Quem in mundi pretium	Bluts, als Sühnpreis dargebracht
Fructus ventris generosi	Von dem Sohn der Unversehrten,
Rex effudit gentium.	Der die Welt beherrscht mit Macht.

Nobis natus, nobis datus	Uns gegeben, uns geboren
Ex intacta virgine,	Von der Jungfrau sündenrein,
Et in mundo conversatus,	In die Welt, die er erkoren,
Sparso verbi semine,	Streut des Wortes Samen ein,
Sui moras incolatus	Der, wie's ewig ward geschworen,
Miro clausit ordine.	Ließ des Lebens Ende sein.

Wilhelm Blum

In supremæ nocte coenæ	In des letzten Abends Stille
Recumbens cum fratribus,	Ruhend mit der Jünger Schar
Observata lege plene	Bei dem Mahl, daß Er erfülle,
Cibis in legalibus,	Was Gesetz von alters war,
Cibum turbæ duodenæ	Reicht er selbst in Broteshülle
Se dat suis manibus.	Sich den zwölf Aposteln dar.
Verbum caro panem verum	Wort ward Fleisch von Wortes Werken,
Verbo carnem efficit,	Fleisch und Blut aus Brot und Wein,
Fitque sanguis Christi merum;	Wenn die Sinne es nicht merken,
Et si sensus deficit,	Wenn versagt der Augenschein,
Ad firmandum cor sincerum	Reicht, ein reines Herz zu stärken
Sola fides sufficit.	Fester Glaube ganz allein.
Tantum ergo sacramentum	Tiefgebeugt im Staub verehren
Veneremur cernui,	Wir das hohe Gnadenpfand,
Et antiquum documentum	Und des neuen Bundes Lehren
Novo cedat ritui,	Lösen des Gesetzes Band,
Præstet fides supplementum	Schwacher Sinne Kraft zu mehren
Sensuum defectui.	Hilft des Glaubens starke Hand.
Genitori, genitoque	Dem Erzeuger und dem Sohne
Laus et iubilatio,	Lob und lauter Jubelklang;
Salus, honor, virtus quoque	Ihm, der auf dem höchsten Throne
Sit et benedictio,	Aus der beiden Lieb'entsprang,
Procedenti ab utroque	Gleiche Ehre wird'zum Lohne,
Compar sit laudatio.	Ruhm und Heil und Lobgesang.

4. Ein Überblick über *Endliches und ewiges Sein*

Die Philosophin hatte im Jahre 1931 an ihrer geplanten Habilitation gearbeitet, die dafür einzureichende Arbeit sollte den Titel „Potenz und Akt"[28] erhalten. Da aber aus den verschiedensten Gründen eine Habilitation ausgeschlossen schien, nahm Edith Stein ihr Manuskript mit in das Kloster von Köln und arbeitete es dort in großen Teilen um. Im Frühjahr 1935, also kurz nach der Beendigung ihres Noviziats, begann sie mit der Abfassung des alt-neuen Werkes, das dann schließlich am 1. September 1936 beendet wurde. Es hätte in Breslau erscheinen sollen, doch die nationalsozialistischen Machthaber ließen den Druck der Arbeit einer Jüdin nicht zu, und dennoch liegt das Manuskript dieser Arbeit ab spätestens 1937 vor.[29] Es ist nach dem Zweiten Weltkrieg veröffentlicht worden und sollte weithin bekannt werden.[30]

Das philosophische Hauptwerk von Edith Stein soll im Folgenden in einem zweifachen Durchgang besprochen werden, einmal in einer knappen Darstellung des Inhalts, die der steinschen Kapiteleinteilung folgt, und dann in der Vorführung einiger weniger, aber doch zentraler Stellen.

4.1. Nach der „Einleitung", in der unter anderem „Sinn und Möglichkeit einer christlichen Philosophie" erörtert werden, ist die Rede von „Akt und Potenz als Seinsweisen", ein Kapitel, das am Ende sogar schon auf „das ewige Sein" zu sprechen kommt. Mit dem Kapitel III beginnt die eigentliche, die zentrale Auseinandersetzung mit der Philosophia Perennis, ganz besonders also mit Thomas und Aristoteles (das war auch der eigentliche Inhalt von „Potenz und Akt" gewesen): „Wesenhaftes Sein", „wirkliches Sein", ja „ewiges Sein" gehören zu dem dritten großen Kapitel, während im vierten von „Wesen", „Substanz" und „Form und Stoff" – im Sinne des Aristoteles also von den metaphysischen Prinzipien Akt und Potenz – die Rede ist. Das fünfte Großkapitel ist den „Transzendentalien" gewidmet oder dem „Seienden als solches": Dieses Kapitel V ist einerseits eine Auseinandersetzung mit Husserl[31], andererseits aber, und das in weit höherem Maße, eine wunderbare Erklärung und auch Diskussion der Hauptaussagen der Scholastik, insbesondere natürlich der Lehre des Thomas von den Transzendentalien wie *Ens* (das Seiende), *Unum* (das Eine) oder *Aliquid* (Etwas).[32] Doch es finden sich auch schon in diesem fünften Großkapitel Betrachtungen zu Wahrheit, zu dem Wahren, dem Guten, dem Schönen.

Das Kapitel VI ist überschrieben mit „Der Sinn des Seins", wobei Edith Stein in der Hauptsache von der Analogia entis spricht (angeregt wohl auch von dem – an dieser Stelle merkwürdigerweise nicht genannten – Werk *Analogia entis* von Pater Erich Przywara SJ aus dem Jahre 1932). In den Kapiteln VII und VIII ist die Verfasserin bei genuin christlichen Themen angelangt: „Person und Geist" – der Begriff der Person hat Edith Stein offenkundig ihr ganzes Leben begleitet und gefesselt –, die „reinen Geister" und die „himmlischen Geister" werden behandelt: Besonders lohnend ist hierhin die Lektüre des Abschnitts über Pseudo-Dionysios Areopagita und dessen Lehre von der Vermittlung durch Hierarchie.[33]

Von den Engeln in der Lehre des Pseudo-Dionysios steigt Edith Stein auf zu dem „Gottesbild in der Seele und im ganzen Menschen" und handelt schließlich von der Dreifaltigkeit und deren Wirkung auf die menschliche Seele, nämlich auf „Leib, Seele, Geist"[34], ein Thema, zu dem sie auch auf die Tradition der christlichen Mystik verweist. Das VIII. Großkapitel ist unterteilt: Einmal ist das Thema das „Einzelsein" und das „Einssein", dann aber erhebt sich die Verfasserin in die höchsten Höhen des christlichen Glaubens, indem sie von der „Einheit des Menschengeschlechts" spricht, dessen „Haupt und Leib <u>ein</u> Christus"[35] ist, indem sie „die durch Christus geeinte erlöste Menschheit" als den „Tempel"[36] erkennt, „in dem die Dreifaltige Gottheit wohnt" und indem sie die Erkenntnis niederschreibt, die das Ergebnis einer Gesamtschau aus ihrer Philosophie, Theologie, Mystik und ihrem Glauben ist[37]: „Der Weg des Menschengeschlechtes ist ein Weg aus Christus zu Christus."

4.2. Es kann der gesamte Gehalt dieses Opus magnum mitnichten im Folgenden vorgeführt werden – ein/e jeder/jede ist zu einem genauen Studium des gesamten Werkes aufgerufen –, es sollen nur einige wenige Themen aus dem großen, 482 Seiten umfassenden Werk kurz betrachtet werden.

a) Möglichkeit oder Unmöglichkeit einer „christlichen Philosophie"

Dass die Schriften des Thomas von Aquin zur Theologie gehören, das hat noch niemals einer bestritten, aber kann oder darf man Thomas auch als Philosophen bezeichnen? Das ist die Frage, mit der sich Edith Stein auseinandersetzt. Einerseits erklären „gerade die strengsten Thomisten die Begriffe ‚Philosophie' und ‚christlich' für im Grunde unvereinbar", andererseits hatte schon Thomas selbst für den Dialog mit Heiden oder Mohammedanern gefordert, „auf die natürliche Vernunft zurückzugreifen"[38]. Gerade Thomas ist es auch, der von dem „vollkommenen Gebrauch des Verstandes/der Vernunft" gesprochen hat.[39]

Edith Stein antwortet damit, dass die Philosophie gewiss da und dort an ihre Grenzen stößt, dass es in diesem Fall aber durchaus geboten und legitim sein kann, die Glaubenslehre zu befragen: Das aber ist nach ihrer Ansicht „nicht mehr reine und autonome Philosophie". Dennoch, da alle Philosophie nach Erkenntnis der Wahrheit strebt, darf sie, ja muss sie auch andere Disziplinen befragen, wie zum Beispiel die Physik, die Biologie oder die Psychologie: Warum dann nicht auch die Theologie? Doch auch die sogenannte „Theologie" ist notwendigerweise eingeschränkt, da sich Gott dem Menschengeist mitteilt „in der Weise, wie es Seiner Weisheit entspricht". Die Offenbarung kann erweitert werden – „Es steht bei Ihm, das Maß zu erweitern" –, der Mensch kann der seligen Schau, der mystischen Vision, gewürdigt werden – die dann aber gewiss nicht mehr Philosophie ist. Grundsätzlich gilt: Es „steht der Glaube der göttlichen Weisheit näher als alle philosophische und selbst theologische Wissenschaft", und daher, so Steins Ergebnis, ist christliche Philosophie möglich und legitim, sie muss es aber „als ihre vornehmste Aufgabe ansehen, Wegbereiterin des Glaubens zu sein". Diese Einstellung und diese Haltung wird allerdings ein Denker, der keinen Zugang zu dem Phänomen des religiösen Glaubens hat, wohl niemals verstehen oder gar anerkennen.

b) Form – Stoff – Wesen – Urbild

Das Gegensatzpaar Form und Stoff ist von Aristoteles ein für alle Male gültig dargestellt worden, erinnert sei hier nur an die Lehre von den vier Gründen[40]: causa formalis – causa materialis – causa efficiens – causa finalis. Insoweit müssen wir nun sehen, ob Edith Stein unter den Begriffen Form und Stoff mehr oder etwas anderes subsumiert als Aristoteles. Stein entwickelt einen vorläufigen Überblick über die verschiedenen Arten von Erster und Zweiter Substanz[41]:

SEIENDES
I. Existierendes
    1. Einzelding
    2. Wesensbestimmtheit als Wasbestimmtheit
    3. Wesensbestimmtheit als Sobestimmtheit
II. Gedanklich Seiendes[42]
III. Wesenhaft Seiendes als Seinsgrund und Wesensgrund für I und II
    1. Wesenheiten = Seinselemente
    2. Weisheiten = zusammengesetzte Sinngebilde
    Erstes Seiendes = Wesen – Sein = Sinn

Die Philosophin unterscheidet Akt und Potenz mitunter anders als Aristoteles: „Akt als Sein und Akt als Tun" oder: „Akt ist das lebendige Verhalten des Menschen", Potenz aber „das Vermögen zu einem entsprechenden lebendigen Verhalten". Mit diesen und ähnlichen Definitionen sehen wir klar, dass sich die Verfasserin durchaus manches Mal von Aristoteles entfernt, und zwar auf Grund ihrer Nähe zu der modernen Psychologie.

Aristoteles, so sagt es Stein oft, „kennt kein Werden, das ein Hervorgerufenwerden aus dem Nichts ist", er nennt nicht den Gedanken von einer Schöpfung, nein, bei ihm gilt: „Stoff und Form müssen ewig sein."[43] Hierzu sagt Stein, es seien gerade diese Lehren, die Arabern, Juden und Christen im Mittelalter „am meisten zu schaffen machten". Ihre eigene Ansicht über den Schöpfergott aber trägt sie an dieser Stelle nicht vor. Anlässlich der Erwähnung der beiden Höhlengleichnisse von Platon und von Aristoteles weist sie, sehr zu Recht, auf den Gegensatz zwischen Schüler und Meister hin, auf „die Weltfreudigkeit des Aristoteles" und die „Grundhaltung Platos, für den die Sinneswelt nur ein schwaches, vergängliches Gleichnis der Ideen war"[44].

Wiederum zu Recht zeigt sie die zweifache Bedeutung des Stoffes, der Materie, bei Aristoteles auf, einmal die bereits geformten Stoffe, die ihrerseits weiter geformt werden können, zum anderen aber „das völlig Ungeformte". Und so kommt es, dass sie „an einem Urstoff im streng aristotelischen Sinn nicht festhalten" kann.[45] Des Langen und Breiten erklärt sie Begriffe des Aristoteles wie Grundlage (*hypokeímenon*) oder Träger (*hypóstasis*) sowie Werk, Wirken und Seinsvollendung.[46] Die alte Frage, was denn früher sei, Potenz oder Akt, Stoff oder Form[47], versucht Edith Stein dadurch zu lösen, dass einerseits die Form von Vorrang sei, dass aber andererseits auch „der Stoff mitschaffen" ist, also „ein eigenes Sein" besitzt.

Das eigentlich Neue aber bietet das Christliche: „Alles Geschaffene" hat „sein Urbild im göttlichen Logos", einzig durch „Erbsünde und Strafzustand der Schöpfung"[48] begreifen wir den Gegensatz zwischen der (von Gott so gewollten) reinen Form und dem derzeitigen Erscheinungsbild[49] und alles Stoffliche ist „Gleichnis von Geistigem": Somit ist die Welt in ihrem Wert doch wieder aufs Höchste anerkannt (und damit auch das innerste Wesen des gefallenen Menschen).

Imponierend ist es, dass die Philosophin in ihrem Hauptwerk mitunter ganz klar sagt, sie wolle eine Frage offen lassen oder sie „wage keine Entscheidung". Wir sehen also, dass bei der Behandlung der klassischen Philosophie des Aristoteles immer dann etwas Eigenes bei Edith Stein zum Vorschein kommt, wenn sie als dezidert christliche Philosophin spricht, und das gilt für sie und ihre Lehren immer wieder aufs Neue.

c) Der erste Sinn und die Analogia entis

Wiederum ist es Aristoteles, der der Lehre von der Analogie zum Durchbruch verholfen hat. Diese Analogie ist nach ihm[50] völlig verschieden von Univozität und Äquivozität. Die Lehre von der Analogia entis finden wir zweifellos schon bei Platon: „Sie ist der Ausdruck für den Primat der Idee gegenüber der Sinnlichkeit", um Johannes Hirschberger zu zitieren.[51] Diese Aussage begründet aufs Genaueste, warum die Christen so sehr von der Analogia entis beeindruckt waren und diese immer wieder bei den verschiedensten Gelegenheiten vortrugen.[52] So erhebt sich Edith Stein in ihren Überlegungen zu dem Thema „Zusammenfallen von Was und Sein in Gott"[53] in die höchsten Höhen der philosophischen Abstraktion. Es muss nach ihr „alles Endliche in Gott vorgebildet sein", Gott ist die „letzte Ursache alles Seins und Waseins", ja „Gott ist sein Sein", wie schon Thomas lehrte. Hier unternimmt die christliche Denkerin den Versuch einer echten Auseinandersetzung mit Thomas von Aquin, doch ein kleiner Sieg gelingt ihr einzig mit Bezug auf die „Urteils<u>form</u>", also die Aussageweise; im Kern gibt Edith Stein dem Thomas recht: „Gottes Name bezeichnet Wesen und Sein in ungeschiedener Einheit."[54]

Eine Ablehnung der Lehren des Thomas, und zwar der streng philosophisch-theologischen, ist für sie, wie man sieht, schlicht ausgeschlossen. So kommt sie in diesem Abschnitt auch noch zu weiteren Erkenntnissen, mit denen sie sich von Aristoteles weit entfernt, die jedoch bestens in die Tradition der Philosophia Perennis, also auch und gerade des Thomas von Aquin, passen. Nach ihr ist Gott zu definieren als „das Sein in Person", denn „nur eine Person kann erschaffen, d. h. kraft ihres Willens ins Dasein rufen"[55]. Gott also ist ganz und gar Person, die Verfasserin spricht an dieser Stelle gerade nicht von der Dreifaltigkeit der drei Personen in Gott! Und abermals spricht sie hier von der Schöpfertätigkeit Gottes als „[...] dem großen Geheimnis der Schöpfung; daß Gott ein von dem seinen verschiedenes Sein hervorgerufen hat; eine Mannigfaltigkeit des Seienden, in der alles das gesondert ist, was in Gott eins ist". Wohlgemerkt: Hier ist die Rede von der Schöpfertätigkeit Gottes – „Im Anfang schuf Gott Himmel und Erde" (Genesis 1,1) –, aus der schon die Verschiedenheit des Seienden erwuchs. Wie verschieden, wie anders müssen dann diese geschaffenen Dinge und Lebewesen sein nach dem Sündenfall, die nun allesamt den Folgen der Erbsünde unterliegen! Wir sehen, wie Edith Stein mit dieser Problematik ein eigenes System zu errichten beginnt. Dieses System aber krönt sie nun doch mit einer Analyse der Dreifaltigkeit: Deren Wesen ist die Liebe, denn „das Wir als die Einheit aus Ich und Du ist eine höhere Einheit als die des Ich, es ist eine Einheit der Liebe"[56]. Mit dieser Feststellung kann sie auch fortschreiten zu ihrer eigenen – natürlich der Tradition (zum Beispiel des Augustinus) verpflichteten – Erklärung der Trinität, ebenfalls an dieser Stelle: „Gottes inneres Leben ist die völlig freie, von allem Geschaffenen unabhängige, wandellose ewige Wechselliebe der göttlichen Personen." Und dazu ist Gottes Sein, weil schöpferische Liebe, auch „Leben, d. h. eine Bewegung aus dem eigenen Inneren heraus, letztlich ein zeugendes Sein"[57]. Wir sehen, wie unter dem Begriff der Analogia entis schlussendlich bei Edith Stein eine Bestimmung der göttlichen Dreifaltigkeit entsteht, wie sie an dieser Stelle eine philosophisch begründete und untermauerte Theologie entwirft.

d) Die geschaffen reinen Geister

In der Nachfolge des Thomas handelt Edith Stein auch relativ ausführlich von den geschaffenen Geistern, also den Engeln. Es liegt auf der Hand, dass sie dabei, wiederum in der Nachfolge des Thomas, der nach ihrer eigenen Aussage „von den areopagitischen Schriften den weitestgehenden Gebrauch gemacht" hatte, sich ganz besonders auf die Schriften des von ihr ins Deutsche übertragenen Pseudo-Dionysios Areopagita beruft. Wir brauchen hier gewiss nicht die „Engellehre des Areopagiten" vorzuführen, sie ist ja bestens in dessen Werken nachzulesen, aber wir sollten betonen, dass Edith Stein ein ganz spezifisches Verständnis von der Hierarchie nach Pseudo-Dionysios vertritt, indem sie den heutigen Begriff als nur mehr „statisch" ansieht und dem entgegen lehrt: „Bei Dionysios ist er vorwiegend dynamisch; er umfaßt das göttliche Leben, das alle ‚Stände' der Himmel und Erde verbindenden heiligen Ordnung durchkreist."[58]

Dieser „dynamische Begriff von Hierarchie" müsste eigentlich jedem Leser der *Himmlischen Hierarchie* des Pseudo-Dionysios ins Auge springen, doch Edith Stein hat ihn auf den Punkt gebracht. Deshalb kann sie auch die „Mittlerrolle der Engel" grundsätzlich anerkennen[59], eine Rolle der Vermittlung, von der seit Pseudo-Dionysios in der Theologie (und seit Platon in der Philosophie!) immer wieder gesprochen wurde.[60] Bei der Behandlung der Engel allgemein kommt sie naturgemäß auch auf die gefallenen Engel zu sprechen, also auf den und die Teufel: Der Teufel „will nicht so sein, wie er in Wahrheit ist, er will sein wie Gott und damit bejaht er noch im Kampf dagegen das göttliche Sein"[61]. Der Teufel weiß ja um Gott, er braucht nicht etwa zu glauben (bzw. er kann ja gar nicht glauben), aber sein Wissen ist Hass und deswegen zerstörerisch. Und wenn es in der Hölle eine Hierarchie geben sollte – es gibt sie! –, dann ist diese gewiss nur statisch, nicht dynamisch, sie ist nicht aufbauend, sondern weil voller Hass, destruktiv.

e) Liebe – Seele – Geist

Die trinitarischen Vorstellungen von Edith Stein finden auch ihren Niederschlag in ihrer psychologisch ausgerichteten Anthropologie:
- Die Seele als „Wurzel des menschlichen Seins" hat eine „dreifache Entfaltungsrichtung: Gestaltung des Leibes, Gestaltung der Seele, Entfaltung im geistigen Leben"[62].

- Bei der Dreiheit von Leib-Seele-Geist entspricht „der Seele als dem Quellhaften" der Vater, dem Leib „das Ewige Wort" und schließlich der Seele, weil „urquellhaftes Leben", der Geist. So ist die Seele Abbild der Dreifaltigkeit Gottes, aber einzig „der Menschengeist, der vom göttlichen Geist durchdrungen und geleitet ist", erkennt, sieht und vergisst dann niemals mehr das Licht Gottes. Die Vorstellung der Genesis von dem Menschen als dem Ebenbild Gottes wird von Edith Stein recht originell übernommen und weitergegeben, natürlich ebenfalls als Frucht der Erkenntnis auf dem Wege der Analogia entis.[63]

f) Die Person

Wir hatten schon gesehen, dass Edith Stein Gott, den Schöpfergott, als „Sein in Person" auffasst. Damit befindet sie sich genauestens in der Tradition einer spezifisch christlichen Denkweise, waren es doch die Christen, die den Begriff der Person in das Denken der Welt einführten. Die Christen lehrten von Anbeginn an den einen Gott in drei Personen, daher waren sie gezwungen, den Heiden diesen Begriff der Person zu erklären: So ist der Begriff „Person" der einzige (!), den die Christen in Philosophie und Theologie der Welt als einen völlig neuen einführten. Schon auf den ersten vier Konzilien der Kirche war um den Begriff der Person gerungen worden, doch erst Boethius (ca. 480–524) sollte eine Definition dieses Begriffs gelingen, die sich in der Folgezeit als dauerhaft erwies[64], zum Beispiel wird Thomas von ihr[65] ausgiebig Gebrauch machen. Edith Stein geht ebenfalls von Thomas aus, verweist aber darüber hinaus noch auf die außerordentliche Bedeutung der 15 Bücher *De Trinitate* des Augustinus. Der Begriff „Person" unterliegt ebenfalls der Analogia entis, ist doch die menschliche Person einerseits etwas völlig anderes als eine der drei Personen in Gott, andererseits doch auch ein Abbild eben dieser drei göttlichen Personen. Für den Menschen unterscheidet die Philosophin zwischen „Ich" und „Person" und stellt fest, „daß nicht jedes Ich ein persönliches zu sein braucht", dass aber umgekehrt „jede Person ein Ich sein, d.h. ihres eigenen Sinnes inne sein" muss.[66]

Person also, um es zu wiederholen, ist nach Edith Stein der Mensch, der um seinen Sinn, um sein Ziel weiß, was bedeutet: Im Eigentlichen ist Person nur, wer auf Gott hin ausgerichtet ist. Dann aber, mit Gott als Ziel und Sinn des Lebens, ist Person „das bewußte und freie Ich" und die Person hat selbst „vor den geschaffenen reinen Geistern einen gewissen Seinsvorzug", was heißen soll, dass der Mensch sogar den Engeln etwas voraus hat –, und zwar wegen der der Person eigentümlichen „Tiefe" –, nämlich „eine von der ihren [= der Engel – W.B.] verschiedene Gottähnlichkeit"[67]. Das ist eine wahrhaft kühne, aber ungemein tröstliche und aufbauende Aussage. Hatte der Psalmist noch gesungen, der Mensch stünde nur ein klein wenig unter den Engeln (Psalm 8,6), so kehrt Edith Stein dieses Verhältnis um: Nach ihr ist der Mensch ein wenig höher anzusetzen als die Engel, und zwar deswegen, weil der Mensch geschaffen wurde als „Ebenbild Gottes"[68]. Wir sehen also: Für die Anthropologie, wie sie Edith Stein vertritt, ist der Begriff der Person unbedingt konstitutiv.[69] Seit ihren frühesten Jahren hatte sie sich immer wieder mit dem Thema der Person befasst, in ihrem Hauptwerk schließlich liefert sie die theoretische wie auch seinsmäßig begründete Erklärung der Person. So können wir abschließend ein zweites Mal feststellen, dass die Fragen um das Wesen der Person zum Lebensthema von Edith Stein geworden sind.

g) Christus und das ewige Leben

Auf den letzten Seiten ihres Opus magnum stellt Edith Stein den Kern ihres Glaubens vor, wobei dieser begründet ist durch die vorausgehenden Aussagen, also eben durch Philosophie. Da heißt es: „Wer Gott nicht findet, der gelangt auch nicht zu sich selbst"[70], und Gott finden kann der Mensch einzig im Gebet. Da ist die Rede von Mann und Frau, von deren gottgewolltem Verhältnis, von der von Gott gewollten Fruchtbarkeit und Fortpflanzung, auch davon, dass das Körperliche überhöht wird durch das Geistige, denn das geistige Leben führt zu einem „Einswerden, das im Bereich des körperlichen Seins nicht seinesgleichen hat: das geschöpfliche Abbild der Liebe zwischen dem Ewigen Vater und dem göttlichen Sohn"[71]. Da lesen wir schließlich, dass Christus das Haupt der Menschheit ist und dass wir „nicht ohne Christus zu Gott zurückfinden" können. So zitieren wir ein zweites Mal die tiefe Überzeugung der christlichen Philosophin aus dem Karmel: „Der Weg des Menschengeschlechtes ist ein Weg aus Christus zu Christus."[72] Diese Sentenz sagt genau das aus, was wir aus der Geheimen Offenbarung kennen: „Ich bin das Alpha und das Omega, ich bin der Anfang und das Ende." (Apokalypse 1,8 und 17 sowie 21,6)

5. Was bleibt

Zu Anfang ihrer Laufbahn als akademische Philosophin, also von etwa 1914 bis etwa 1922, ist Edith Stein Epigonin, nichts anderes, sie denkt ausschließlich in den Bahnen des von ihr verehrten Lehrers Edmund Husserl. Dieses Urteil bedeutet, dass von ihren Schriften aus diesen Jahren gar nichts oder zumindest nicht viel bleiben wird: Diese Schriften werden gewiss noch von Philosophiehistorikern gelesen werden, aber eine größere Breitenwirkung wird von ihnen nicht mehr ausgehen. Erst nachdem Edith Stein von Edmund Husserl Abstand genommen, nachdem sie sich von der Phänomenologie gelöst hatte, als sie begann, eigene Wege zu beschreiten, wurde sie zu einer eigenständigen Denkerin, zu einer echten Vertreterin der Philosophia Perennis. Ihr Hauptwerk aber zeigt schon im Titel, dass sie irgendwann einmal die Grenzen der Philosophie überschreitet: Endliches und *ewiges* Sein. Gerade die letzten Kapitel VI–VIII (S. 302–482) zeigen die Verfasserin als Seherin, als Visionärin, als von Gott erfüllte Mystikerin. So wird bei ihr im Laufe ihres Lebens die Philosophie nicht mehr nur zur Magd der Theologie – „philosophia ancilla theologiae" hatte es einstmals geheißen –, sondern darüber hinaus zur Magd eines tiefstmöglichen Glaubens: Die einstige Philosophin, die zum Glauben gekommen und Ordensfrau geworden war, hat zwar einerseits ihr Hauptwerk im Kloster des Karmel verfasst, andererseits aber, spätestens seit 1937, die Philosophie mehr und mehr hinter sich gelassen. Daher gehören gerade die genannten Kapitel VI–VIII zu dem Bleibenden von Edith Stein.

Edith Stein ist eine Meisterin des geistlichen Lebens, ihre geistlichen Schriften müssten ihr eigentlich irgendwann einmal den Ehrentitel „Kirchenlehrerin" eintragen: Dass so etwas allerdings geraume Zeit braucht, beweist nicht zuletzt, wie lange die Gründerin des Karmeliterordens, Theresia von Avila, gestorben im Jahre 1582, – vom Jenseits aus, von ihrem Leben bei Gott aus – warten musste, bis sie von Papst Paul VI. offiziell als Kirchenlehrer (Doctor Ecclesiae) bezeichnet und gepriesen wurde, nämlich bis zum 27. September 1970, also immerhin fast 400 Jahre. Ebenso sind von bleibendem Wert die Übersetzungen geistlicher Lieder und geistlicher Schriften, die Edith Stein angefertigt hat.

Das Eigentliche, was von Edith Stein bleiben wird, sind nicht einmal ihre Schriften, sondern ihr Leben und ihr Tod, ihre Suche nach Gott und ihr Auffinden von Gottes Wahrheit, ihr Leben als Karmeliterin und ihr Wirken und Leben im Lager Westerbork:

a) Ungläubige Jüdin, die sie war, ging sie auf die Suche und durch gute Freunde, insbesondere die Familien Reinach und Conrad-Martius – nicht aber durch die Philosophie! –, fand sie zum Glauben und ließ sich taufen. Das war ein konsequenter Schritt, das war auch ungemein mutig.

b) Nach der Taufe am 1. Januar 1922 war sie noch immer auf der Suche, ihr Leben als Lehrerin in Speyer und als Dozentin in Münster vermochte sie doch nicht ganz zu erfüllen. So kam es 1933 zu ihrem Eintritt in das Karmeliterinnenkloster in Köln: Hier fand sie, was sie suchte (trotz einer Novizenmeisterin, die beachtliche Vorurteile gegenüber akademisch gebildeten Frauen hatte), nämlich Gott, Gottes Wahrheit, Gottes Fülle, Gottes Liebe.

c) Als die nationalsozialistischen Besatzer sie und ihre leibliche Schwester Rosa aus dem niederländischen Kloster, in das sie sich von Köln aus zurückgezogen hatten, holen und in das Sammellager Westerbork schaffen wollten, da sagte Edith Stein zu ihrer Schwester, wissend um ihrer beider nahen Tod: „Komm, wir gehen für unser Volk." Die geborene Jüdin wusste, was ihr bevorstand – und sie gab sich gläubig und ergab sich mit Gottvertrauen in ihr Schicksal. Gerühmt wurde ihr Wirken in dem Durchgangslager Westerbork im Norden Hollands: Wie die Nonne, die „Braut Christi", die Karmeliterin Teresia Benedicta a Cruce die Mitgefangenen durch tröstende Worte aufbaute, ganz besonders aber, wie fröhlich und unbefangen sie mit den gefangenen Kindern zu scherzen und zu spielen verstand, das erregte allgemeine Bewunderung und das blieb im Gedächtnis – im Gedächtnis der Mitgefangenen, aber auch der Nachwelt. Und doch:

Sie wurde in einem Viehwagen mit dem Güterzug quer durch halb Europa gefahren und schließlich in Auschwitz getötet, sie starb im dortigen Gas, ziemlich sicher am 9. August des Jahres 1942.

d) Nunmehr ist sie offiziell Heilige der katholischen Kirche: Den Weg vom geborenen Juden zum großen Heiligen hat bis jetzt, wenn das Wort gestattet ist, nur Einer geschafft, der Herr Jesus Christus. Und so ist es nur konsequent, dass wir zum Abschluss ein drittes Mal den grandiosen Satz von Edith Stein zitieren: *Der Weg des Menschengeschlechts – auch der persönliche Weg von Edith Stein! – ist ein Weg aus Christus zu Christus.*

---

1 Die benutzte Ausgabe: Zum Problem der Einfühlung: Inaugural-Dissertation zur Erlangung der Doktorwürde der Hohen Philosophischen Fakultät der Großherzoglich Badischen Albert-Ludwigs-Universität zu Freiburg im Breisgau, von Edith Stein aus Breslau, Halle 1917 (Reprint der Originalausgabe von 1917, München 1980).
2 Horaz, Epistulae I 1,14.
3 E. Stein, Zum Problem der Einfühlung, S. 102.
4 Ebd.
5 a. a. O., S. 43.
6 a. a. O., S. 2.
7 Ebd.
8 Die neueste deutsche Übersetzung mit umfassendem Kommentar: Aristoteles: Fragmente zu Philosophie, Rhetorik, Poetik, Dichtung, übers. v. H. Flashar, U. Dubielzig, B. Breitenberger, Akademie Verlag, Berlin 2006, S. 50–72, 167–197 (Flashar) = Aristoteles, Werke in deutscher Übersetzung, hrsg. v. H. Flashar, B. 20: Fragmente, Teil I.
9 Zu dessen Wirkung auf Augustinus siehe Confessiones III 4,7.
10 E. Stein, Einführung in die Philosophie, ESGA B. 8, bearb. v. C. M. Wulf, Herder Verlag, Freiburg–Basel–Wien 2004, S. 14.
11 E. Stein, Individuum und Gemeinschaft, ESGA B. 6, bearb. von B. Beckmann-Zöllner, Herder Verlag, Freiburg–Basel–Wien 2010, S. 219.
12 Ziemlich sicher hat Edith Stein hier die bekannte „Räuberbande" aus Augustinus' *De Civitate Dei* 4,4 vor Augen.
13 E. Stein, a. a. O., S. 228, 235.
14 E. Stein, Untersuchung über den Staat, ESGA B. 7, bearb. v. I. Riedel-Spangenberg, Herder Verlag, Freiburg–Basel–Wien 2006, S. 82.
15 a. a. O., S. 91.
16 a. a. O., S. 126.
17 a. a. O., S. 127.
18 a. a. O., S. 129.
19 Ausgaben: E. Stein, Übersetzung von John Henry Newman, Die Idee der Universität, Einführung, Bearbeitung und Anmerkungen von H.-B. Gerl-Falkowitz, ESGA B. 21, Herder Verlag, Freiburg–Basel–Wien 2004; E. Stein, Übersetzung von John Henry

19 Newman, Briefe und Texte zur ersten Lebenshälfte (1801–1846): Einführung, Bearbeitung und Anmerkungen von H.-B. Gerl-Falkowitz, ESGA B. 22, Herder Verlag, Freiburg–Basel–Wien 2002.
20 E. Stein, H. Conrad-Martius, Übersetzung von Alexandre Koyré, Descartes und die Scholastik, bearb. v. H.-B. Gerl-Falkowitz, ESGA B. 25, Herder Verlag, Freiburg–Basel–Wien 2005.
21 E. Stein, Wege der Gotteserkenntnis: Studie zu Dionysius Areopagita und Übersetzung seines Werkes, bearb. v. B. Beckmann, V. Ranff, ESGA B.17, Herder Verlag, Freiburg–Basel–Wien 2003.
22 Corpus Dionysiacum: B. I: Pseudo-Dionysius Areopagita, De Divinis Nominibus, hrsg. v. B. Suchla, Walter de Gruyter, Berlin–New York 1990; B. 2: Pseudo-Dionysius Areopagita, De coelesti hierarchia, De ecclesiastica hierarchia, De mystica theologia, Epistulae, hrsg. v. G. Heil, A. M. Ritter, Verlag Walter de Gruyter, Berlin–New York 1991.
23 G. Heil, Über die himmlische Hierarchie; B. R. Suchla, Die Namen Gottes. Beide Übersetzungen sind erschienen im Anton Hiersemann Verlag, Stuttgart 1986 u. 1988 (Bibliothek der griechischen Literatur, B. 22 (Heil) u. 26 (Suchla).
24 E. Stein, Übersetzung Des Hl. Thomas von Aquino „Untersuchungen über die Wahrheit" – „Quaestiones Disputatae de Veritate", 2 Bände, bearb. v. A. Speer, F. V. Tommasi, ESGA B. 23–24, Herder Verlag, Freiburg–Basel–Wien 2008.
25 E. Stein, Übersetzung Des Hl. Thomas von Aquino „Untersuchungen über die Wahrheit", S. 9.
26 a. a. O., S. 14.
27 E. Stein, Geistliche Texte II, ESGA B. 20, Herder Verlag, Freiburg–Basel–Wien 2007, S. 327–330. Es handelt sich um den Hymnus, der im monastischen Chorgebet für die Vesper von Fronleichnam vorgesehen ist, sowie um die während der Messfeier zu singende Sequenz „Lauda, Sion, salvatorem …". Beide Gesänge sind für das neu geschaffene Fest Fronleichnam im Jahre 1264 von Thomas von Aquin gedichtet worden.
28 Die heutige Ausgabe: E. Stein, Potenz und Akt, Studien zu einer Philosophie des Seins, bearb. v. H. R. Sepp, ESGA B. 10, Herder Verlag, Freiburg–Basel–Wien 2005.
29 Stein bemühte sich, den Text im Anton Pustet Verlag zu veröffentlichen. Im Konsistorialarchiv der Erzdiözese Salzburg liegt die kirchliche Druckerlaubnis für das Buch vor, ausgestellt am 3. November 1937.
30 Ich zitiere im Folgenden nach den Seiten von: E. Stein (Teresia Benedicta a Cruce OCD), Endliches und ewiges Sein. Versuch eines Aufstiegs zum Sinn des Seins, Herder Verlag, Freiburg–Basel–Wien 1962.
31 Vgl. a. a. O., S. 261.
32 Wichtig ist hierbei die Anmerkung 36 auf S. 268: „Wenn man von ‚Transzendentalien' spricht, ist – strenggenommen – dreierlei darunter zu verstehen: die Namen (ens, unum usw.), die entsprechenden Begriffe und das durch die Begriffe gedanklich erfaßte Sachliche […]".
33 S. 351–361, 365, 371, 379–383: Hier hat die Philosophin naturgemäß aus ihren eigenen Übersetzungen des Pseudo-Dionysios geschöpft.
34 S. 425.
35 S. 466.
36 S. 481.
37 S. 479.
38 S. 12-30.
39 Thomas von Aquin: Summa Theologiae 2-2, quaestio 45, articulus 2: „…perfectum usum rationis" – also nicht „perfectum opus rationis", wie Edith Stein fälschlich auf den S. 20 u. 27 zitiert. Grundsätzlich ist bei diesem Thema zu erinnern an das Buch von A. Dempf, Christliche Philosophie, Bonn 1952, nach dem „die menschennaturgesetzliche Vermeidung der Ignoranz" (S. 320) das Ziel aller christlichen Philosophie sein soll.
40 Aristoteles, Metaphysik 1, 3: 983 a 24-34 und öfter; siehe auch die Kurzfassung bei Seneca, Epistulae Morales 65, 4 und natürlich in unserem Zusammenhang auch die Äußerungen von E. Stein, zum Beispiel auf S. 214.
41 E. Stein, a. a. O., S. 147; vgl. auch S. 240 u. 254.
42 Die griechischen Begriffe, die bei Stein an dieser Stelle noch zitiert werden, sind oben nicht aufgeführt. Eine Ausnahme müssen wir aber machen: „Gedanklich Seiendes", das ist eine leider missglückte Wiedergabe des griechischen Lógos Noetós.
43 E. Stein, a. a. O., S. 162 u. 218.
44 Zu diesen beiden sowie zu den fünf weiteren, also zu den insgesamt sieben Höhlengleichnissen aus Antike und Mittelalter, siehe: W. Blum, Höhlengleichnisse. Thema mit Variationen, Aisthesis Verlag, Bielefeld 2004.
45 E. Stein, a. a. O., S. 177 u. 191.
46 S. 201 u. 212.
47 Der Locus Classicus ist: Aristoteles, Metaphysik 9, 8: 1049 b 4–1051 a 4.
48 E. Stein, a. a. O., S. 225 u. 228.
49 Der von Stein hochverehrte (und daher von ihr in Teilen übersetzte) John Henry Newman hat diese Erfahrungen in zwei Sätzen konstatiert, die hier kommentarlos zitiert werden sollen: „If there be a God, since there is a God, the human race is implicated in some terrible aboriginal calamity. It is out of joint with the purposes of its Creator."; J. H.

Newman, Apologia pro vita sua, ed. by W. Oddie, London 1993, p. 276.
50 Locus Classicus: Aristoteles, Metaphysik 4, 2: 1003 a–1003 b 11.
51 J. Hirschberger, Geschichte der Philosophie, B. 1: Altertum und Mittelalter, Herder Verlag, Freiburg–Basel–Wien 1963, S. 96.
52 Siehe besonders Thomas: Summa Theologiae 1, quaestio 4, articulus 3. Exkurs: Eines der einprägsamsten Beispiele für die Analogia entis hat das Vierte Laterankonzil im Jahre 1215 gefunden: Inter creatorem et creaturam non potest similitudo notari, quin inter eos maior sit dissimilitudo notanda. Frei übertragen ergibt das: Zwischen Schöpfer und Geschöpf mag man durchaus Ähnlichkeiten feststellen, doch weit größer ist die Unähnlichkeit zwischen diesen beiden. Sogar im Rahmen der modernen, der heutigen, politischen Philosophie liest man mitunter von der Analogia entis: J. Detjen nennt in seinem Werk *Neopluralismus und Naturrecht* die Lehre von der Analogia entis „den Kern der Ontologie und Erkenntnistheorie der klassischen abendländischen Metaphysik"; J. Detjen, Neopluralismus und Naturrecht, Schöningh Verlag, Paderborn–München–Wien–Zürich 1988, S. 496, vgl. S. 497–498.
53 E. Stein, a. a. O., S. 313–317.
54 S. 317.
55 Ebd.
56 S. 324.
57 S. 325.
58 S. 357, Anm. 46.
59 S. 382–383.
60 Als ein eher unbekanntes Werk sei hierzu zitiert: A. Winklhofer, Die Welt der Engel, Buch-Kunstverlag Ettal, ohne Jahr (ca. 1958), bes. S. 134.
61 E. Stein, a. a. O., S. 371; vgl. A. Winklhofer, S. 100–116.
62 S. 425–426.
63 S. 342–345.
64 Boethius, De persona et de duabus naturis 3, in: Migne, Patrologia Latina 64, 1343 C: Persona est naturae rationalis individua substantia.
65 Locus Classicus: Thomas von Aquin, Summa Theologiae 1, quaestio 29. Siehe dazu auch: A. Dempf, Geistesgeschichte der altchristlichen Literatur, Kohlhammer Verlag, Stuttgart 1964, S. 173.
66 E. Stein, a. a. O., S. 335.
67 S. 347–348.
68 AT: Genesis 1,27. Es muss hier unbedingt hinzugefügt werden, dass schon der Heide Ovid (Metamorphosen 1, 83) sagt, der Mensch sei geschaffen „nach dem Bilde der Götter, die da alles und jedes lenken" – [der Schöpfer] „finxit in effigiem moderantum cuncta deorum", und zwar eben den Menschen.
69 Zu dem Begriff der Person sei verwiesen auf die glänzenden Ausführungen von A. Dempf, Theoretische Anthropologie, Lehnen Verlag, München 1950, S. 152–164.
70 E. Stein, a. a. O., S. 465.
71 S. 470.
72 S. 479.

Urbano Ferrer Santos (Murcia)
Phänomenologie des Erlebens der Gemeinschaft

Es ist eine gemeinsame Erfahrung, dass geteilte Freude größer ist als ungeteilte und dass ein geteilter Schmerz dadurch, dass er geteilt wird, eine gewisse Milderung erfährt. Gemeinschaft tritt auf und wächst, wann immer Freuden oder Schmerzen geteilt werden. Denn die Situation ist eine andere, wenn die Freude selbst eine gemeinschaftliche ist und sich durch die Teilnahme verschiedener Individuen vervielfältigt, als wenn man Freude darüber empfindet, dass jemand sich an etwas freut, ohne sich dieses fremde Erlebnis zu eigen machen zu können. Denken wir z.B. an die Ehrung eines berühmten Menschen: Das Vergnügen an der Feier ist hier keineswegs mit der inneren Befriedigung des Geehrten identisch, mag auch die eine Freude durch die andere motiviert werden; oder denken wir an einen physischen Schmerz: Ich kann ihn dadurch, dass ich dem Betroffenen zur Seite stehe, lindern, aber es entzieht sich meiner Macht, ihn mit ihm zu teilen.

Edith Stein hat eine durchdringende phänomenologische Analyse des gemeinschaftlichen Erlebnisses vorgelegt, und zwar anlässlich der Erfahrung des Verlustes eines Truppenleiters. Nicht die einzelnen Individuen trauern hier für sich, sondern die ganze Truppe trauert, mag es auch mittels ihrer Glieder geschehen. Anhand dieses Beispiels untersuchen wir die Weite und die Grenzen der Gemeinschaft als Subjekt, und zwar abgesehen von anderen Betrachtungen über die Gemeinschaft. Besonders bedeutsam für den Aufbau und die Erweiterung der Gemeinschaft erweist sich dabei die Rolle der Werte. Durch den Vergleich mit Husserl und Scheler lässt sich zeigen, dass die Originalität dessen, was Edith Stein über Werte und Gemeinschaft sagt, im Zusammenhang mit diesen beiden Denkern betrachtet werden kann.

1. Gegensatz zwischen isolierten und gemeinschaftlichen Erlebnissen

Was macht den Unterschied aus zwischen einem isolierten oder rein individuellen Erlebnis (wie z.B. einer Müdigkeit oder einem Kopfschmerz) und einem Erlebnis, das ich als Glied einer Gemeinschaft mit allen anderen Gliedern derselben Gemeinschaft teile – ich denke hier z.B. an die Trauer einer Gemeinschaft über den Verlust eines ihrer geliebten Leiter?

1.1. Unterschied im Subjekt der Erlebnisses

Auch im zweiten Fall ist der eigentliche Träger des Erlebnisses das unverwechselbare singuläre Individuum, aber so, dass es sich der Trauer der anderen Glieder immer schon bewusst ist und seine eigene Trauer eine bewusste

Teilhabe an der Trauer der anderen ist. Auf diese Weise setzt das Individuum in seiner Trauer die anderen Glieder der Gemeinschaft und letztlich die Gemeinschaft selbst voraus. Ich empfinde die entsprechende Trauer nur als Glied der Gruppe. *Das eigentliche Subjekt ist deshalb die Gruppe.* „Ich trauere als Glied der Truppe, und die Truppe trauert in mir."[1] Die Truppe wird aber in jedem von uns bewusst, weil eine Gruppe ohne Mitglieder undenkbar ist. Ebenso wenig sind die persönlichen Eigenschaften vom Ich abzutrennen. Das Ich ist also in der Tat der gemeinsame Träger sowohl seiner Eigenschaften als auch des Gemeinschaftssubjekts.

1.2. Das gemeinschaftliche Erlebnis zeigt auch eine andere Struktur als die des isolierten Erlebnisses

Das Erlebnis besteht aus einem *Gehalt* oder Korrelat des Fühlens, dem *Erlebtwerden* oder Fühlen und dem *Bewusstsein* vom Erleben. Der Gehalt umfasst seinerseits den *identischen Sinn* und die *individuellen Bestandteile* oder Komponenten. Überprüfen wir also diese drei Momente:

a) Was den Gehalt angeht, zielen im gemeinten Fall alle entsprechenden Erlebnisse der Glieder der Truppe auf denselben Sinnesgehalt ab, aber die *Fülle im Sinneskern ist auch bereits im Prinzip in jedem Individuum* erreichbar. Die Variationen in jedem Bewusstseinsstrom tragen zum Aufbau der einzigen Trauer bei, obwohl die Trauer eventuell nur in einem möglicherweise einzigen Bewusstseinsstrom bzw. Bewusstseinsverlauf oder nur in einem Teil der Bewusstseinsströme zu echter Vollendung und Erfüllung gelangt. Wenn jemand z. B. einen privaten Verlust erfährt, kann irgendein einfühlender Mitmensch den objektiven Sinn dieses Verlustes so nachvollziehen und erfassen, dass beide bewussten Vollzüge dieses Sinnes einander ähneln; aber die individuelle Färbung des Erlebnisses des eigentlich Betroffenen ist durch und durch unersetzbar. Im gemeinschaftlichen Verlust des Leiters dagegen ist es die Gemeinschaft, die den Individuen den Sinngehalt der Trauer vorgibt.

Infolgedessen enthält der Sinngehalt der Trauer eine doppelte Richtung: 1) im Verhältnis zum gemeinsamen Objekt und 2) in Bezug auf das Erfüllungsverhältnis des Gemeinschaftserlebnisses. Beiden Intentionen entspricht eine jeweilige und verschiedenartige Erfüllung: Die eine kann in der Tat in einem größeren Grad als die andere erfüllt werden. Wir sehen jetzt von der zweiten Intention ab, die später thematisiert werden wird. Was die fundierte Objektivität anbelangt, hat sie ihre Erfüllung im vorstellbaren Objekt kraft ihrer teleologischen Intention, wie Husserl bereits hervorgehoben hatte: Die Freude fordert auf diese Weise einen verhältnismäßigen Grund und erst das primäre, nicht fundierte Objekt kann ihn liefern.

b) Zweitens gibt es neben dem Gehalt, Korrelat oder Gegenstand des Erlebens bzw. Fühlens noch das Erleben bzw. das Erlebtwerden selbst, d. h. die

Art und Weise, wie jedes Individuum den Gehalt fühlt. Analog zu dem vorher genannten Sinngehalt, der von den verschiedenen Gliedern je verschieden empfunden werden kann, ist auch das Erleben selbst durch eine bestimmte Färbung charakterisiert, und zwar so, dass sich die Färbung des Erlebens nach der Färbung des erlebten Sinngehaltes richtet. So wird dieses und jenes bestimmte Fühlen stets dem jeweilig gefärbten noematischen Korrelat gerecht. „Jeder Gehalt fordert seinem Sinne nach ein ganz bestimmt geartetes Erleben"[2], das heißt, eine bestimmte Heftigkeit, Tiefe, Dauer ... im Gefühl.

Daraus können wir abschließen: *Der Gemeinschaft selbst kommen ein Erlebnisgehalt und ein Erleben selbst zu.* Dieses Erleben durch die Gemeinschaft als solche ist nämlich nicht die Summe der individuellen Erlebnisse, vielmehr ist das Erleben durch die Gemeinschaft als solche ganz in diesem oder jenem Individuum. Die Gemeinschaft wird z. B. betrübt, traurig oder erfreut ..., unbeschadet der Unterschiede in den Individuen – wie schon gesagt –, die sich in den Rahmen des von der Gemeinschaft vorgezeichneten Sein-Sollens einordnen. Daher ist es sinnvoll zu sagen, dass die Gemeinschaft tief, leidenschaftlich, nachhaltend usw. trauert.

c) *Die Gemeinschaft wird sich ihrer selbst jedoch niemals bewusst* noch hat sie als Gemeinschaft ein Bewusstsein für sich. Nur das Ich ist Ausstrahlungspunkt der Akte. Die Erlebnisse der Gemeinschaft sind somit nicht mit einem Bewusstseinsstrom zu identifizieren, da Bewusstseinsströme immer nur einem individuellen Ich bzw. einer Person eigen sein können.

Die Gemeinschaftserlebnisse gehören zu einer „höheren Schicht" als die der Einzelerlebnisse. Es ist lehrreich, diese höheren Einheiten mit den historischen Einheiten zu vergleichen. Nach Simmel entspringen die historischen Einheiten (etwa eine berühmte Schlacht, eine Zivilisation, eine Epoche) einem bestimmten Blickwinkel; folglich besitzen für Simmel die historischen Atome (bzw. Einheiten) von sich aus keinen historischen Sinn. Denn nicht alle Geschehnisse sind von historischer Bedeutung, sondern nur diejenigen, die in den späteren Rückblick eingehen: Entsprechend sind auch nicht alle Erlebnisse konstitutiv für die Gemeinschaft.

Nun ist gegen diese Ansicht einzuwenden, dass die historischen Sinneinheiten den Motivationsgesetzen gemäß verlaufen. Aufgrund dieses Merkmals des historischen Geschehens führt Stein gegen Simmel an, dass es ursprüngliche Zusammenhänge gibt, denen bereits vor jedem vereinigenden Rückblick schon ein historischer Charakter und ein Motivationscharakter zukommen. Daraus folgt, dass sie hinsichtlich ihrer historischen Relevanz nicht von einer bloßen Betrachtungsweise abhängen können. Im Gegensatz zu dieser irrigen Annahme konstituieren sich die höheren Einheiten in demselben individuellen Ich wie auch die niederen. Die gemeinschaftlichen Erlebnisse umspannen so ihrerseits die individuellen Erlebnisse und verleihen ihnen eine zweite Auffassung über ihre primäre Bedeutung hinaus. Andererseits ist hier im Unterschied zur historischen Ganzeinheit ein und dieselbe Person Vollzieher der Erlebnisse und das an der Gemeinschaft teilhabende Subjekt.

1.3. Aufbau des Erlebnisstroms

Einen zusätzlichen Maßstab für die Einsicht in die im Erleben fundierte Entstehung der Gemeinschaft bietet uns die *Aufteilung des Erlebnisstroms in seine Elemente* an, insofern sie gestattet, in jedem von ihnen die Möglichkeiten für die Gemeinschaftserlebnisse zu ermessen. Wir finden in dieser Hinsicht vier hauptsächliche Bereiche innerhalb des Bewusstseinstroms vor – die *Sinnlichkeit*, die *kategorialen Einheiten*, die *Gemütsakte* und die *Willenswirkung*:

a) *Sinnlichkeit und sinnliche Anschauung*. Es handelt sich bei der Sinnlichkeit um einen Bereich des isolierten Individuums: die sinnlichen Data, den Schmerz eines Ich ... Die Sinnlichkeit ist Grundlage des Gemeinschaftslebens und doch sind die Gemeinschaftserlebnisse nicht rein sinnlich. Wenn die hyletischen Data in eine Auffassung eingehen, erhalten sie einen gewissen Rhythmus, eine angemessene Ordnung, und werden von einem einheitlichen Objekt beseelt. „Wo aber solche Typik und Ordnung eine Gegenstandskonstitution ermöglicht, da beginnt die Möglichkeit einer Gemeinsamkeit."[3] Die Gegenstandserfassung ermöglicht so das Gemeinschaftserlebnis auf einer ersten Ebene, denn an der Gegenstandserfassung sind verschiedene Empfindungsverläufe beteiligt. Das wird deutlich in der Erfahrung, welche Erwartungen, Erinnerungen, Vermutungen usw. seitens verschiedenster Individuen umspannt werden: Man sagt, „*Wir* sehen den Vogel", obgleich der Blickwinkel in jedem von uns irreduzibel ist. „[...] die bloße Summe der Einzelerfahrungen ergibt noch nicht die Gemeinschaftserfahrung."[4]

Das bloße wertlose Ding setzt mithin das Gemeinschaftserlebnis mittels der Überlieferung voraus. Es geht nämlich nicht um einen einzigen Erlebnisstrom, sondern um einen Erlebniskomplex, der aus Empfindungen mehrerer Sinnesorgane und verschiedener Subjekte besteht. Aber die imaginierten Welten können auch, wenigstens zum Teil, geteilt werden. So gibt es fest umrissene Figuren in Märchen und Legenden, ähnlich wie in Bezug auf historische Persönlichkeiten. *Die Anschauung kann nicht umhin*, mit jedem Subjekt zu variieren, *die Intention ist dagegen allgemein*. Es ist möglich, dass Phantasiegebilde Korrelate eines Gemeinschaftserlebnisses sind, wenn auch die Anschauungen mit den variablen einzelnen Erlebnissen in Zusammenhang stehen.

b) Ebenso sind *Kategoriale Einheiten* fähig, Gemeinschaft zu bilden, sofern sie in verschiedenen Erlebnissen wiederholbar sind und mithin die anderen Glieder der Gemeinschaft an ihnen Anteil haben: Hierhin gehören z. B. die Akte des Kolligierens, des Schließens oder der Prädikation, aber auch die wesentlichen Zusammenhänge eines bestimmten Sachgebiets.

c) *Gemütsakte*. Was die Gemütsakte betrifft, bedürfen sie einer sinnlich-fundierenden Unterlage. Sie fassen jedoch nicht allein die sinnlichen Data auf, wie es bei der Wahrnehmung geschieht, sondern stellen ihrer eigenen werthaftigen Intention nach eine neue Aktart dar. Die entsprechende Stellungnahme wird nicht von sinnlichen Qualitäten ausgelöst, sondern ist vielmehr Antwort auf die vorgegebenen Werte: Ohne diese bliebe die Wertintention unerfüllt. „Das voll erfüllte Wertnehmen ist also immer ein Fühlen, in dem Wertintention und Antwortreaktion vereint sind."[5]

Die erforderlichen ichlichen Data weisen eine doppelte Rolle auf: Sie implizieren einen Bezug auf die Gemütsstellungnahme, z.B. die Freude, sowie einen auf die Werte, z.B. der Wert, der die Freude motiviert. „Was nun die ichlichen Gehalte angeht, so haben sie eine doppelte konstitutive Funktion: Sie sind einmal das Material, auf Grund dessen uns Werte zur Gegebenheit kommen, und sie geben außerdem den Stoff ab für die entsprechenden Gemütstellungnahmen."[6]

Die Werte besitzen also ihren jeweiligen Stoff, wie sinnlichen Schmerz, Unbehagen oder sinnliche Lust: Diese stellen die Unterlage des Bezugs auf den Wert dar. Weite, Tiefe, Lebhaftigkeit ... kennzeichnen in diesem Sinn die ichlichen Gehalte, durch deren Beitrag die Wertintention ihre objektive Leistung erreicht. Stein sagt:

„Die intentionalen Erlebnisse, in die sie [die sinnlichen Gehalte – U.F.] als Stoff eingehen können, sind Leiden und Genießen und die ihnen entsprechenden Wertkategorien die des Angenehmen und Gefälligen mit den zugehörigen negativen Gegenbildern."[7]

Es ist zweifellos so, dass *die geistigen Werte von sich aus dazu fähig sind, eine Mehrheit von Individuen zu vereinigen und auf diesem Grund das gemeinschaftliche Leben aufzubauen.* Und umgekehrt ist irgendein Austausch der Individuen untereinander ohne die gleichzeitige Eröffnung des geistigen Erlebnisses der Gemeinschaft nicht möglich. „Zur Gemeinsamkeit des Verhaltens gehört ein Erlebnis a l s gemeinsames, und dieses ‚Erleben als' ist selbst eine geistige Funktion."[8]

d) Von untergeordneter, aber unübergehbarer Bedeutung für die Stiftung der Gemeinschaft ist die *Willenseinwirkung* auf das fremde Verhalten. Trotz der Ermangelung des eigentlichen Motivs im zweiten Willen trägt jene indirekt zur Durchführung der Intention bei. Es findet ein Zusammenwirken der eigenen Stellungnahme und des fremden Vollzugs der die Intention beseelenden Stellungnahme statt.

Darin ist die Gemeinschaft vorausgesetzt, in welcher das leitende Motiv erst in einem Glied entspringt, dann aber auch im anderen wirksam wird. Der Handlungsimpuls ist individuelle Sache, während die Gemeinschaft sich bereits in der gemeinsamen Intention ausweist und durch deren Umsetzung in der Wirklichkeit gleichsam Gestalt annimmt.

2. Wertintention und Gemeinschaft

Es gibt einen deutlichen Unterschied zwischen der psychischen Ansteckung und der gemeinschaftlichen Vereinigung. Was die zweite betrifft, treibt in der Tat das erste Motiv zum anderen und es entspinnt sich ein Gedankenaustausch, wenn die Motive auf diese Weise aus verschiedenen Gesprächspartnern hervorgehen. Es ist aber bemerkenswert, dass ein jedes Individuum den Gedankenlauf nur von einer ursprünglichen gemeinsamen Basis aus fortsetzen kann. Der Wunsch des Anderen motiviert insofern mein Handeln, als wir beide von einer schon geleisteten Zustimmung ausgehen. Nur mittels dieses gemeinsamen Erlebnisses beeinflusst der fremde Wunsch mein Verhalten und reagiert diese Antwort bereits auf einen eigenen Wunsch. Auf diese Weise nimmt die Gemeinschaft eine vereinende Funktion für die sonst voneinander getrennten Individuen auf. *„Wo Subjekte miteinander in Verkehr treten, da ist der Boden für eine Lebenseinheit, ein Gemeinschaftsleben, gegeben, das aus* einer *Quelle genährt wird."*[9]

Mit Bezug auf die psychische Wirksamkeit der Erlebnisse sind die vorher ausgeführten psychischen Momente des Erlebtwerdens und sogar die lebendige Kraft der geistigen Auffassung im Austausch mit dem Milieu bedingt:

„Je frischer ich mich fühle, desto ‚wacher' blickt mein ‚geistiges Auge', desto intensiver ist die Richtung auf die Objekte, desto lebhafter die Auffassung. Ja, es ist ein gewisses Maß an Lebenskraft notwendig, damit überhaupt irgendwelche Ichtätigkeit sich entfalten, überhaupt ein Akt ins Leben treten kann: insofern ist das Auftreten von Akten selbst als kausal bedingt zu bezeichnen."[10]

Aber mit der Einordnung in die Gemeinschaft erfährt sowohl die psychische Bedingtheit der Motive als auch die geistige Tätigkeit eine Erweiterung ihrer Möglichkeiten.

Man kann überhaupt sagen, dass sich mit der Gemeinschaft ein neuer Raum öffnet, zumal dieser Raum nicht in einem bloßen Wissen besteht und auch nicht aus der bloßen Summe isolierter Fähigkeiten abgeleitet werden kann. Und *wenn wir vom psychischen Einfluss zum Wert übergehen, ist es uns möglich, in der Stellungnahme als Antwort auf den Wert den hinreichenden Grund für den Aufbau der Gemeinschaft zu entdecken.* Nun überschneiden sich im gegenseitigen Gemeinschaftsleben oft beide Aspekte. „Insofern Werte in uns Stellungnahmen ‚auslösen', deren Gehalte unserem geistigen Leben neue Triebkräfte zuführen, haben wir sie selbst als ‚lebensspendend' angesehen."[11]

Da die Gemeinschaft nur in ihren Gliedern bewusst ist, muss der sie vereinende Wert jedem Einzelnen innewohnen und müssen sich die gemeinschaftlichen Beziehungen in einen gegenseitigen Austausch zwischen den Gliedern verwandeln. *Gerade die Wertoffenheit ist es, welche das Abgleiten der Gemeinschaft in eine mittelbare und lebenslose Ganzheit verhindert, indem es die künstliche Vermittlung durch das direkte Wechselverhältnis ersetzt.* Stein führt ein gegenteiliges Beispiel aus:

„Schließlich gibt es bei solcher Einstellung auch kein unmittelbares Ineinandergreifen der beiderseitigen Motivationen. Wenn ein Diplomat ergründet hat, was der andere denkt, und daraus folgert, welche Schritte er selbst zu unternehmen hat, so ist es nicht der fremde Gedankengehalt, auf dem er aufbaut, sondern der Sachverhalt ‚daß der andere dies d e n k t' ist Ausgangspunkt für seine Folgerungen. Es spinnt sich kein gemeinsames Denken, sondern jeder hat s e i n e Gedankenwelt, in die er den anderen mit seinen Gedanken aufnimmt. Alles dies widerspricht dem Wesen der Gemeinschaft."[12]

Von diesem Standpunkt aus wird klar, warum Stein der Gemeinschaft vor der Gesellschaft den Vorrang gibt. Schon bei Tönnies und Scheler ist die Gesellschaft in der Gemeinschaft gegründet. Aber was unsere Autorin hervorhebt, ist die Unmöglichkeit der gesellschaftlichen Bande ohne eine gemeinsam erlebte und vorausgesetzte Solidarität, mag diese auch unvollkommen sein. Damit der Andere mir als Gegenüber entgegentreten kann, ist es erforderlich, dass ich im Voraus in seine erlebten Gehalte eingedrungen bin. „Man kann die Mittel nicht kennen, mit denen auf die Menge Eindruck zu machen ist, ohne eine Vertrautheit mit ihrem Innenleben, wie sie nur in naiver Hingabe zu gewinnen ist."[13]

3. Auseinandersetzung mit den Husserlschen und Schelerschen Ansätzen bezüglich des Werterlebnisses

Edmund Husserl untersuchte die wechselseitigen Beziehungen zwischen vorgestellten Objekten und Werten. Einerseits, meinte er, bauen sich die werthaftigen Prädikate über dem vorgegebenen logischen Subjekt auf, und zwar nicht mittels einer syntaktischen Angliederung in einem Sachverhalt, sondern als Korrelat einer selbstständigen fundierten Stellungnahme, welche die werthaften Einheiten erschließt. Aber andererseits erfüllt sich die teleologische Intention des Wertes im vorausgesetzten logischen Subjekt, wenn dieses als die identische Unterlage des repräsentierten Prädikates und des zukommenden Wertes verstanden wird. Aber was damit nicht erklärt wird, ist, *warum das Subjekt der Prädikation auch den Grund der Wertung enthalten soll*. Denn eine bloße Übereinstimmung im Objekt – oder im grammatikalisch-logischen Subjekt – reicht nicht hin, um die adäquate Erfüllung der werthaften Intention zu rechtfertigen.

Husserl weist auf das Problem hin, indem er feststellt, dass die Konvergenz des Wertes im Objekt sich in keiner eigentlichen Identifikation auflösen kann. Er meint:

„Allerdings, die Gründung des wertenden Aktes im objektivierenden, der seine Unterlage ist, kann korrelativ so ausgedrückt werden, daß das, was das Werten wertet, eben dasselbe ist wie das, was die Objektivation objektiviert, was in ihr wahrgenommen, vorgestellt, geurteilt ist etc; andererseits ist es sicher, daß das Verhältnis doch kein Deckungsverhältnis ist, das in dem Sinn wie jede Deckungseinheit in eine Identifikation auseinandergelegt werden kann."[14]

Die Antwort Steins bewegt sich auf der Grundlage ihres Verständnisses von Gemeinschaft. Ihrer Ansicht nach ist gerade das *Auftreten der Gemeinschaft ein Zeichen des Wertbewusstseins*. Indem ich in der entsprechenden Stellungnahme einem objektiven Wert zustimme, leiste ich zugleich einen Beitrag zur möglichen oder sogar wirklichen Gemeinschaft aller Glieder derselben und erneuere so durch meine unvertretbaren Erlebnisse auch meine Zugehörigkeit zu einer bestimmten Gemeinschaft. Stein erklärt dies am Beispiel der Kunstverständigen:

„Andererseits fühle ich mich in dieser Bewunderung [vor einem Kunstwerk – U.F.] als Glied der Gemeinschaft der Kunstverständigen oder Kunstliebhaber, und sofern ich das tue, beansprucht mein Erlebnis das Erlebnis der Gemeinschaft in sich zu befassen und wiederzugeben."[15]

Während die sinnlichen Gefühle nur den ichlichen Stoff ausmachen, auf dessen Grundlage die Gemeinschaft sich aufbaut, ist allein das intentionale Fühlen des Wertes imstande, den Zugang zur Gemeinschaft zu eröffnen. Sie schreibt:

„Wo sinnliche Gefühle die Unterlage des Erlebnisses bilden, da ist dieser ‚Stoff' schlechthin individuell und die Gemeinsamkeit liegt allein in der intentionalen Sphäre. Ichliche Gehalte dagegen, die das Subjekt nicht nur peripher befallen, sondern innerlich erfüllen, sind selbst bereits als gemeinsame erlebbar. Darin liegt die große Bedeutung, die die Gemütsakte für die Konstitution der Gemeinschaft als einer überindividuellen ‚Persönlichkeit' haben."[16]

Deswegen liegt der völlige Wert eines Sachverhaltes nicht darin, dass die Selbstgegebenheit der Zusammensetzung von Subjekt und Prädikat dem Wert Erfüllung verleiht, sondern *ein beliebiger Wert ist untrennbar von einer Intention, deren Fülle nur durch das Miteinander der Personen erlangt werden kann*. Der Wert verkörpert den identischen gemeinschaftlichen Kern des Erlebnisses mitten in den variablen ichlich-erfüllenden Gehalten der zugehörigen Individuen. Mithin geht mit der auf den Wert gerichteten Intention die vorher erwähnte gemeinschaftliche Intention einher. Es ist deshalb nicht möglich, eine isolierte Erfüllung der wertenden Intention zu besitzen, weil diese sich auch, aktuell oder wenigstens virtuell, auf eine im Werden befindliche Gemeinschaft bezieht.

Ebensowenig kann man sagen, dass die axiologische Schelersche Lehre mit derjenigen Steins übereinstimmt, so nahe sich beide auch zuweilen stehen mögen. Für Scheler gibt es eine fühlende Werterfassung, womit er der Husserlschen Schwierigkeit mit Bezug auf die Deckung der Wertgegebenheit und des unterliegenden Sachverhaltes entgeht. Aber auch in diesem Fall bleibt wiederum unentschieden, warum der Wert einem zugrunde liegenden Objekt innewohnt. Denn die Verknüpfung zwischen Wert und Objekt kann nicht bloß zufällig sein, wie Scheler anzunehmen scheint.

Scheler hat übersehen, dass das wertende Bewusstsein sich in Verbindung mit dem Auftreten des Gemeinschaftsbewusstseins entwickelt und dass das Wertbewusstsein sich nicht in der Korrelation von Wert und Fühlen erschöpft. Hinsichtlich der Beziehung des Wertes und seines wirklichen Trägers findet man eine Grundlosigkeit vor, die mit der Wurzellosigkeit der Aktarten in der Person vergleichbar ist. So gesehen, würde sich die Person im Vollzug ihrer Akte auflösen und sich darauf beschränken, nichts weiter zu sein als eine Verknüpfungsfunktion der verschiedenen Aktarten. Für den Bestand der Werte würde ähnlich gelten, dass sie im Zusammenhang mit den entsprechenden menschlichen Schichten bestehen. Es mangelt sowohl an einem anfänglichen und stetigen Kern der Person, der ein Wachstum zuließe, als auch an seiner Entwicklung in der Gemeinschaft kraft des ihr innewohnenden Untereinander ihrer Glieder.

Das klingt erstaunlich, wenn man berücksichtigt, dass Scheler die Existenz der Gesamtpersonen u. a. aufgrund der Solidarität von personalen Akten – wie Befehlen und Gehorchen, die Reziprozität in der Liebe, Versprechen und Annehmen usw. – vertritt. Zumal die ersten Termini erst in Korrelierung mit den zweiten ihren Sinn entfalten können, beinhaltet ihre völlige und adäquate Erfüllung die Ergänzung der Beiträge der jeweiligen Person durch eine gesamte Leistung von Seiten der Kollektivität.

„Sie [die sittliche Solidarität – U.F.] liegt vielmehr in der idealen *Sinneinheit* dieser Akte als Akte des *Wesens* von Liebe, Achtung, Versprechen, Befehlen usw., die Gegenachtung, Gegenliebe, Annehmen, Gehorchen usw. als ideale Seinskorrelate fordern, um einen sinneinheitlichen Tatbestand überhaupt zu bilden."[17]

Aber so wie die singuläre Person von Scheler als Verknüpfungspunkt der einzelnen Wesensakte gesehen wird, wäre die gegenseitige Forderung unselbstständiger Akte wie der oben erwähnten auch hinreichend für ihre Vereinigung zu einer kollektiven Person. Laut Scheler wäre es nicht notwendig für die Zuschreibung der Akte, einen unveränderlichen individuellen Kern in der Person vorauszusetzen. So wird von Stein bezüglich des Gemeinschaftslebens Folgendes anerkannt:

„Wenn wir dieser Art von Gemeinschaft etwas prinzipiell absprechen, was Scheler ihr zugestehen will – nämlich die Verantwortlichkeit –, so müssen wir andererseits von ihr – oder richtiger: von den in ihr vereinigten Individuen – m e h r verlangen, als Scheler anzunehmen scheint."[18]

Bei Scheler ist es folglich nicht so sehr der Wert, der den gemeinschaftlichen Raum schafft, als vielmehr der Zusammenhang gewisser Akte, der auf das gemeinschaftliche Subjekt verweist. Laut Stein endet die Parallelität zwischen Person und Gemeinschaft gerade dort, wo sich der unübertragbare Kern der Person offenbart und entfaltet. Es geht um das konkrete Subjekt, das sich keineswegs aus der Gemeinschaft ableiten lässt. Das macht deutlich, dass nicht alle Glieder einer Gemeinschaft zugleich lebendige Träger des gemeinschaftlichen Schicksals sind. *Die Zugehörigkeit zu einer Gemeinschaft besagt nicht das Zusammenfallen der individuellen und der für die Gemeinschaft bedeutsamen Erlebnisse.* Es kommt der Gemeinschaft nämlich nicht zu, die letzte und ursprüngliche Kraft für eine Handlung zu sein, auch wenn diese in ihren Motiven oder sogar in ihrer Mitwirkung eine gemeinschaftliche ist.

Dem persönlichen Kern entspricht als Gegenbild in der Gemeinschaft der eigene Aufbau, welcher wiederum nicht in individuelle Erlebnisse übersetzbar ist. Das ist der Grund für Edith Steins Abweisung der Schelerschen Gesamtperson, die nur als ideale Grenze gültig ist. Wir lesen:

„Solch verantwortungsvolles Gemeinschaftsbewußtsein ist aber auch möglich – und darum haben wir die prinzipielle Scheidung Schelers nicht mitgemacht –, wenn nicht a l l e Glieder der Gemeinschaft freie und voll verantwortliche Personen sind, oder doch nicht alle mit ihrer Seele als Glieder der Gemeinschaft leben."[19]

Es ist sogar möglich, dass das individuelle Leben und das gemeinschaftliche Schicksal in Widerspruch zueinander treten, wie es dort der Fall ist, wo die Gemeinschaft einem Einzelnen Opfer und Beschränkungen im eigenen Beruf auferlegt.

Was für Stein der Gemeinschaft im Unterschied zu Scheler nicht zusteht, ist es, angesichts der Handlung die ursprüngliche und erste Kraft darzustellen. Denn „die Gemeinschaft als solche ist kein freies Subjekt, und sie ist darum auch nicht ‚verantwortlich' in dem Sinn wie Individuen es sind. Die letzte Verantwortung für ihre Handlungen tragen die Individuen, die sie in ihrem Namen ausführen"[20]. Andererseits besitzt die Gemeinschaft eine eigene Lebenskraft. Ein Zeichen derselben ist es, dass mit ihr neue Möglichkeiten auch für die individuellen Tätigkeiten auftreten. Anders gesagt: Was die Individuen für sich alleine nicht unternehmen können, kann unter dem Einfluss fremder Zuständigkeiten erleichtert und vollbracht werden. Aber auch eigene und fremde Dispositionen erweitern sich in der Reziprozität und können aus verkannten Energien schöpfen, wenn sie sich von einer Mitwirkung befruchten lassen. Im Allgemeinen ist sogar die Rede davon, dass die eigene Gemeinschaft über einen eigenen Kraftvorrat verfüge, aus dem sich die Individuen nähren und mit dem sie mit ihren einzelnen Fähigkeiten in einen Austausch treten können:

„Es scheint, daß diese übergreifenden Kausalverhältnisse dem Individuum nicht nur über ein zeitweiliges Versagen seiner Kraft hinweghelfen können, sondern es evtl. auch zu Leistungen befähigen, die es von sich aus beim besten Stande seiner Lebenskraft nicht vollbringen könnte."[21]

Jedoch ist es nötig, irgendeine Hypostasierung der gemeinschaftlichen Kräfte zu vermeiden, so, als ob sie sich von sich aus erhielten, wo doch ihr Bestand insgesamt von den individuellen Komponenten und ihrem jeweiligen

Zuströmen zum Ganzen abhängt. Die Individuen empfangen von der Gemeinschaft nicht mehr als das, was sich durch den gegenseitigen Verkehr ihrer Glieder zuvor in ihr niedergeschlagen hat. Dieses Verhältnis gleicht in einer gewissen Hinsicht dem Verhältnis der ganzen individuellen Lebenskraft zu den partikulären geistigen oder sinnlichen Tätigkeiten, insofern diese ihre jeweiligen Kräfte aus dem Ganzen beziehen. Selbige Ähnlichkeit erstreckt sich auch auf das Wachstum der einzigen lebendigen Aktivität mit ihren sektorialen Betätigungen, denen auf diese Weise ein ständiges Reservoir zu Gebot steht. Auch die gemeinschaftlichen Bestände speisen sich aus den wechselseitigen Beziehungen und vermehren damit ihren Spielraum an Möglichkeiten. Die Grenze des Vergleichs jedoch, betonen wir zum Abschluss nach Edith Stein, besteht in der Selbstständigkeit der individuellen, seelischen Lebenskraft.

1 E. Stein, Individuum und Gemeinschaft, in: Dies., Beiträge zur philosophischen Begründung der Psychologie und der Geisteswissenschaften, Max Niemeyer Verlag, Tübingen 1970, S. 120.
2 E. Stein, a. a. O., S. 124.
3 S. 132.
4 S. 133.
5 S. 143.
6 S. 144.
7 S. 146–147.
8 S. 168.
9 S. 185 (kursive Herv. v. U.F.).
10 E. Stein, Psychische Kausalität, in: Dies., Beiträge …, S. 67.
11 E. Stein, Individuum und Gemeinschaft, S. 191.
12 a. a. O., S. 192–193.
13 S. 118.
14 E. Husserl, Vorlesungen über Ethik und Wertlehre 1908–1914, hrsg. v. U. Melle, Kluwer Academic Publishers, Dordrecht 1988, S. 322.
15 E. Stein, Individuum und Gemeinschaft, S. 148.
16 a. a. O., S. 149.
17 M. Scheler, Der Formalismus in der Ethik und die materiale Wertethik, Francke Verlag, Bern 1966, S. 524.
18 E. Stein, a. a. O., S. 250.
19 Ebd.
20 a. a. O., S. 174.
21 S. 184.

Edith Stein als Studentin in Göttingen (1913)

Edith Stein als Krankenschwester (1915)

Edith Stein mit Schülerinnen (Speyer-Zeit)

Edith Steins Passfoto: das letzte Bild (1942)

Margaretha Hackermeier (München)
Mitleid und Einfühlung

Leid und Mitleid – viele Situationen im Leben von Edith Stein kommen mir in den Sinn, in denen das Leiden mit Anderen eine große Rolle spielte. Einen großen Eindruck hat bei mir Edith Steins Reaktion auf die Nürnberger Gesetze hinterlassen. Schon vor dieser Zeit konvertierte Edith Stein vom Judentum zum Christentum. Und trotzdem hat sie für „ihr" Volk, für die Juden, einen Brief an den damaligen Papst geschrieben. Sie hat die Situation, dass den Juden per Gesetz der NSDAP das Leben in Deutschland verunmöglicht wird, dargelegt und den Papst darum gebeten, dagegen anzugehen.

Für mich stellt dieses Beispiel eine von vielen Situationen dar, in denen für Edith Stein wichtig war, Mitleid mit dem Anderen zu haben. Es bedeutete für sie sogar, nicht nur persönlich Mitleid zu haben, sondern sich gesellschaftlich und politisch einzusetzen und Ungerechtigkeit zu bekämpfen.

Schon viele Jahre vor den Nürnberger Gesetzen hat sich Edith Stein mit der Philosophie zur Einfühlung auseinandergesetzt: Und was in diesem Zusammenhang sehr auffällt, ist, dass sie von der Einfühlung ausgehend überlegt, was diese mit Menschsein zu tun hat. Sie stellt fest: Der Mensch kann den Menschen als Sache, d. h. unmenschlich, behandeln oder der Mensch kann den Menschen als Mensch behandeln.

Im Folgenden soll dargelegt werden, in welcher Weise Begriffe wie „Einfühlung", „Mitgefühl", „Mitsein" und „Mitleid" verwendet werden. Sehr viele Philosophen, u. a. Edmund Husserl, Max Scheler und Martin Heidegger, haben sich mit diesen Begriffen befasst. Bemerkenswert ist die Anthropologie, die Stein, ausgehend vom Phänomen der „Einfühlung", entwickelt. Für die heutige Philosophie ist dieser Ansatz eine Möglichkeit, ein Menschenbild zu entwerfen, ohne den Menschen metaphysisch oder transzendental fundieren zu müssen, und trotzdem ihn nicht zur Sache zu machen. Maurice Merleau-Ponty und Bernhard Waldenfels haben über Steins Entwurf nachgedacht und ihn weitergeführt.

1. Einordung von Edith Steins Philosophie

Edith Stein schloss ihre Dissertation zum Thema „Zum Problem der Einfühlung" 1917 ab. In dieser Zeit entwickelte ihr Doktorvater die Phänomenologie, deren grundlegenden Ansatz Stein in ihre Dissertation einbezog. Husserl schätzte die Analysen von Edith Stein sehr und beschäftigte sie bekanntlich als Assistentin an seinem Lehrstuhl in Freiburg. In dieser Zeit kristallisierten sich bei Stein und Husserl unterschiedliche Ansätze heraus bezüglich Einfühlung und ihrer Bedeutung innerhalb der Phänomenologie.

Edith Stein fragt: Wie kommt das Leid zum Mitleid?

In Steins Analysen zu Einfühlung geht es nicht um einen moralischen Appell, dass man sowieso Mitleid mit dem Anderen zu haben hat, sondern vielmehr um die Frage: Wie ist dies überhaupt möglich? Insbesondere wenn man sich den Menschen als Subjekt denkt, als Individuum mit seiner Innenwelt und dazu noch jeden in seinem Körper.

Zur Zeit von Edith Stein gab es sehr unterschiedliche Antworten auf diese Frage: zum Beispiel den transzendentalen Ansatz, wie ihn Husserl prägte. Er geht von einem sehr starken Ich aus, das das Leid reflektiert und sich dann für das Mitleid entscheidet. Oder Max Schelers Ansatz, der Mitleid und Einfühlung für möglich hält, weil sich alle Menschen durch eine metaphysische „Einsfühlung" verbunden wissen. Oder Steins Idee, die besagt: Das Subjekt ist von Beginn an mit anderen Subjekten verbunden. Dieses nennt sie „intersubjektives Subjekt", dem die Erfahrung des Anderen möglich ist.

2. Der Begriff der Einfühlung

Mehrere Philosophen haben sich mit dem Thema Einfühlung in den 10er und 20er Jahren des 20. Jahrhunderts beschäftigt. Für Roman Ingarden ist Einfühlung die Deutung von ästhetischen Kunstwerken. Er fragte sich, wie es sein kann, dass er von dem Stück Marmor, das vor ihm liegt, sagen kann: „Frauenleib"[1]. Einfühlen bedeutet im Rahmen der Ästhetik für ihn das „Einfühlen-in-etwas" unserer eigenen Stimmungen. Hans Lipps hingegen erklärte Einfühlung als Wissen vom fremden Ich und machte Einfühlung zum Grundbegriff der Psychologie, Ethik und Soziologie. Edmund Husserl beschäftigte sich mit „Einfühlung" schon 1905, entwickelte allerdings seine erste Fassung erst 1929 weiter.

Edith Stein grenzte sich schon 1917 von diesen Entwürfen ab. Sie wollte das Phänomen der Einfühlung nicht erkenntnistheoretisch erklären, sondern verstand darunter Fremdwahrnehmung in philosophischem Sinne. Im Einzelnen kritisierte Stein einige wesentliche Aspekte; einmal die Analogieschlusstheorie: Diese geht davon aus, dass bei wahrnehmbarem Vorhandensein des körperlichen Ausdrucks des anderen Menschen dies auch ein Ausdruck von einem psychischen Erlebnis ist, so wie man es bei sich selbst kennt. Stein aber meint, dass das Bewusstsein im Anderen nur erfahren werden kann, wenn es vorhanden ist, also wenn der fremde Leib lebendig, voll Seele ist.

Des Weiteren bezieht sich Steins Kritik auf die Ansätze von Hans Lipps und Max Scheler. Sowohl bei Lipps als auch bei Scheler gibt es eine Vorstellung von Einfühlung, die das Ich und den Anderen vereinigt: Für Lipps ist die Einsfühlung die vollendete Form von Einfühlung, d.h. die beiden Personen verschmelzen miteinander. Scheler prägt einen Begriff „innere Wahrnehmung"[2], d.h. im psychischen bzw. seelischen Bereich gibt es für ihn einen gemeinsamen Strom der Gefühle. Und deshalb ist es möglich, dass man das Psychische des Anderen wahrnehmen, d.h. sich einfühlen kann.

Stein grenzt sich von diesen philosophischen Konzepten ab, da das Phänomen der Einfühlung entweder mit zu wenig Erfahrungs- oder zu wenig

Erkenntnisfunktion ausgestattet ist. Zudem ist es nicht möglich, aufgrund der Körperlichkeit der Menschen, sich mit dem Anderen körperlich zu identifizieren. Edith Steins Ansatz lautet: Einfühlung geschieht in drei Stufen – erstens das „Auftauchen des Erlebnisses", d.h. ich nehme den Gesichtszug des Anderen wahr; zweitens die „erfüllende Explikation", d.h. ich setze mich hinein in den Erfahrungshintergrund des Gesichtszuges (Gefühl, Stimmung); und drittens die „Vergegenständlichung", d.h. ich interpretiere oder deute den wahrgenommenen und erfahrenen Gesichtszug.[3] Der Schwerpunkt liegt bei Stein darauf, auch das Hineinversetzen in den Anderen als Einfühlungsdimension zu formulieren. Beim „Verstehen" eines anderen Menschen wird für sie in den genannten Aspekten viel zu sehr der Reflexionsaspekt, die Vergegenständlichung gesehen.

Einfühlung, wie sie Edith Stein konzipiert, ist nicht nur erkenntnistheoretisch gemeint, sondern der Andere wird „erfahren". Es wird nicht nur die äußere Mimik wahrgenommen, sondern es werden die Empfindungen und Gefühle eingefühlt. Die Methode der phänomenologischen Reduktion kann dann aber nicht mehr gehalten werden. Sie konstruierte ein „reines Ich", das den Anderen konstituiert, also bewusstseinsmäßig aufbaut. Zum „Bewusst-Wahrnehmen" des Anderen gehört es aber, die Empfindungen des Anderen wahrzunehmen, und dies gelingt einem rein reflektierenden Ich nicht, sondern nur einem erfahrenden Subjekt. Das bedeutet für die Konstitution, dass sie nur ermöglicht werden kann durch ein einfühlendes und leibliches Subjekt. Auf Steins Verständnis von „Konstitution" wird an späterer Stelle genauer eingegangen.

3. Leiblichkeit und Intersubjektivität

In Edith Steins Ausführungen über Einfühlung klingen sehr grundlegende Aspekte ihres Verständnisses von Leib an. Sie stellt sich sehr eingehend der Frage, wie sich dem Bewusstsein ein Leib konstituiert. Die äußere Wahrnehmung leistet hier den geringsten Teil: Der eigene Leib wird nur teilweise wahrgenommen, denn der Hinterkopf, die Augen, der Großteil des Gesichtes, der Rücken sind außerhalb des Wahrnehmungsspektrums. Die sinnliche, empfindende Wahrnehmung bringt den Leib deutlich mehr zur Geltung. Er ist da, er kann sich selber durch Empfindung überall wahrnehmen. Er ist präsent.

An dieser Stelle hakt Stein ganz besonders ein und fragt, ob damit, durch die Präsenz des Leibes, die Selbstempfindung und die bruchstückhafte äußere Selbstwahrnehmung, der Leib sich konstituiert. Sie bezeichnet diese Art der Konstitution als „solipsistische Konstitution". Stein nimmt einige Besonderheiten des Leibes wahr und analysiert davon ausgehend die „Konstitution des Leibes". Einige Beispiele sind die Wahrnehmungsbedingungen, die Relativität des Dinges, die Permanenz und die Doppelauffassung. Die Ursache von Wahrnehmungsveränderungen sind kausale Umstände, wie z.B. das Sehen einer Landschaft mit oder ohne Sonnenbrille. Die Relativität des Dinges bezieht sich auf Zustandsänderung; so kann Wasser in flüssiger oder fester Form auftreten. Diesen Unterschied kann der Leib durch Tasten, also Empfinden, wahrnehmen. Damit erhält die äußere Welt durch die Empfindung am Leib Zugang zu unserem Bewusstsein. Auch die Doppelempfindung ist eine Besonderheit. Im Taktilen gibt es immer zwei Momente: die Tastempfindung, die ein Merkmal des „äußeren" Objekts wahrnimmt, und die Empfindung des Leib-Objekts. Steins Leib-Analyse führt sie zu folgenden Fragen: Machen diese Qualitäten den Leib nicht zu mehr als zu einem physikalischen Ding? Kann das Subjekt abgetrennt vom Leib verstanden werden?

Sie kommt durch sehr detaillierte Analysen zu diesen Ergebnissen: Konstitution setzt Wahrnehmung, Wahrnehmung Erscheinung voraus, aber Erscheinung ist beeinflussbar durch Empfindung und Beweglichkeit des Leibes. Da Wahrnehmung ein Teil von Konstitution ist, muss der Leib schon da sein, bevor man überhaupt an Konstitution denken kann. Leiblichkeit schließt Solipsismus aus. Etwas als reales materielles Ding zu sehen, bedeutet immer, dass weitere Beobachter anwesend sein müssen, bei denen dieses Ding eine Erscheinung bewirkt. Deshalb sind leibliches Leben, eine Mehrzahl von lebendigen Leibern und die Möglichkeit von Kommunikation Voraussetzungen für die Konstitution einer objektiven realen materiellen Welt.

Leiblichkeit hat bei Stein eine ähnlich fundamentale Stellung wie die Einfühlung. Einmal macht der Leib Einfühlung notwendig, da Seelisches nicht von außen sichtbar ist. Zum Zweiten ist diese nur durch den Leib möglich, da er allein zu Empfindung fähig ist. Als Konsequenz basiert also Intersubjektivität auf Leiblichkeit und Einfühlung. Und nicht zuletzt erfolgt die Konstitution der erlebenden Person zuallererst im Leib.

Dieses Leibverständnis hat ein ganz neues Verständnis von der seelischen Realität des Menschen zur Folge. Diese Analyse ergibt außerdem, dass Seelisches nicht kommunizierbar ist ohne leiblichen Ausdruck. Und damit wird der Leib das Organ des Geistes. Damit der Geist aber objektiv erfahrbar ist, muss er Beseelung eines objektiv erfahrbaren Leibes sein. Und diese Objektivität des Leibes gelingt ja nur mittels Einfühlung und damit mittels intersubjektiv erfahrbarer Leiber. Die Besonderheiten des Leibes fordern eine andere Sichtweise als bisher. Die unzureichende äußere Wahrnehmung des Leibes verweist auf die Angewiesenheit auf den Anderen, der auch den Hinterkopf, Rücken usw. sehen kann. Die äußere und die innere Wahrnehmungsfähigkeit des Leibes ist nicht additiv zu verstehen, sondern ermöglicht dem Leib, sich selbst zu erfahren. Damit entsteht auch die Möglichkeit, dass die Welt Zugang zu unserem Bewusstsein bekommt und gleichzeitig das Seelische Ort und Zeit in der Welt erhält. Damit ist der Leib kein Ding mehr, sondern ein fungierender Leib.

Dieser erweiterte Leib-Begriff bleibt nicht ohne Einfluss auf die Frage nach Konstitution. Husserl versuchte, mit dem Entwurf des „reinen Subjektes" Konstitution und Objektivität zu erklären.[4] Dies würde bedeuten, dass ein einzelnes Subjekt die reale Welt konstituieren könnte. Etwas als reales, materielles Ding zu sehen, ist aber nur dann möglich, wenn weitere Beobachter anwesend sind. Damit sind leibliches Leben, eine Mehrzahl von lebendigen Leibern und die Möglichkeit von Kommunikation Voraussetzungen für eine objektive reale materielle Welt.

Selbiges Konzept entwirft Stein in den *Ideen II* von Husserl[5]: Als seine Assistentin bereitete Stein einige seiner Schriften zur Herausgabe vor. Es ist davon auszugehen, dass Stein einige Passagen eigenständig verfasst hat. In diesen Passagen hat sie ihr Konzept von Intersubjektivität entwickelt. Sie stellt fest, dass die Analyse der Leiblichkeit zu dem Resultat geführt hat, dass die Konstitution des Menschen als Leib-Seele-Einheit nur über die Erfahrung möglich ist. Erfahrung aber ist sehr unterschiedlich und subjektiv, also kann zwar ein Mensch seine Selbsterfahrung ausdrücken, nicht aber den Leib konstituieren. Objektivität ist eine intersubjektive Wirklichkeit, und zwar Wirklichkeit nicht nur für mich und meine zufälligen Mitmenschen, sondern für uns alle, die mit uns in Verkehr treten sollen und sich mit uns über Sachen und Menschen verständigen können.[6] Für Stein ist dies die Möglichkeit, über Erfahrungsdinge „theoretisch" zu sprechen. Damit führt der Denkweg von der Wahrnehmung des Anderen über die Einfühlung in den Anderen und die Relativierung des eigenen zur Verständigung auf eine identische Perspektive. Eine objektivierte Welt benötigt immer eine Lebenswelt, in der diese Einigung sich vollzieht.

4. Mitgefühl nach Max Scheler und „Sich-versetzen" nach Martin Heidegger

Max Scheler beschäftigte sich begrifflich nicht mit „Einfühlung", sondern mit dem Thema „Mitgefühl". Für Scheler ist Mitgefühl abzugrenzen vom Auffassen, dem Verstehen bzw. dem Nachfühlen von Erlebnissen oder Gefühlszuständen Anderer. Das heißt, das Mitleid ist die deutlichste Form des Anderen, Leid wahrzunehmen, das man selber auch fühlt. Man sieht nicht nur das Leid durch äußere Mimik und man versteht nicht nur, dass der Andere leidet, weil er sein Kind verloren hat, sondern man ist durch die Betroffenheit hineingezogen und „fühlt" mit.

Scheler schärft diesen Begriff des „Mitgefühls", indem er weitere Formen nennt, wie z.B. Miteinanderfühlen, Gefühlsansteckung, Einsfühlung. Wenn Vater und Mutter ihr gemeinsames Kind verlieren, dann trauern beide, d.h. sie fühlen miteinander. Gefühlsansteckung geschieht oft bei Partys oder Massenevents. Für Einsfühlung nennt Scheler als Beispiele religiöse antike Mysterien oder Hypnosevorgänge.

Edith Stein und Max Scheler sind sich in dem Punkt bezüglich „Mitgefühl" einig, dass es ein emotionaler Vorgang ist, ein Mitfühlen, und nicht nur ein verstehender Akt. Edith Stein betont dabei, dass das eingefühlte Gefühl das originäre des Anderen ist und das mitgefühlte dasjenige ist, das der Einfühlende nach der Einfühlung hat. Denn es kann ja sein, dass ein Schüler einen Freudensprung macht, wenn er die Note 4 auf eine Mathematikklausur bekommt, und der Mitschüler diese Freude zwar einfühlt, aber die Mitfreude vielleicht nicht so groß ist, da er sich selber nur derart freuen würde, wenn die Note eine 1 wäre. Wenn ein Kind vom Fahrrad fällt und schreit, fühlt man dessen Schmerz ein und fühlt und leidet mit: Mitleid.[7]

Der Vergleich der philosophischen Ansätze von Scheler und Stein zeigt, dass Mitleid oder die Mitfreude das Gefühl ist, das ich fühle, wenn der Andere leidet oder sich freut. Gleichzeitig ist an den vorangegangenen Beispielen nachvollziehbar, dass das Gefühl des Anderen nicht dasselbe Gefühl bei mir auslösen muss. Der Vorgang der Einfühlung aber ist bei jedem vorangegangenen Gefühl des Anderen möglich, außer ein Mensch hat die Fähigkeit nicht, wie z. B. ein Autist. Einfühlung also ist die Voraussetzung für Mitleid.

Das Konzept der Einfühlung hat freilich auch Kritik erfahren. Schon Martin Heidegger hat den Begriff der Einfühlung „dekonstruiert". Er kritisierte dessen erkenntnistheoretischen Ansatz, der zur Zeit Steins vorherrschend war. Der Grund: Der Andere kann nicht durch Projektion konstituiert werden und ein solipsistisches Subjekt kann sein Gegenüber gar nicht erreichen.

Heidegger fordert einen deutlicheren Bezug der Phänomenologie zum Dasein, was konsequenterweise zur Folge hat, dass Erkennen auch Erfahren bedeutet. Deshalb verwendet Heidegger statt Einfühlung einen neuen Begriff: „Sich-versetzen"[8]. Allerdings versucht er, die Möglichkeit dieses Sich-Versetzens, d. h. die Fundierung, wieder auf der Seinsebene zu suchen: Dasein ist im Wesen auch Mitsein. Dabei verstrickt sich Heidegger in Widersprüche, denn eine Seinsebene, die die Daseinsebene begründet, kann nicht eine vereinigte Seins-Daseins-Ebene bedeuten. Stein beschäftigte sich mit diesen Widersprüchen bei Heidegger und konnte durch ihren Ansatz der intersubjektiven Konstitution, die Leiblichkeit und Einfühlung voraussetzt, ein viel weitreichenderes Konzept für Anthropologie bieten. Leider aber ging Heidegger nie auf den Entwurf von Stein ein.

5. Weiterführung von Steins Philosophie

Maurice Merleau-Ponty hat in den 40er Jahren diesen Ansatz von Edith Stein in den *Ideen II* aufgegriffen und konsequent weitergeführt. Insbesondere bezog er sich auf ihre Analysen zur Leiblichkeit. Die Besonderheiten des Leibes forderten ihn heraus, eine Philosophie aus dieser Perspektive zu entwickeln. Auffällig war vor allem, dass für ihn Leiblichkeit den Zugang zur Welt ermöglicht. Wahrnehmung bedeutet nicht insbesondere Rationalität, sondern dass diese im Leib beginnt.

Merleau-Ponty beschäftigt sich mit der klassischen Psychologie und stellt fest, dass das Verhältnis von Reiz und Wahrnehmung darin als kausal definiert wird. Schon zu seiner Zeit war bekannt, dass ein Einzelreiz nicht zu einem bedeutungsvollen Gehalt führen kann, sondern dass die Differenzierung und die spontane Organisation der Reize die wesentlichsten Funktionen des Nervensystems sind. Der Reflex auf einen Reiz ist kein blinder Prozess, sondern entspricht dem Sinn einer Situation. Merleau-Ponty kommt hier zu dem Ergebnis, dass sich unser Bezug zur Welt in dieser präobjektiven Ebene abspielt, noch bevor unser Bewusstsein und willentliches Denken sich einschalten. Damit vollzieht sich die Einheit von Leib und Seele schon im Faktischen. Das Bewusstsein kann also gar nicht getrennt von seinem Material verstanden werden, sondern Sinneswahrnehmung und Geist müssen synonym verstanden werden. Merleau-Ponty zieht hier Rückschlüsse auf das Verständnis von „Subjekt". Wenn der Leib den Zugang zur Welt eröffnet und vollzieht, dann muss das Wahrnehmungssubjekt sich verändern: vom absoluten Subjekt zum empfindenden Subjekt. Die absolute Subjektivität wäre abgekoppelt von der Wahrnehmung. Durch das Subjekt der Wahrnehmung wird der Bezug zur Welt eine Koexistenz. Es ist ein Beim-Andern-Seiendes, ein Einfühlendes, ein Sich-Hineinversetzendes.

Merleau-Ponty formuliert eindeutig, dass Rationalität nicht die Verbindung mit dem Anderen ermöglicht. Meine Wahrnehmung von mir selber ist schon unvollständig und mein Blickwinkel auf die Welt kann die Perspektive des Anderen nicht schon beinhalten. Das heißt, der Andere ist notwendig für die Vollendung der Konstitution des Systems. Ein sozialer Zusammenhang ist deshalb für Merleau-Ponty nur möglich, wenn der Vorrang des eigenen wahrnehmenden Ich aufgegeben wird und dem „cogito" des Anderen der gleiche Platz eingeräumt wird. Dieses „Sich-Befinden-mit-den-Anderen-in-der-Welt" wurde von Merleau-Ponty als „Zwischenleiblichkeit"[9] bezeichnet. Die Empfindungsebene, das Sich-in-den-anderen-Einfühlen, das Sich-darüber-Austauschen lässt eine Verbindung zwischen Menschen entstehen, einen Zwischenraum. Dieser Zwischenraum entwickelt sich für Merleau-Ponty auf leiblicher, empfindender und sinnlicher Ebene. Und hier bedeutet „wahrnehmen" nicht „urteilen", sondern Offenheit. Wahrnehmung ist als offenes System vieler Perspektiven zu verstehen, als Zugang zu dem Anderen.

Bernhard Waldenfels führte in den letzten 20 Jahren Merleau-Pontys Philosophie weiter. Waldenfels' Ziel ist es, die von Merleau-Ponty ausgeführte Angewiesenheit des Menschen auf den Anderen zu radikalisieren: die leibliche Responsivität. Er geht davon aus, dass leibliches Verhalten einen Sinn hat. Jedes Erleben bezieht sich auf etwas, also ist es intentional. Diese Intentionalität wird meist durch Sprache vermittelt. In manchen Situationen genügt ein stummes Blickgespräch. Und hier entdeckt Waldenfels eine weitere Qualität neben Intentionalität und Kommunikativität: die Responsivität. Er meint damit den fremden Anspruch, den Anspruch auf Antwort. „Der Anspruch ist kein Woraufhin und auch kein Wonach, das der Zielrichtung und der Regelung des Verhaltens entspricht, sondern ein Worauf, das der ‚Antwortlichkeit' des Verhaltens zuvorkommt."[10] Damit ist vielmehr gemeint, dass Responsivität die kontingente Dimension im Menschen berührt, als dass es auf jede Frage eine Antwort gibt. Responsivität geht über bestehende Sinnhorizonte und Regelsysteme hinaus. Nur diese Offenheit ermöglicht es, dass das Fremde, das Unbekannte mich anfragen, mich fordern darf.

Dieses Konzept von Bernhard Waldenfels führt die Ideen Merleau-Pontys in einem wichtigen Aspekt weiter, da das Selbstbewusstsein bzw. die phänomenologische Selbstvorstellung nicht allein von der fungierenden

Intentionalität geleistet werden kann. Waldenfels' Beschäftigung mit Selbstbezug und Fremdbezug und ihrem Verhältnis zueinander führt letztlich zu dem Ergebnis, dass sich im Leib zwar ein Selbstbezug realisiert, dieser aber nur im Fremdbezug, d.h. im Bezug auf einen anderen, fremden Leib zur Entfaltung kommt. Die Leiblichkeit ist damit eine responsive Leiblichkeit, die immer schon auf fremde Ansprüche antwortet.

6. Absolutes Ich oder mitleidender, antwortender Mensch?

Die hier dargelegten Gedanken lassen erkennen, dass das Phänomen der Einfühlung sehr schwierige und zentrale Probleme benennt, die keineswegs überholt oder gar gelöst sind. Sämtliche Konzepte, die das Descartessche „cogito" als Ausgangspunkt des Selbstbewusstseins und des Erkennens des Fremden wählen, stoßen an Grenzen und können damit die soziale Dimension des Bewusstseins nicht fassen.

a) Edmund Husserl hat als Erster das Erkennen des fremden Bewusstseins ausgeweitet auf das Erfahren des Anderen. Er wollte die Grenze des Erkennens ernst nehmen: Es kann die Psyche, Haltungen und Werte des Anderen nicht wahrnehmen, sondern nur Reflektiertes, d.h. vom Anderen selbst Verstandenes und sprachlich Geäußertes. Damit geht schon Husserl einen Schritt von der Erkenntnistheorie weg hin zur ontologischen Ebene. Allerdings löst sich Husserl wieder davon, sobald die Einfühlungserfahrung des Anderen reflektiert und in das absolute, reine Ich integriert ist. Das reine Ich wird durch Husserls phänomenologische Reduktion nicht in Frage gestellt, sondern das Erfahrene wird aus dieser Perspektive beurteilt.

b) Max Schelers Ausgangspunkt ist geradezu diametral zu Husserls Ansatz: Scheler geht davon aus, dass Selbstbewusstsein und Fremdbewusstsein in einem gemeinsamen Bewusstseinsstrom beginnen, den er metaphysisch begründet. Allerdings lässt er damit einen wichtigen Aspekt außer Acht: Wir sind leibhaftige Menschen und unsere Historizität und Objektivität sind von Raum und Zeit abhängig. Die Einheit eines Bewusstseinsstromes könnte vielleicht gegeben sein, wenn viele Menschen zur selben Zeit am selben Ort wären. Räumliche und zeitliche Trennung bedeuten zunächst eine Trennung vom Bewusstseinsstrom. Auf eine aktive Weise muss dann dafür Sorge getragen werden, dass die unterschiedlichen Bewusstseinsströme wieder in Berührung kommen. Denn die Frage bleibt offen: Wie kann ich meine Einzelerfahrung jemandem vermitteln, der nicht in dieser Zeit an dem gemeinsamen Bewusstseinsstrom beteiligt war?

c) Martin Heidegger versucht einen neuen Weg: „Einfühlung" kann nicht nur Erkennen sein und auch nicht Projizieren. Sein Begriff lautet: „Sichversetzen" und bedeutet für Heidegger das Mitgehen mit dem Anderen. Die

Grundlegung des Sich-Versetzens sucht er in der Seinsebene und dies vor allem in seinem Spätwerk. Er versteht das Sein auch als Mitsein angelegt, das ein Sich-Versetzen möglich macht. Diese Begründungsweise führt allerdings zu Widersprüchen: Heideggers Anliegen war immer, Sein und Dasein gleichursprünglich zu verstehen. Wenn aber Sein und Dasein identisch sind, kann das eine nicht das andere begründen, da sie dafür getrennt sein müssten.

d) Edith Stein sieht die Notwendigkeit der Einfühlung insbesondere durch die Eigenart unseres Leibes. Wir können uns selber nur teilweise von außen wahrnehmen, im Inneren allerdings können wir uns durchgehend spüren. Den Anderen können wir nur von außen wahrnehmen. Sobald wir Gestik oder Mimik wahrnehmen, versuchen wir uns in den Anderen hineinzuversetzen, um nachzuvollziehen, was in dem Teil seines Leibes, den wir nicht sehen, vorgeht. Diese Art und Weise, den Anderen wahrzunehmen, nennt Stein Einfühlung. Dabei wird durch die Reflexion dieser Erfahrung, die phänomenologische Reduktion, nicht die leiblich-sinnliche Ebene ausgeschaltet, sondern die Erfahrung des Anderen gesehen. Die eigene Erfahrung ist außerdem präsent. Aber beide Standpunkte haben gleiche Wertigkeit. Das eigene Ich wird nicht mehr primordial verstanden. Die Folge kann sein, dass der Standpunkt des Anderen meinen Standpunkt in Frage stellt. Damit bin ich herausgefordert, den Anderen wirklich zu verstehen und im Zweifelsfall selber umzudenken. Ist das absolute, reine Ich in Frage gestellt, wer gewährt dann Absolutheit, Wahrheit? Stein sieht in der Intersubjektivität einerseits die Möglichkeit zu mehr Objektivität, aber sie ist kein Absolutum. Mehrere Subjekte können aufeinander eingehen, nehmen unterschiedliche Perspektiven wahr, tragen sie zusammen und können damit mehr Objektivität gewährleisten als ein einzelnes Subjekt mit seiner einzelnen Meinung. Diese Objektivität ist endlich, kann in Frage gestellt werden, aber sie ist offen für Neues. Dieses Subjekt, das nicht mehr primordial verstanden wird, aber erfahren kann, erkennen kann, sich transzendieren kann, nennt Stein Person.

e) Maurice Merleau-Ponty versucht die faktische Ebene von Steins Analysen weiterzuentwickeln. Er radikalisiert die Angewiesenheit der Einfühlung auf Leiblichkeit. Dabei legt er die Transzendenzfähigkeit nicht mehr in die Person, sondern in das leibliche Zwischen. Diese „intentionale Leiblichkeit" ist also befähigt, ein Zwischen zu entwickeln, das gleichursprünglich ist mit der Fähigkeit des Leibes, das empfindende Bewusstsein des Anderen wahrzunehmen. Dieses Zwischen und die leibliche Fähigkeit können jedoch nicht die Letztursprünglichkeit sein. Denn wenn kein Zwischen entsteht, ist auch kein Selbst möglich.

f) Bernhard Waldenfels baut auf den Erkenntnissen Merleau-Pontys auf und prägt den Begriff der Responsivität, die Fähigkeit des Leibes, auf Situationen zu antworten. Er formuliert damit auch die Angewiesenheit des Menschen auf den Anderen. Nicht allein die Fähigkeit zu antworten ermöglicht und begründet Menschlichkeit. Der Impuls von außen ermöglicht die Realisierung dieser Fähigkeit. Damit geht Waldenfels einen Schritt weiter und verankert diese implizit metaphysische Anlage der Einfühlung im Menschen außerdem im Außen.

1 R. Ingarden, Schriften zur frühen Phänomenologie, GW B. 3, Max Niemeyer Verlag, Tübingen 1999, S. 246.
2 M. Scheler, Wesen und Formen der Sympathie, GW B. 7, Bern 1973, S. 9.
3 E. Stein, Zum Problem der Einfühlung, Kaffke Verlag, München 1980, S. 8–10.
4 E. Husserl, Zur Phänomenologie der Intersubjektivität: Texte aus dem Nachlass, *Husserliana* B. XIII, Kluwer Publishing, Dordrecht 1973, S.85.
5 E. Husserl, Ideen zu einer reinen Phänomenologie und phänomenologischen Philosophie. Zweites Buch: Phänomenologische Untersuchungen zur Konstitution (*Husserliana* B. IV), Kluwer Publishing, Dordrecht 1952.
6 a. a. O., S. 87–90
7 M. Scheler, a. a. O., S. 3–18.
8 M. Heidegger, Die Grundbegriffe der Metaphysik, Gesamtausgabe 29/30, Klostermann Verlag, Frankfurt am Main 1983, S. 296f.
9 M. Merleau-Ponty, Phänomenologie der Wahrnehmung, übers. v. R. Boehm, Verlag Walter de Gruyter, Berlin 1966, S. 417.
10 B. Waldenfels, Das leibliche Selbst. Vorlesungen zur Phänomenologie des Leibes, Suhrkamp Verlag, Frankfurt am Main 2000, S. 368.

Małgorzata Bogaczyk-Vormayr (Poznań/Salzburg)
Die Ich-Du-Beziehung nach Edith Stein

1. Einleitung

„Die Welt ist dem Menschen zwiefältig nach seiner zwiefältigen Haltung."[1] – Mit diesem Satz, mit dem Martin Buber seine Schrift *Ich und Du* begann, beginne ich meine Überlegungen zum Thema „Ich-Du-Beziehung nach Edith Stein". Martin Buber wird in der Geschichte der Philosophie als Begründer der Dialogphilosophie – oder anders ausgedrückt: der Begegnungsphilosophie – angesehen; das Werk von Edith Stein wird üblicherweise nicht dieser Tradition der Dialogphilosophie zugeschrieben. Welche Zusammenhänge will ich hier also beleuchten und welche Gedankenanstöße geben? *Ich* und *Du* sind nach Buber die Grundworte des menschlichen Denkens und Handelns. In unserer Welt des Zwischenmenschlichen geht es immer um die Entscheidung, welches der zwei Wortpaare „Ich-Du" oder „Ich-Es" meine Haltung, meine Einstellung und Handlung bestimmt. Es geht darum, die Sphäre des Menschlichen von der Sphäre der Dinglichkeit zu separieren, das *Du* nicht als *Es* aufzufassen. Und es geht um die philosophische und ethische Frage, wie realisierbar ein solches Reflektieren und Handeln ist, das sich durch eine willensgemäße Entscheidung aus der „Ich-Du"-Haltung ableitet.

Es ist bemerkenswert, dass die ersten Vertreter der Dialogphilosophie jene Denker waren, deren Schriften das ihnen vertraute, jüdische Weltbild wesentlich beeinflusste: Martin Buber, Franz Rosenzweig, Ferdinand Ebner. Wir müssen im Blick behalten, dass die berühmtesten Schriften in der Dialogphilosophie von Autoren stammen, die sich der Phänomenologie verbunden fühlten, die die Werke von Edmund Husserl und auch die Arbeiten seiner Schüler studierten und übersetzten. Hier allerdings werde ich mich nur auf Emmanuel Lévinas beziehen. Die Vertreter der Dialogphilosophie nach 1945 waren im Geiste Phänomenologen – und sie waren auch Juden. Die Dialogphilosophie ist aus der Begegnung zwischen der jüdisch geprägten Beziehungslehre und den phänomenologischen Konzepten der Intersubjektivität (Ich-Begriff, Wahrnehmungsthematik, Einfühlungskonzeption) herausgewachsen. In diesen Rahmen besonderer philosophischer Empfindsamkeit für das Problem der zwischenmenschlichen und transzendierenden Beziehung integriere ich persönlich auch das Werk zweier weiterer Philosophinnen, nämlich das Werk von Edith Stein und Simone Weil. Diese zwei Frauen waren außerordentlich begabte Denkerinnen, beide waren aus jüdischen Familien stammende Atheistinnen, die eine religiöse Offenbarung erfahren und sich für das Christentum entschieden haben. Der Tod der beiden war die Folge ihrer jüdischen Herkunft und ihres christlichen Verständnisses von Mitverantwortung und Nächstenliebe. Dennoch unterscheiden sich ihre Lebensgeschichten sehr stark. Genau das aber ist es, was uns in der Begegnung mit einem anderen

Menschen – auch mit seiner Biographie oder seinem Werk – interessiert, bewegt und bereichert: die Dialektik des Gemeinsamen und des Anderen.

Hier widmen wir uns dem Denken von Edith Stein – wir beziehen uns auf die Orte ihres Denkens, auf die wir auch in der dialogphilosophischen Tradition stoßen. Ich versuche hier nur ein kleines, aber doch greifbares Bild der sich an vielen Stellen kreuzenden Wege des Denkens von Buber, Rosenzweig, Lévinas, Stein und Weil zu entwerfen.

2. Der Andere und das Zwischen

Ich beginne mit einer Frage, mit einer Szene: Wer ist dieser Mensch, dem ich gestern an einem Ort begegnet bin, an dem sich vielleicht üblicherweise niemand aufhält, wer ist diese Person, die meinen Alltag, meinen Weg, mein Denken betritt? Wer ist jener Mensch, den ich beispielsweise durch das Fenster meines Zimmers auf dem Platz draußen beobachte? Ich nehme seine Schritte, seine Müdigkeit oder Eile wahr, er äußert sich in einer Bewegung, einer Geste, ich blicke auf einen Körper, mit dem mir als Beobachterin in diesem Augenblick eine Geschichte erzählt – und von mir interpretiert wird. Kurz gesagt: Es geschieht etwas im Rahmen meiner eigenen Wahrnehmung. Oder anders ausgedrückt: Das Leben um mich herum wandelt sich beständig und die Fragmente dieses Ganzen gehören zu meinem Erleben. Die Menschen, welchen ich gestern oder heute begegnet bin, und jene, denen ich morgen begegnen werde, werden von mir als *die Anderen* wahrgenommen. *Anders* als ich, aber doch Teil meiner Umwelt ist dieses andere menschliche Wesen, das mir ontologisch nähersteht als alles Dingliche. Der Andere ist der, der von meinem Ich separiert und unterschieden ist und doch mit mir – durch mein Erleben dieser Begegnung, dieser Szene – in einem Kontakt steht. Edith Stein beginnt ihre Klärung der Einfühlungsakte auf folgende Weise:

„Wir könnten ausgehen von dem vollen konkreten Phänomen, das wir in unserer Erfahrungswelt vor uns haben, dem Phänomen eines psychophysischen Individuums, das deutlich unterschieden ist von einem physischen Ding; es gibt sich nicht als physischer Körper, sondern als empfindlicher Leib, dem ein Ich zugehört, ein Ich, das empfindet, denkt, fühlt, will, dessen Leib nicht nur eingereiht ist in meine phänomenale Welt, sondern das selbst Orientierungszentrum einer solchen phänomenalen Welt ist, ihr gegenübersteht und mit mir in Wechselverkehr tritt."[2]

Diese Lehre kennen wir aus den Schriften ihres Lehrers: Edmund Husserl beschreibt die Separation zwischen den dinglichen, körperlichen und den leiblichen, seelischen Welten. Mein Leib, erklären Husserl und Stein gleichermaßen, ist mir in einer ursprünglichen Wahrnehmung gegeben und ist auch der erste mir zugängliche Ausdruck des Anderen. Durch seine Körperlichkeit erfahre ich mein Gegenüber als von mir unabhängig. Das ist das erste Wissen über den Anderen – seine Unabhängigkeit; das ist das wesentliche Wissen über mich selbst – meine Unabhängigkeit und ihre Grenzen. Der Andere ist kein Ding, kein *Es*. Edith Stein und Emmanuel Lévinas haben uns am deutlichsten darauf aufmerksam gemacht: Wir leben in einer Welt der Dinge, die entweder eine Welt des Genießens oder des Nutzens ist. Ich nütze die mich umgebenden Dinge und erreiche etwas, mache mein Leben bequemer, vielleicht leichter, vielleicht aber auch schöner. Stein schreibt: „Jedes andere Ding [nur eben nicht der menschliche Leib – M.B.-V.], das ich sehe, sagt mir: faß mich an [...]."[3] Aber die wahre Beziehung zwischen menschlichen Wesen verlangt nach etwas anderem: Ich fasse nicht an und besitze nicht, ich kann nur empfangen oder geben. Der Andere grenzt an mich, uns beiden ist eine Sphäre der Begegnung gegeben – das *Zwischen*, wie Buber es nannte. Unsere Erfahrungen des Anderen, erklärten Husserl und Stein, sind nicht nur Erfahrungen von einem äußeren, das heißt, transzendenten Objekt. Gleichzeitig erfahre ich den Anderen als Subjekt; in einer vorstellenden Wahrnehmung und in der Einfühlung erfahre ich ein anderes Ich, ein Du mit eigenem Seelenleben. Von diesem fremden Leben kann ich eine Vorstellung entwickeln, jedoch der Sinn dieses Lebens kann mir nur in einem freien Akt dieser anderen Person gegeben werden – das geschieht in unserem *Zwischen*.

Die *Sphäre des Zwischen* ist also zum einen eine zwischenmenschliche. Andererseits aber ist es eine Sphäre zwischen Mensch und Gott. Dieser Gott ist der absolut Andere, Transzendente, aber – in der späteren Überzeugung von Edith Stein – gleichzeitig dem Menschen am nächsten, als lebensspendende und sinngebende Kraft. In dieser philosophischen Position von Stein äußert sich für mich eine gewisse Treue zur jüdischen Tradition, ein spirituelles Credo und gleichzeitig die Überschreitung der phänomenologischen Philosophie. Ich möchte diese Einschätzung mit einem kleinen Vergleich veranschaulichen, indem ich Aussagen von Franz Rosenzweig, Edith Stein und Emmanuel Lévinas gegenüberstelle.

3. Stern und Kreuz

In der jüdischen Tradition stellt der Dialog keine postulierte Größe dar, sondern bezieht seinen Inhalt aus seiner Umsetzung. Begegnung führt tatsächlich zum Dialog, die ganze Schöpfung ist sprachbegabt, der Mensch entdeckt Zeichen und „liest" die Botschaften, die ihm aus allen seinen Lebenssphären – aus der Natur, von anderen Menschen und, mit Hilfe von Ritualen, auch von einer Transzendenz – entgegenkommen. Franz Rosenzweig vermittelt in seinem Werk *Der Stern der Erlösung* eine Vision der dialogischen Struktur, welche durch den Davidstern symbolisiert wird: Der Dialog zwischen Gott und Welt vollzieht sich in der Schöpfung, zwischen Gott und Mensch ist es ein Dialog der Offenbarung, zwischen Mensch und Welt ein Dialog der Erlösung:

```
        GOTT
Offenbarung   Schöpfung
    ✡
MENSCH    WELT
       Erlösung
```

Im weltlichen Leben sucht der Mensch den Weg zur Erlösung, in der Begegnung mit der Welt sucht er den Sinn. Es gibt hier keinen Bruch innerhalb der Dialogstruktur – Gott schweigt nicht, der Mensch steht nicht verlassen in der Welt. Deswegen sprechen die jüdischen Denker über die „Gegenseitigkeit der Beziehung, der Gabe" – in der Begegnung wird „Du" gesagt und es wird „Du" gehört.

Emmanuel Lévinas lässt diese Prämisse nicht mehr gelten – er ist kein Mystiker, lediglich Philosoph, ein Ethiker. Eine Beziehung ist immer asymmetrisch, die Gegenseitigkeit der Gabe ist kein Prinzip. Die Kategorie der Verantwortung bildet das Prinzip: Der Mensch entdeckt seinen Sinn erst in der Begegnung mit dem Anderen, das eigene Ich wird erfahrbar, fassbar erst durch das Angrenzen an ein Du. Dieser Sinn besteht in der Verantwortung um den Anderen – es ist ein metaphysisches Prinzip, das mich zu einer praktischen, ethischen Haltung und den daraus sich ableitenden Handlungen führt. Ich und Du befinden sich in einer Dialogstruktur, die durch Asymmetrie bestimmt ist. Die Beziehung zum absolut Anderen, zu Gott, ist demnach ebenfalls asymmetrisch, ja noch mehr: Sie unterliegt einer Diachronie, die menschliche und göttliche Zeit, so meint der Philosoph, gehen aneinander vorbei.

Hier möchte ich mich einem kurzen Text von Simone Weil widmen, in dem sie ihr Verständnis des griechischen Begriffes *metaxy* bildlich darstellt. *Metaxy* bedeutet das *Zwischen*. Ihre Auffassung dieses Terminus bietet meiner Meinung nach einen guten Übergang zwischen den Dialog-Begriffen von Rosenzweig und Lévinas:

„Diese Welt ist eine zugesperrte Tür. Sie ist ein Hindernis auf dem Weg zum Ziel. Und gleichzeitig – ein Durchgang. Zwei Gefangene in den Nachbarzellen kommunizieren durch Klopfen an die Wand. Die Mauer ist das, was sie trennt, aber gleichzeitig können sie sich über die Mauer in Verbindung setzen."[4]

Wo situieren wir jetzt die Reflexion von Edith Stein? Das christliche Prinzip der Nächstenliebe beinhaltet die oben genannten Aussagen: (1) Die Beziehung zu den Anderen ist ein Teil der menschlichen Zuneigung zu Gott; (2) Das Sein-für-den-Anderen ist bedingungslos. Edith Stein vermittelt als christliche Philosophin genau eine solche Lehre und betont die Prinzipien der Liebe und der Nächstenliebe. Diese Prinzipien entdeckt sie im Symbol des Kreuzes. In der Kreuzesnachfolge erfolgt die Wiederherstellung des gebrochenen Dialogs – in der Sprache von Stein die „Verähnlichung mit dem Geliebten". Dieser befindet sich nicht in einer Diachronie, er ist nicht unerreichbar, sondern von ihm geht der eigentliche Sinn aus. Dieser Sinn macht es aus, sagt Stein, dass der Mensch „am Erlösungswerk durch stellvertretendes Leiden"[5] teilnimmt. In der Beziehung zu Gott wird das Du in einem Gebet ausgesprochen:

Mein Leben wuchs
mit der Frage nach dir,
mein Sein rührte an dich.
[...]
Du offenbartest dein Kreuz
in mir [...][6]

Alle ihre Gebete sind Meditationen, lesen sich wie lyrische Texte:

Langsam begreife ich,
wer ich bin,
wer du bist.
Langsam lasse ich mich los,
hinein in deine Anziehungskraft,
in dich.
Bisher glaubte ich,
Alleinsein und Geben
seien alles.
Langsam begreife ich,
daß ich zum Du hin
erschaffen bin.
Nicht ich gebe,
sondern du
in mir.
Bis jetzt habe ich
mein Leid gelitten.
Langsam enthüllt sich mir
das deine.[7]

4. Leid und Selbstentfaltung

Der Andere erhält einen Sinn; in einer Begegnung – sagen Husserl, Stein, auch Buber und Lévinas – kommt es zu einem gegenseitigen „Sich-Wecken".

Den Moment des Sich-Weckens bezeichnet Buber als Anfang jeder Beziehung und als Ich-Du-Gespräch. In jedem Akt des Du-Sagens sprechen wir auch unser eigenes Ich aus – unsere Haltung, Einstellung, Bereitschaft, Meinung etc.: *Ich* wurde aufgeweckt, *ich* bin wach und aufmerksam.

In einem der schönsten, tieftraurigen Briefe, welche wir im Nachlass von Edith Stein finden können, schreibt sie über das eigene Leiden als Zustand einer so starken Depression, in dem kein Entfalten und Geben mehr möglich ist. Es ist ein Weihnachtsbrief aus dem Jahre 1917, gerichtet an Roman Ingarden, einen Freund aus der Göttinger Studienzeit. Dieser Brief, geschrieben in völliger Aufrichtigkeit, ist eine Art Verabschiedung – von Ingarden, vielleicht auch von gewissen Gefühlen, welche sie ihm gegenüber empfunden hat. Viel mehr jedoch, so denke ich, nimmt sie Abschied von der eigenen Jugendzeit, die durch die Ereignisse des Krieges ihr Ende fand. Diesen Brief schreibt eine leidende, aber aufmerksame und konzentrierte Frau, die sich darum bemüht, in ihrem Leid einen Sinn zu entdecken. Und genau in diesem Brief werden Hoffnungsworte, wird der Trost an den geliebten Anderen übermittelt, der sich in diesem Augenblick – genau wie sie selbst – in der Welt und in seinem eigenen Schicksal zu verlieren droht:

„Mein Liebling,
diesen Abend möchte ich noch einmal bei Dir sein und Dir manches sagen, was ich Dir schuldig geblieben bin. Zunächst um Verzeihung bitten, weil ich in der letzten Zeit unter dem Eindruck der schweren Tage, die hinter mir liegen, zu keiner frohen Stunde fähig war. Unter allem, was mich gegenwärtig bedrückt, steht an 1. Stelle, daß ich nicht die Kraft hatte, Dir mein Leid zu verbergen, und so einen Schatten mehr in Dein Leben gebracht habe statt ein wenig Sonnenschein.
Was ich jetzt suche, ist Ruhe und Wiederherstellung meines völlig gebrochenen Selbstbewußtseins. Sobald ich das Gefühl habe, wieder etwas zu sein und andern etwas geben zu können, will ich Dich wiedersehen. Dann wirst Du auch ein Stück weiter sein als heute […] ich glaube fest an Deine Fähigkeit, wieder zu vollem Leben zu erwachen. Und ich wünsche Dir ein Leben mit aller Fülle und allem Reichtum, den die Welt zu bieten hat. […] Wenn Du mein Weihnachtsgeschenk ein klein so wenig ansehen könntest, als käme Dir etwas Verlorenes wieder, so wäre das meine größte Freude!
Damit endgültig Lebewohl!"[8]

Das Du-Sagen ist eine Widmung und somit eine Ich-Aussage. Es führt zur Entfaltung des eigenen Selbst. In ihrem Salzburger Vortrag aus dem Jahre 1930 klärte Edith Stein ihren Ethos-Begriff. Ethos ist keine Struktur, an der ein Mensch nur teilnimmt, es ist kein Gesetz, das von außen an einen Menschen herangetragen wird, sondern Ethos ist dasjenige, was im Menschen selbst „wirksam ist", „eine innere Form". Diese innere Form ist eine Haltung des Menschen. Stein spricht hier von „der Haltung der Seele" und von einem „Habitus".[9] Die Seele jedoch entwickelt sich, *wächst* und *bildet sich*, wie Stein sagt: „So wächst die Seele – wird reich und weit, zugleich aber wächst damit die Welt. […] Das Wachstum der Seele und das Wachstum ihrer geistigen Umwelt geht Hand in Hand."[10]

Der Ausdruck der inneren Form eines Menschen, seines Seelenlebens, wird sich im Leib und in der Sprache manifestieren. Von Lévinas stammt die sog. Epiphanie des Antlitzes. In einem „Antlitz zu Antlitz"-Sein, wie Lévinas diese Metaphorik skizziert, soll man das erfahren, was Stein phänomenologisch beschreibt: Jedes Wesen kann man beinahe wie ein Ding anfassen und benützen; es lässt sich aber niemals auf diese dingliche Ebene allein reduzieren. Es käme bei einer solchen Reduktion nicht nur zu einer Verletzung dieses Menschen, sondern zum Zerbrechen der ontologischen Struktur, davon ein Mensch nur ein Teil ist und über die er selbst nicht verfügen kann. Das Antlitz des Anderen kann eine Klärung und Offenbarung sein – es zeigt sich mir, entwickelt in mir ein Gefühl der Verbundenheit oder aber der Ablehnung. In dieser Begegnung lerne ich den Anderen kennen – mit seinem Leid entfaltet sich sein Selbst; ich erfahre dabei aber auch etwas über mich. Verweisen wir hier auf die Worte von Hedwig Conrad-Martius über das letzte Foto von Edith Stein:

„Auf diejenigen, die Edith von früher her kannten, wirkte die Photographie, die unmittelbar vor ihrer Flucht aus dem Kölner Karmel in den Holländer Karmel Echt aufgenommen wurde, so fremd, daß wir das Bild fast nicht ansehen konnten. Ihr einfaches, unschuldiges, fast immer fröhliches und liebliches Wesen war durch Leiden ganz entstellt."[11]

In ihren spirituellen Schriften wiederholt Stein immer wieder ihre Aussagen über die Berufung des Menschen: Es gibt eine Berufung zur Liebe, es gibt eine Berufung zum Leiden. Das Leid, welches ihr eigenes Leben begleitete, durch welches sie in ihren letzten Lebensjahren so stark gezeichnet wurde, spricht aus ihren Gebeten, ihren Briefen, aus ihrem eigenen Gesicht. Das Leiden begreift sie aber als Wandel, als Veränderung, die sie als eine Konstante des Lebens auffasst. Im nächsten Gedicht lesen wir:

Fragen zerbrechen,
wandeln sich.
Mein Leben nimmt
neue Gesichter an.
Ich ruhe in mir
und bin doch nicht
ich selbst.[12]

Die tiefste Selbstentfaltung vollzieht sich im Leiden, in dem die Gegenwart Gottes erhofft, ja erwartet wird. Diese Erhellung hat aber ihren Ausgang in der alltäglichen Erfahrungswelt. Beeindruckend ist folgender Satz aus dem Salzburger Vortrag: „Alles Abstrakte ist letztlich Teil eines Konkreten. Alles Tote dient letztlich dem Lebendigen."[13] Schon früher haben Rosenzweig und Lévinas über die vermittelnde Funktion des Alltagslebens innerhalb der Dialogstruktur nachgedacht. Der Mensch nimmt teil am Leben seiner Nächsten, durch die Teilnahme an deren Leben kommt es zu einer Beziehung. Dieses

Leben zu betrachten, versuchen zu begreifen und auf sich zu nehmen, ist ein wahrer Weg des Menschen zur Transzendenz. Der gemeinsame Alltag beeinflusst meine Freiheit und fordert mich zur Verantwortung auf. Es kommt zur Selbstreflexion, zu der Frage, wem mein Leben gehört, an was oder wen sich mein Leben richtet, was oder wer mich begleitet. In einer der schönsten Meditationen von Edith Stein klingt das so:

Liegt mein Leben
in meinen Händen
oder in der Hand eines anderen?
Ich fühle Frieden,
doch er vergeht.
Ich möchte austeilen vom Wissen,
das mich erfüllt,
und arbeite viel.
Wenig Zeit bleibt für mich.
Was ist Zeit?
Hat jemand ein Recht auf mich?
Schreibe ich für mich
oder für andere?[14]

5. Diakonia und Herz

Der griechische Begriff der *diakonia* beschreibt die Übernahme von Verantwortung. Da die Menschen eine starke Schicksalsverbundenheit empfinden, eine Art Verwandtschaft, bleiben sie in einer *Verantwortungs-Haltung* dem Anderen gegenüber. Die Diakonie ist demnach zuallererst und ganz allgemein eine Haltung, die konkrete Reaktionen und ein gewisses Verhalten bewirkt. So lesen wir bei Emmanuel Lévinas:

„Die Bindung zum *Anderen* bahnt sich nur als Verantwortung an, wobei es im Übrigen einerlei ist, ob diese akzeptiert oder abgelehnt wird, ob man sie zu übernehmen weiß oder auch nicht, ob man für den *Anderen* etwas Konkretes tun kann oder auch nicht. Zu sagen: Hier bin ich. Etwas zu tun für einen Anderen. Zu geben. Menschlicher Geist zu sein, das ist es. […] Dia-Konie vor jedem Dia-Log."[15]

Schon in den frühesten Texten der jüdisch-christlichen Tradition lesen wir, wie das Zusammenleben, die Erfüllung der alltäglichen Aufgaben und die Diakonie als Verantwortung für die anderen einen Menschen zur sogenannten Herzensruhe führen. „Wenn du ein Herz hast, kannst du gerettet werden", heißt es in einer altchristlichen Glaubensbotschaft.[16] Mit „Herz" ist hier eine gewisse Fähigkeit gemeint, die Fähigkeit zu einer bestimmten Haltung: „Ein Herz haben" bedeutet in unserer Umgangssprache, Verständnis und Mitleid zu haben, sich rühren zu lassen und über das Eigene hinaus auf das Gemeinsame schauen zu können. „Ein Herz haben", „das Herz weit werden lassen" (2 Korinther 6,14) ist die universellste Ethik, welche je entworfen worden ist.

„Dein Herz verlangt nach mehr" – sagt Edith Stein. Die zwei christlichen Begriffe „Verlangen des Herzens" und „Herzensruhe" stelle ich jetzt nebeneinander: Im Verlangen finden wir die Suche, das Offensein, eine Bereitschaft zur Begegnung, eine die menschliche Kondition bezeichnende Sehnsucht nach Weite, Tiefe und Erfüllung. Aber auch die Herzensruhe verfügt über eine gewisse Dynamik. Sie ist kein allerletztes Ziel und unterliegt nicht der Utopie der Endgültigkeit, sondern bewegt sich maßvoll zwischen Du und Ich, zwischen Welt und Seele, in ständiger Selbstentfaltung begriffen und nicht in einer vermeidenden Zurückhaltung verbleibend. Diese Begriffe – „Herzensverlangen" und „Herzensruhe" – interpretiere ich als klassische altchristliche Auffassung von der Selbstentfaltung – die eigene Seele zu erforschen, sich selbst zu befragen, die eigenen Kräfte und Bedürfnisse zu benennen. Wir finden diesen Gedanken bei Augustinus, bei Meister Eckhard, bei Johannes vom Kreuz, bei Teresa von Avila, bei Ignatius von Loyola, bei Simone Weil und eben auch bei Edith Stein. Genau in diesem Sinne sagt sie: „Alle Bildung ist Selbstbildung, alle Schulung ist Selbstschulung."[17] Dazu füge ich an: Jedes Fragen ist auch Selbstbefragung, jede Suche auch Selbstsuche. Jede Frage, jedes Suchen und Zweifeln beinhaltet das Bedürfnis nach einer Antwort, nach Geborgenheit. So befragt sich auch Edith Stein, sammelt sich innerlich und sucht nach einer Antwort:

Wer ist Gott?
Wo bin ich geboren?
Hält mich das,
was ich halte?
Flammen die sieben Leuchten
hinein in mein Leben,
das meines trägt?
Oder – bin ich allein?
Stumme Zwiesprache meines Ich
mit Vergangenheit, Gegenwart,
Zukunft. [...][18]

Hält mich das, was ich halte? Ich sage Du, ich spreche das Wort aus, das nach einer Ant-Wort verlangt. Ich unterscheide zwischen dem Dinglichen und dem Seelischen, ich fasse also nicht an, sondern stehe in einer Beziehung. Ich bekämpfe die eigene Stumpfheit und betrete die Sphäre des *Zwischen*. Die Zwiesprache meines Ich bedeutet jetzt eine Selbsterforschung, die Befragung meiner Seele. In der Wandlung dieser inneren Form, des eigenen Ethos', stellt sich mir wieder und wieder die Frage nach dem Anderen: *Alles Abstrakte ist letztlich Teil eines Konkreten.* Das heißt: Nur das kann den Menschen halten, woran er sich hält.

Auch die sog. Herzensreinheit geht einher mit Offenheit und Ehrlichkeit, es bedeutet, „die Winkel des Herzens zu erforschen", wie Johannes Cassianus sich ausdrückte.[19] In einem solchen „Winkel der Seele", in der Auseinandersetzung mit den tiefsten Fragen, Bedürfnissen, Leiden und Hoffnungen der eigenen Seele stößt man wieder auf den Anderen, bei diesem Prozess des Sich-Sammelns geht es nicht um eine Entfernung von der Welt, sondern um ein Sich-Öffnen auf die Welt hin. Nach Stein ist es das Verlangen des Herzens, „sich liebend einem anderen Wesen hinzugeben, ganz eines anderen Eigentum zu werden und diesen anderen ganz zu besitzen"[20]. Mit diesem „Besitzen" ist jetzt etwas ganz anderes gemeint als mit dem „Anfassen" und „Besitzen der Dinge" in ihrer Dissertationsschrift. Einerseits hat Edith Stein seit der Zeit ihrer ersten Auseinandersetzung mit den Fragen der Alterität einen langen Weg zurückgelegt – sie entwirft jetzt als Antwort nicht nur die philosophische Mit- und Einfühlungskonzeption, sondern verweist zudem auf ihren Glauben an die Möglichkeit einer absoluten Zugehörigkeit und Einswerdung durch Liebe. Andererseits hat diese Überzeugung auch philosophische, genauer phänomenologische Wurzeln, denen sie intellektuell treu geblieben ist. Schon in ihrer Dissertation spricht sie vom Einssein, von den möglichen Strukturen des „Wir-Seins":

„Von Einssein kann erst die Rede sein, wenn dasselbe individuelle Gefühl in allen lebt und das ‚Wir' als ein Subjekt erlebt ist. Dieses Einssein bedeutet aber keine Auslöschung der Einzelsubjekte. ‚Ich' und ‚du' und ‚er' bleiben im ‚wir' erhalten, kein ‚Ich', sondern ein ‚Wir' ist das Subjekt des Einfühlens."[21]

Dieses Einssein kann also nicht mit dem alltäglichen Gebrauch des Wortes „besitzen" umschrieben werden. Das Wir formiert sich durch das Betreten und Bewohnen des *Zwischen*. Hier sprechen wir von der gegenseitigen Diakonie – die Jüdin Edith Stein gelangt in ihrem philosophischen Werk und in ihrer christlichen Erfahrung zur Idee der „Gegenseitigkeit der Gabe".

Ich möchte das wie folgt ausdrücken: Die Trennung ist ein ontologischer Zustand des Menschen, die gegenseitige Zugehörigkeit ein metaphysischer. Das lese ich aus den Begriffen des Zwischen und des Einsseins heraus. Die Trennung unterliegt also keiner Diachronie, die wahre Struktur des Seins ist eine Dialogstruktur: *Alles Abstrakte ist letztlich Teil eines Konkreten*. Beeindruckend sind ihre letzten Texte, vor allem die letzten Briefe, die bezüglich ihrer Gedanken über das Geistige und über das Alltägliche eine Einheit bilden: die Sorge um die Krankheiten der anderen, die Sorge um eine termingerechte Abgabe ihrer Schriften, schließlich das Postskriptum auf ihrer letzten Karte zur Klostermutter nach Echt. Diese Karte schreibt sie im Lager in Drenthe-Westerbork, kurz vor dem Abtransport nach Auschwitz: Sie glaubt (glaubte sie das wirklich?), die Mutter könne ihr noch einen Habit und Schürzen mit einem kleinen Schleier schicken:

„Liebe Mutter,
eine Klostermutter ist gestern Abend mit Koffern für ihr Kind angekommen und will jetzt Briefchen mitnehmen. Morgen früh geht ein Transport (Schlesien oder Tschechoslowakei??). Das Notwendigste ist wollene Strümpfe, 2 Decken. Für Rosa alles warme Unterzeug und was in der Wäsche war, für beide Handtücher u. Waschlappen. Rosa hat auch keine Zahnbürste, kein Kreuz u. Rosenkranz. Ich hätte auch gern den nächsten Brievierband (konnte bisher herrlich beten). Unsere Identitätskarte, Stamm- und Brotkarten.
1000 Dank, Grüße an alle, E.E. dankbares Kind B.
P.S. 1 Habit + Schürzen, 1 kleinen Schleier"[22].

6. Zum Abschluss

Mit diesem Aufsatz versuchte ich die Bedeutsamkeit des Denkens von Edith Stein innerhalb der Tradition der Dialogphilosophie aufzuzeigen, der ich ihre phänomenologische Einfühlungskonzeption ebenso zuschreibe wie auch ihre späteren anthropologischen, pädagogischen und spirituellen Schriften. Auch die Biographie von Edith Stein wird, unabhängig von unseren Interpretationswünschen, zu einer Darstellung dieser dialogischen Problematik. Diese Übereinstimmung der Erfahrung des eigenen Andersseins und des eigenen Leidens mit der philosophischen Arbeit zur Alteritäts- und Solidaritäts-Thematik betrifft mehrere Dialogdenker (wie etwa G. Scholem, K. Jaspers, P. L. Landsberg, N. Elias).

Für die Betrachtung der Dialogphilosophie als einer der prägendsten Richtungen innerhalb der Philosophie des 20. Jahrhunderts ist es notwendig, ihre unterschiedlichen und doch zusammenfließenden Quellen zu berücksichtigen (von F. Ebner über V. Frankl, M. Bachtin, J. Habermas bis hin zu B. Skarga u. a.). Die Dialogphilosophie ist eine Strömung, eine Bewegung, die in ihrer Authentizität auf die aktuellen gesellschaftlichen Fragen gerichtet und gleichzeitig in der Metaphysik verankert ist, in jenen Urquellen des philosophischen Dialogs. Die Dialogphilosophie ist somit eine offene, *auf die Zukunft* hin und *auf die Wiedererkennung der Vergangenheit* gerichtete Denkweise. Was die Dialogphilosophie Steins auszeichnet und in die gegenwärtige philosophische Reflexion zum Dialog einfließen soll, betone ich noch abschließend:

1) Die Einfühlungsproblematik: Ich-Du-Separationen, Einfühlungsakte, die Sphäre des Zwischen, das Einssein.
2) Soziale Problematik: Prinzipien der Nächstenliebe und der Mitverantwortung, die Bedingungslosigkeit der Ich-Du-Wir-Beziehung, das Ethos der Berufung und des Berufes.
3) Das Ideal der Selbstentfaltung – Selbstbefreiung, Befragung der Seele, Selbstschulung, Verlangen des Herzens – und ihre phänomenologische Quelle (Selbstbewusstsein, Aufmerksamkeit) sowie ihre Funktion als eine ethisch-spirituelle und heilende Übung.

1 M. Buber, Ich und Du, in: Ders., Das dialogische Prinzip, Verlag Lambert Schneider, Heidelberg 1973, S. 7.
2 E. Stein, Zum Problem der Einfühlung, ESGA B. 5, hrsg. v. Karmel „Maria vom Frieden" zu Köln, Herder Verlag, Freiburg-Basel-Wien 2008, S. 18.
3 a. a. O., S. 57.
4 S. Weil, La Pésanteur et la Grâce, Librairie Plon, Paris 1948, p. 166 [eigene Übersetzung].
5 E. Stein, Aufgabe der Frau als Führerin der Jugend zur Kirche, in: Dies., ESGA B. 13, bearb. v. M. A. Neyer OCD, Herder Verlag, Freiburg-Basel-Wien 2000, S. 220.
6 Verwandlung durch Meditation – Edith Stein, hrsg. v. W. Herbstrith u. E. Linke, Kaffke Verlag, Bergen-Enkheim 1976, S. 57.
7 a. a. O, S. 50.
8 Brief an R. Ingarden – 24.12.1917, zit. aus: U. Hillmann, apropos Edith Stein, Verlag Neue Kritik, Frankfurt am Main 1995, S. 93–94.
9 E. Stein, Ethos der Frauenberufe, Verlag Haas und Grabherr, Augsburg 1931, S. 7.
10 E. Stein, Zur Idee der Bildung, in: Dies., Bildung und Entfaltung der Individualität, ESGA B. 16, hrsg. v. M. A. Neyer u. B. Beckmann, Herder Verlag, Freiburg-Basel-Wien 2001, S. 40–41.
11 H. Conrad-Martius, Erinnerung an Edith Stein, in: E. Stein, Briefe an H. Conrad-Martius, Kösel Verlag, München 1960, S. 61–62.
12 W. Herbstrith / E. Linke, a. a. O., S. 38.
13 E. Stein, Ethos ..., S. 17.
14 W. Herbstrith / E. Linke, a. a. O., S. 44.
15 E. Lévinas, Ethik und Unendliches. Gespräche mit Philippe Nemo, hrsg. v. P. Engelmann, übers. v. D. Schmidt, Edition Passagen, Böhlau, Graz-Wien 1986, S. 74.
16 B. Miller, Apophthegmata patrum, auch Gerontikon oder Alphabeticum genannt (Weisung der Altväter), Paulinus Verlag, Trier 1986, Nr. 771, S. 250.
17 E. Stein, Zur Idee der Bildung, S. 35.
18 W. Herbstrith u. E. Linke, Verwandlung ..., S. 34.
19 Vgl. P. A. Kemmer, Johannes Cassianus: Weisheit der Wüste, Benziger Verlag, Köln 1948, S. 40.
20 E. Stein, Ethos ..., S. 21
21 Stein, Zum Problem der Einfühlung, S. 29.
22 E. Stein, Selbstbildnis in Briefen, Teil II, ESGA B. 3, bearb. v. A. M. Neyer, Herder Verlag, Freiburg-Basel-Wien 2000, Brief 768, S. 584. Edith Stein – sie signierte dieses Schreiben mit dem Kürzel „B." aus ihrem Ordensnamen Teresia Benedicta a Cruce – datierte die Karte irrtümlich mit „6.IV.42", tatsächlich schrieb sie diese Zeilen aber am 6. August 1942, siehe a. a. O., S. 585, FN 2.

Joachim Piecuch (Opole)
Leid und Mitleid als Antwort auf das Fremde.
Edith Steins Weg der inneren Freiheit

Edith Stein war eine Phänomenologin. Das heißt, sie versuchte das Leben und die Welt anhand einer Philosophie zu verstehen, in der Erfahrung eine Schlüsselrolle einnimmt. Nicht Spekulationen, nicht abstraktem Denken, auch nicht hochgestochenen Ideen galt ihr Interesse, sondern der Erfahrung. Diese sollte auch für ihre philosophischen Bemühungen maßgebend sein.

Die Erfahrungen, die Edith Stein während ihres Lebens seit ihrer Kindheit gemacht hatte, warfen für sie viele Fragen auf. Edith Stein hatte den Mut, diese Fragen nicht nur zu stellen, sondern auch nach Antworten darauf zu suchen. Kurzum, sie wollte etwas von den Rätseln, die das Leben mit sich bringt, enthüllen und dadurch ihr eigenes Leben verstehen. Dieses sie stets begleitende Anliegen war es, das sie zur Phänomenologie führte. Auf phänomenologische Weise zu philosophieren versprach ihr, tiefer in die Erscheinungen des Lebens einzudringen und ihren Sinn zum Vorschein zu bringen. Edith Stein fand also in der Phänomenologie das, was sie von Anfang an suchte: eine Methode, die ihr bei dem Versuch helfen konnte, Einblick in die Geheimnisse des Lebens zu gewinnen.

Man kann im übertragenen Sinn sagen: Sie suchte die Phänomenologie und die Phänomenologie suchte sie. Die Phänomenologie als eine neue philosophische Richtung konnte sich nämlich in ihren Anfängen nur dank solcher Denkerinnen und Denker entwickeln, die es verstanden, nicht in der Vermehrung des Wissens und der Informationen, sondern in der Analyse der Erfahrung die Wahrheit zu suchen. Zu diesen gehörte zweifellos auch Edith Stein. Auch ihr ging es – wie allen Phänomenologen – darum, sich reflektierend zu den ursprünglichen Ebenen der Erfahrung durchzuarbeiten, zum Wesen der Phänomene vorzudringen und ihren Sinn offenzulegen. Weil Stein in den von ihr unternommenen Untersuchungen zeigte, wie die phänomenologische Methode angewandt werden kann, trug sie durch ihre Arbeiten zum allgemeinen Verständnis der Phänomenologie bei.

Die Forschungen der Phänomenologen gingen in sehr unterschiedliche Richtungen. Sehr bald wurde das Problem der Erfahrung des Fremden zu einem der Grundthemen ihres Denkens. Dieses Thema ist bis auf den heutigen Tag höchst aktuell geblieben und findet ein immer wachsenderes Interesse bei zeitgenössischen Philosophen.[1] Für diese Untersuchungsrichtung in der Philosophie hat Edith Stein von Anfang an einen bedeutenden Beitrag geleistet.

Wenn wir die Lebensgeschichte von Edith Stein näher betrachten, stellt sich heraus, dass erstaunlicherweise gerade Idee und Erfahrung des Fremden eine Schlüsselfunktion in ihrem Leben haben. Dem wollen wir in diesem Aufsatz nachgehen und nach der Antwort suchen, wie die Erfahrung des Fremden sowohl ihr Leben als auch ihr Denkwerk bestimmt hat.

1. Das Fremde

Um den Denkweg von Edith Stein unter diesem Gesichtspunkt untersuchen und dabei einen tieferen Einblick in ihre geistige Welt gewinnen zu können, müssen wir uns kurz mit dem Begriff des Fremden auseinandersetzen. Das Wort „fremd" kann sehr vieles besagen. Erstens, wie Bernhard Waldenfels zeigt, besagt es alles, was außerhalb des eigenen Bereichs liegt, zweitens alles, was anderen gehört, und drittens, was „von anderer Art, also fremdartig, heterogen ist"[2]. Die drei Aspekte weisen auf die drei wichtigsten Bestimmungen jedes Phänomens hin, auf seinen Ort, seine Beschaffenheit und seine Existenzweise. Aber über das Wesen des Fremden sagen sie noch nichts aus. Fremdes ist nicht einfach etwas Anderes, das durch eine Abgrenzung vom Selben entsteht. Wir können leicht Grenzen zwischen Gegenständen ziehen und somit zwischen Dingen unterscheiden. Wir sagen dann: Es sind unterschiedliche Dinge. Wir können aber nicht behaupten, dass ein Ding dem anderem fremd ist. Das Fremde kommt aus einer ganz anderen Dimension in das Denken und lässt sich nicht so leicht beschreiben. Es ist von Natur aus paradox, es bleibt uns fremd, aber zugleich betrifft es uns, es ist – um sich der Sprache Heideggers zu bedienen – etwas, was sich „verbirgt" in seiner „Unverborgenheit". Husserl sagt, dass der Charakter des Fremden in einer „bewährbaren Zugänglichkeit des original Unzugänglichen" besteht.[3]

Das Fremde darf man nicht als Mangel oder als Defizit ansehen. Es ist nicht nur etwas Unbekanntes, das sich einfach zu erkennen gibt oder irgendwie erkannt werden muss, um darüber wie über einen Gegenstand sprechen zu können. Das Eigentümliche am Fremden ist, dass es sich eigentlich jeglichem vollständigen Erkennen entzieht. Daher liegt das grundlegende Problem darin, wie man an das Fremde überhaupt herankommen kann, ohne es in seiner Fremdheit zu zerstören. Jede Beschreibung des Fremden kann nur durch die Kategorien des uns Vertrauten geschehen. Das Fremde ist aber genau dadurch fremd, dass es sich keiner bekannten Ordnung unterziehen lässt. Es ist nicht Teil dieser Ordnung und kann solchermaßen auch nicht verstanden werden.

Dieser Zustand wirft Fragen auf: Wo beginnt das Fremde, wo liegen seine Grenzen? Kann man überhaupt eindeutige Grenzen ziehen? Beginnt das Fremde außerhalb meiner selbst oder soll ich zuerst beginnen, es in mir selbst zu suchen? Setzt man nicht eine Form der Intersubjektivität voraus, um überhaupt vom Fremden sprechen zu können? Mit Merleau-Ponty charakterisiert Waldenfels das Fremde in uns folgenderweise:

„Als geburtliches Wesen, das sich immer schon in einer Welt vorfindet, die es nicht geschaffen hat, das einen Namen trägt, den es von Anderen empfangen hat, und das sich in fremden Augen entdeckt wie in einem Spiegel, bin ich gezeichnet durch eine Kluft, einen Spalt, der verhindert, daß derjenige, der ‚ich' *(je)* sagt, jemals mit dem ausgesagten Ich *(moi)* zusammenfällt."[4]

Das Fremde lässt sich nicht zu einer stabilen Sache machen. Es ist etwas, das unseren Erfahrungen innewohnt und sich zugleich unserem Zugriff entzieht. Wie kommt dieses Fremde und Andere in den phänomenologischen Analysen von Edith Stein zur Sprache?

2. Die Einfühlung und das Problem des Fremden

Um auf diese Frage wenigstens teilweise antworten zu können, setzen wir uns vor allem mit dem Problem des Personverständnisses und dem Problem der Einfühlung bei Edith Stein auseinander. Zwar kreist im gewissen Sinn das ganze Denken von Edith Stein um die Fremd- und Grenzerfahrung, aber an diesen zwei ausgewählten Themen lässt sich am überzeugendsten und unzweifelhaft beweisen, dass das Fremde und die Idee des Anderen zu konstitutiven Momenten des Denkens der Breslauer Phänomenologin zählen.

Schon der Titel ihrer Dissertationsarbeit, *Zum Problem der Einfühlung*, beweist, dass das Problem des Anderen hier eine zentrale Rolle spielen wird. Wie kann man vom Seelenleben eines fremden Menschen ein Wissen bekommen? Worin liegt die Eigenart der Einfühlung in fremdes inneres Leben? Wie kommt es überhaupt dazu, dass wir fühlen können, welches Gefühl das innerliche Leben einer anderen Person bestimmt? Und: Auch wenn der Hauptakzent von Edith Steins Untersuchung auf dem Einfühlungsphänomen liegt, ohne den Begriff des Anderen und des Fremden ist er nicht nachzuvollziehen. Nach Edith Stein besteht Einfühlung dann, wenn wir selbst ein Erlebnis erfahren, das einem fremden Bewusstsein angehört. Sie schreibt:

„Die Einfühlung [...] ist Erfahrung von fremdem Bewusstsein überhaupt, ganz gleich, welcher Art das erfahrene Subjekt ist, welcher Art das Subjekt dessen Bewusstsein erfahren wird [...], die Erfahrung, die ein Ich überhaupt von einem andern Ich hat."[5]

Die Dissertation beginnt mit dem Versuch einer Wesensbeschreibung der Einfühlung. Dabei wird betont, dass die Einfühlung eine Art der Erfahrung ist, in der ich mich von einem originären Erlebnis einer anderen Person geleitet fühle, obwohl die eigene Erfahrung selbst nicht originär ist.[6] Die Beschreibungen von Edith Stein beweisen weiter, dass der Einfühlungsakt die Grenzen des Erlebniszusammenhanges eines reinen Ichs sprengt und in seine Erlebnisse eine Diskontinuität bringt. Das heißt, der Gehalt des Einfühlungsaktes steht in keiner kontinuierlichen Verbindung mit meinen Erlebnissen.[7] All diese Züge der Einfühlung beschreiben nichts anderes als die Weise, wie das Fremde in unser Leben einbricht. Es kommt von außen, aber dort wird es nicht fassbar, sondern seine Fremdheit wirkt in mir und erst innerhalb meines Selbst ist sie zu erfahren.

Edith Stein nennt die Einfühlung ein „Gewahren"[8]. Diesem können wir nicht ausweichen, so wie wir nicht mit offenen Augen oder Ohren einem Sehen von etwas oder Hören von etwas ausweichen können. Das Gewahren drängt sich uns in analoger Weise wie eine äußere Wahrnehmung auf. Das Erlebnis der Einfühlung und ihr Gehalt tauchen vor mir mit einem Schlage auf – sagt Edith Stein. Sie schreibt:

„[...] es steht mir als Objekt gegenüber. Indem ich aber den implizierten Tendenzen nachgehe [...], ist es nicht mehr in eigentlichem Sinne Objekt, sondern hat mich in sich hineingezogen, ich bin ihm jetzt nicht mehr zugewendet, sondern in ihm seinem Objekt zugewendet, bin bei seinem Subjekt, an dessen Stelle."[9]

Zugleich betont Stein, dass das Subjekt des eingefühlten Erlebnisses nicht mit dem einfühlenden Subjekt identisch sein kann. Beide sind getrennt und bleiben es auch. Wir haben es hier also mit keiner Vereinnahmung zu tun, sondern mit einem Verhältnis. Obwohl Edith Stein den Begriff des Verhältnisses eigentlich nicht benutzt, zeigt sie in ihren Analysen, worauf ein Verhältnis, eine Relation beruht. Ihre Beschreibungen entsprechen charakteristischen Merkmalen der Dialogphilosophie, nämlich den Prinzipien der Anderheit und der Identität. Darüber hinaus schildert Stein sehr suggestiv, wie man im Einfühlungsakt vom Anderen in eine Relation hineingezogen wird, wie man sich von der fremden Erlebniswelt, vom Inneren des anderen Menschen angesprochen und angezogen fühlt. Zwar ist es in ihren Auslegungen nicht so wie bei den Dialogikern, dass das Ich erst im Augenblick des Anspruches erwacht, aber auch bei ihr ist die Einfühlung grundlegend dafür, dass das Ich sich seiner Ausrichtung zum Anderen bewusst wird. Die Einfühlung ist als ein Impuls zu verstehen, der das Ich erst ermächtigt, auf die Gefühle des Anderen zu reagieren. So entsteht ein Boden für eine mögliche Wechselbezogenheit.

Die Situation der Einfühlung birgt in sich eine Doppelgesichtigkeit. Das Gewahren beinhaltet einen Moment der Vertrautheit und zugleich einen Moment der Fremdheit. Einerseits will der Einfühlungsakt die Ichgrenze meiner Isolation sprengen, anderseits aber verweist er mich auf meine unüberwindbaren Grenzen. Edith Stein bedient sich gern des Beispiels der Trauer und des Schmerzes. Der fremde Schmerz, den ich in mir erfasse, ist nicht identisch mit dem Schmerz des Schmerzsubjekts. Selbst wenn man sich von den Erlebnissen des Anderen, zum Beispiel von dessen Trauer, angezogen fühlt, so scheint damit paradoxerweise auch ein Gefühl der Abwehr gegeben zu sein. Es ist die Angst, die uns vor der Gefahr der Vereinnahmung warnen will. Der Einfühlungsakt scheint immer mit einem Erkenntnisakt einherzugehen, der dem Subjekt zu bedenken gibt, ob die fremden Erlebnisse nicht so stark sind, dass sie sich meiner völlig bemächtigen, ob ich nicht vor der Gefahr stehe, mich selbst in den Erlebnissen des Anderen zu verlieren.

Die von Edith Stein gewonnenen Einsichten in das analysierte Phänomen der Einfühlung weisen auf viele Spannungen hin, welche die vielen Züge der Erfahrung des Fremden auf den Punkt bringen. Schon die Behauptung, die Einfühlung sei kein originär gegebenes Phänomen, obwohl es sich von der Seite des Anderen in seiner Originität zeigt, ist eine sehr treffende

Beschreibung der Weise, wie man dem Fremden begegnet. Bei den Einfühlungsanalysen geht es Stein nicht darum zu zeigen, wie sich der Mensch dem Fremden gegenüber verhalten könnte, sondern darum, die genuine Art und Weise des Fremden zum Vorschein zu bringen. Zwar benutzt die Philosophin in ihrer Untersuchung nicht das Wort „Grenze", aber man erkennt, dass es sich hier unausgesprochen um Grenzerfahrungen handelt. Die Grenzidee kommt in der Arbeit auf vielfältige Weise zur Sprache.

Zuerst wird festgestellt, dass der Einfühlung in das fremde Erlebnis Grenzen gesetzt sind, die man nicht überschreiten kann. Der Andere bleibt ein Geheimnis, auch wenn man sich in seine Erlebnisse einfühlt. Er ist in der Einfühlung nicht einzuholen. Sein Bewusstsein bleibt für uns von einer unüberwindbaren Anderheit gekennzeichnet. Die Einfühlung mit dem Moment ihres Angezogenseins vom Anderen und Fremden birgt in sich gleichzeitig einen Moment der unaufhebbaren Distanz und Geschiedenheit. Indem ich mich in einen fremden emotionalen Zustand einfühle, werden mir meine eigenen Fähigkeitsgrenzen bewusst, ich werde auf die Grenzen meines Ich zurückgeworfen. In der Einfühlung erlebt man also sowohl die Grenzen des Anderen, des uneinholbaren Fremden, als auch die Grenzen des eigenen Ich, seines Selbst. Diese Erfahrungen tragen das Merkmal einer Schmerzhaftigkeit, weil man sich auf einmal mit ganzer Deutlichkeit seiner Begrenztheit bewusst wird. Außerdem erfährt man, dass vieles, was uns in der Einfühlung gegeben wird, nicht ganz kontrollierbar ist. Die Gefühle gehen eigene Wege. Man wird in eine Unsicherheit gestürzt.

Das alles sind Erfahrungsweisen des Fremden. Die Einfühlungsproblematik, so wie sie von Edith Stein phänomenologisch ausgelegt wird, zeigt sich aufs Innigste mit der Thematik des Fremden verbunden. Man kann ruhig behaupten, dass die Idee des Fremden konstitutiv zum Verständnis des Einfühlungsphänomens gehört. Die Anwesenheit des konstitutiven Moments des Fremden ist auch auf weiteren Ebenen von Edith Steins Untersuchung festzustellen. Man kann ihre Spuren in der Konstitutionsproblematik des Individuums entdecken. Der Philosophin geht es darum, die leiblich-seelisch-geistige Verfasstheit des Menschseins aus einer phänomenologischen Sicht darzustellen. Von fundamentaler Bedeutung ist hier die Unterscheidung zwischen dem Begriff „Ich" und dem Begriff „Individuum".

Die Sphäre absoluter Gegebenheit, wo ich alle meine Erlebnisse erlebe und mir ihrer bewusst bin, ist das Ich, das von den Phänomenologen das „reine Ich" genannt wird. Es ist die Bewusstseinsimmanenz, in der ich mich stets befinde und dank der ich überhaupt erfahrungsfähig bin. Das „reine Ich" ist ein „qualitätsloses Subjekt des Erlebnisses"[10], es ist die Bedingung der Möglichkeit aller Erfahrungen. Aber es sagt noch nichts von meiner Individualität. Dieser bin ich mir erst bewusst, wenn es im Bewusstseinsstrom meiner Erfahrungen zu einem Erlebnis der Selbstheit kommt. Erst das Erlebnis der Selbstheit konstituiert die Individualität.

Individualität besagt: Es gibt Erfahrungen, die ich ausschließlich als meine erkenne, und ich kann sie von den Erlebnissen des Anderen unterscheiden.

Zur Unterscheidung zwischen „Mein" und „Dein" kommt es dann, wenn ein anderes Ich im Horizont meiner Gegebenheit erscheint. Ich stelle fest, dass es ein anderes Ich gibt, das ich als Du benennen kann. Das Du erlebt sich selbst so, wie ich mich erlebe.[11] Die andere grundlegende Beobachtung, die man dabei macht, betrifft die Tatsache, dass ich meine Selbstheit und Individualität im Endeffekt nur gegenüber der Anderheit der Anderen erfassen kann. Die Analysen von Edith Stein führen zu der Überzeugung, dass das Individuum ohne einen Bezug auf die Anderheit des Anderen nicht bestimmbar ist. Das Individuum kann sich dem reflektierenden Bewusstsein nicht als total isoliertes Wesen zeigen. Die Eigentümlichkeit des eigenen Bewusstseins wird einem individuellen Subjekt erst dann klar, wenn es sich zum Anderen gewendet hat. Dadurch hört natürlich die Gebundenheit an sich selbst nicht auf, aber es wird deutlich, dass die Selbstheit und Anderheit zusammen zu der Konstituierung eines „individuellen Ich" beitragen.

Das Fremde und das Andere sind bei der Bestimmung des Ich also überhaupt nicht wegzudenken. Ohne das Fremde und Andere ist das individuelle Ich nicht auszumachen. Aber es geht hier nicht um eine spekulative Vorgangsweise, die sich dieser Begriffe bedient, sondern unter diesen Begriffen werden direkt Erfahrungen angesprochen, auf die wir uns berufen müssen, wenn wir die Tiefen unseres Selbst erkennen möchten.

3. Der Andere und die Leibhaftigkeit

Die Relevanz des Fremden in der Bestimmung des Menschen kommt erst dann im ganzen Ausmaß zur Sprache, wenn man die Problematik der Leibhaftigkeit und der Person berücksichtigt. Die Ganzheit der Beschreibung des „individuellen Ich" bedarf der Frage nach der Einheit der Erlebnisse. Diese soll – nach Edith Stein – die Seele garantieren. Man darf allerdings die Seele nicht mit einem einheitlichen Bewusstseinsstrom verwechseln. Sie ist nicht mit ihm identisch, sondern liegt ihm zugrunde, ist sein „Träger"[12]. Für Stein hat die Seele einen substanziellen Charakter. An ihr bekundet sich die Beharrlichkeit der Eigenschaften, die das Individuum aufweist.

Um die ganze Struktur des Phänomens des Individuums in den Blick zu bekommen, darf man auf keinen Fall den Leib der Menschen außer Acht lassen, „denn Seele ist notwendig immer Seele in einem Leibe"[13]. Edith Stein stellt in diesem Zusammenhang die Frage: „Wie konstituiert sich mir bewußtseinsmäßig mein Leib?"[14] Die Phänomenologen sind sich im Großen und Ganzen darüber einig, dass der menschliche Leib sich in unserem Bewusstsein auf zweierlei Weise meldet. In den Akten der äußeren Wahrnehmung als materieller Körper und in den Akten der innerlichen Empfindungen als beseelter Leib. Dem empfindenden Leib, der Leibhaftigkeit des Menschen, widmet Stein besonderes Interesse. Die Behandlung dieses Problems geht bis in ihr Spätwerk hinein und bringt das Motiv Leid und Mitleid im Rahmen des Themas „Sein-zum-anderen"[15] zur Sprache.

Edith Stein lehnt entschieden die Möglichkeit ab, den Leib auf analoge Weise zu einem Gegenstand zu analysieren. Der Leib ist kein Ding und lässt sich nicht als Gegenstand erfassen. Er befindet sich zuerst als eigener Leib im Felde der Selbsterfahrung und seine Beständigkeit ist von einer anderen Art als die der Dinge. Darum führt jeder Versuch, den Leib als Gegenstand zu behandeln, dazu, dass wir es statt mit ihm nur mit einem bloß wahrgenommenen Körper zu tun haben und die ganze Dimension der Empfindungen, die mitgegeben ist, verloren geht. Aber genau diese Empfindungen sind für die Leiberfahrung grundlegend und maßgebend. Husserl nennt den Leib den „Träger von Empfindungen"[16]. Stein betont, dass den Empfindungen eine merkwürdige Kontinuität vorausliegt. Im Unterschied zu anderen Objekten ist mein Leib „immer in derselben greifbaren Nähe"[17], ich kann ihn nicht loswerden oder eine physische Distanz zu ihm gewinnen. In diesem Sinne können wir sagen, ich habe nicht nur meinen Leib, ich bin auch mein Leib.

Die Leibanalysen, die Edith Stein unternimmt, enthüllen eine eigene Dynamik des Leibes. Sie zeigen, wie das Ich sich in seinem Leib in unterschiedlichsten Gefühlen und Empfindungen erlebt, wie sich ihm seine unüberwindbare leibhafte Gegenwart enthüllt. Durch die Dimension der Leibhaftigkeit kommt die Zeitigungsstruktur des Ich zur Geltung. Gerade der Leib bestimmt die Zeitlichkeit des Ich. Außerhalb der Zeit sind sowohl der Leib als auch das Ich weder zu denken noch irgendwie zu erfassen. Die Leibhaftigkeit bestimmt die Endlichkeit des Menschen und begründet letztendlich seine Hinwendung zu anderen Menschen.[18] Nur im Leib und durch den Leib kann ich mich dem anderen Menschen zuwenden und empfinde zugleich, dass ich ihn brauche, dass ich immer auf jemanden angewiesen bin. Ohne Leib wäre ich ein sich selbst genügender Gott.

Die Leibhaftigkeit des Menschen, wie sie in der phänomenologischen Sicht Steins dargestellt wird, ist der entscheidende Moment dafür, dass man den Menschen ein erschließbares Wesen nennen kann. Der Mensch steht sich selbst in einer Offenheit gegenüber und zeigt gleichzeitig eine Offenheit gegenüber dem anderen Menschen. Er ist kein verschlossenes monadisches Sein. Diese Offenheit kommt vor allem durch unser Einfühlungsvermögen zum Ausdruck. Im Einfühlungsakt wird das andere Subjekt uns vergegenwärtigt, gleichzeitig wird dadurch der erste Schritt in Richtung eines intellektuellen Verstehens des anderen Menschen getan. Wenn wir weiters den Mut aufbringen und uns auf den Weg des Verstehens des Anderen begeben, finden wir uns selbst neu erschlossen. Auf einmal sehen wir uns selbst in einem anderen Licht. Seltsam dabei ist die Tatsache, dass es das Licht ist, das irgendwie seine Quelle im anderen Menschen hat. Es strahlt durch die Art, wie der Andere die Welt und mich versteht und interpretiert. In dem Prozess der gegenseitigen Vergegenwärtigung sind wir nicht nur die Erkennenden, sondern auch Erkannte, die im Bewusstsein des jeweils Anderen Platz genommen haben.

Bei aller Offenheit der Personen sind dem Geschehen der gemeinsamen Vergegenwärtigung in der Begegnung Grenzen gesetzt. Den Prozess der Vergegenwärtigung begleitet das Bewusstsein, dass wir uns nicht ganz absolut gegeben sind, sondern uns gegenüber so weit offen sind, dass wir uns gegenseitig verändern können. Das kann die Einfühlung, die nur durch unsere Leibhaftigkeit möglich ist, bewirken. Es geht dabei nicht nur um die eigene Leibhaftigkeit, sondern auch um die des Anderen. Unsere Leibhaftigkeit ist der wesentliche Faktor, der bewirkt, dass der Mensch sich trotz der Erfahrung seiner Einheit nicht verschließen kann. Die Erfahrung der Leibhaftigkeit eröffnet uns einen Zugang zum anderen Menschen und übernimmt die Funktion eines Brückenbauers zwischen uns selbst und dem Anderen.

Der eigene Leib, im Raum meiner Selbsterfahrung mir gegeben, bildet eine Voraussetzung für die Erfahrung der Leibhaftigkeit des anderen Menschen. Die Erfahrung des eigenen Leibes trägt paradoxe Züge. Einerseits unterwirft er sich mir, anderseits entzieht er sich mir. Diese paradoxe Bewegung können wir auch in der Relation zur fremden Leibhaftigkeit und mithin zu der fremden Person überhaupt feststellen. Der Andere wird auf eine Weise erfahren, dass er mich herausfordert, indem er sich meinem Zugriff entzieht. Der Andere bleibt für mich ein Geheimnis. Er ist der Fremde.

Trotz seiner Fremdheit, in der er sich mir in seinem Selbstsein entzieht, zeigt er sich zugleich in einer Nähe zu mir. Die Nähe ist etwas Ursprünglicheres als jeweilige eventuelle Sympathiegefühle, die uns verbinden könnten, oder eine Zugehörigkeit zu einer gemeinsamen Gruppe. Stein schreibt: „Der ‚Nächste' ist nicht der, den ich ‚mag'. Es ist jeder, der mir nahe kommt, ohne Ausnahme."[19] Die Nähe des Fremden ist etwas, das mich beunruhigt. Ich kann nicht vor dieser Nähe davonlaufen. Diese Nähe spüre ich nämlich nicht nur als etwas, was mich von außen angeht, sondern als etwas, was in mir selbst Platz gefunden hat. Die Einfühlungserfahrung bringt den Anderen so weit in meine Nähe, dass ich ihn sozusagen in meinem Inneren fühle. Dies geschieht vor allem, wenn wir uns in den Schmerz des Anderen einzufühlen versuchen – zum Beispiel bei anschaulich erfahrenen Körperverletzungen. Der Verletzte rückt mir so nahe, dass ich fast verwirrt bin. Es ist offensichtlich, dass bei diesen Erfahrungen die Leibhaftigkeit weiter eine Schlüsselrolle spielt. Dank der Leibhaftigkeit begegne ich dem anderen Menschen auf eine solche Weise, dass sein Leben unwillkürlich in mich einströmt und meinen Lebensstrom unterbrechen und verändern kann.

Die Beschreibungen der Leibhaftigkeit muss man im Zusammenhang mit den Analysen des Individuums und der Seele betrachten. Erst dann können wir ein ganzheitliches Bild dessen, was Edith Stein unter dem Begriff der menschlichen Person versteht, bekommen. Die Person ist eine Ganzheit, setzt sich jedoch aus unterschiedlichen Schichten zusammen, die, wie Stein sagt, den „wahren Persönlichkeitsgehalt"[20] ausmachen. Diese sind der Person nicht als etwas Gegenständliches und einfach Vorhandenes gegeben: Die Person entspringt vielmehr in den Schichten des leibhaften Ich als eine Urbewegung, deren Quellen nicht auszumachen sind, sie ist ein sich ständig vollziehendes Ursprungsgeschehen[21], dessen Wurzeln sich nicht offenlegen lassen; es tritt – um sich einer Metapher zu bedienen – hervor wie aus dem Dunkel. In der Struktur aller seiner zugehörigen Schichten zeigt sich das personale Ich als ein offener Raum, in dem es seiner ansichtig wird. Die Person wird nicht durch das individuelle Ich erschlossen, sondern umgekehrt: Sie erschließt sich selbst diesem Ich.

Diese Ursprünglichkeit der Person können wir am besten am Prozess des Selbstbegreifens des Ichs ablesen. In jedem Denkakt lässt sich das Ich als Begriffenes vom Ich als Begreifendem unterscheiden. Es stellt sich heraus, dass das begreifende Ich nicht einholbar ist, sich nicht in einem Begriff erschließen lässt, nicht im Begreifen aufgeht. Das begreifende Ich kann nie zum Objekt werden und entzieht sich so dem jeweiligen Versuch der Vergegenständlichung. Aus diesem uneinholbaren Ich entspringen alle Akte unseres Lebens. Diese besondere Eigenart des menschlichen Seins meint Edith Stein, wenn sie den Begriff Person verwendet.

Die menschliche Person charakterisiert sich dadurch, dass sie sich zu ihrem Dasein immer irgendwie verhält. In diesem Selbstverhältnis, in dieser Selbstbezüglichkeit verwirklicht sie die spezifischen Möglichkeiten ihres Seins. Die personale Begegnung mit dem Anderen, die mit dem Einfühlungsakt beginnen kann, führt dazu, dass dieser Selbstbezug durch das Verhältnis zum Anderen vermittelt wird. Anders gesagt: Obwohl das Selbstbewusstsein eine Relation zum eigenen Bewusstsein ist, ist es ohne Idee des Anderen nicht denkbar. Das Selbstbewusstsein wird durch die Relation zum Anderen vermittelt. In dieser Struktur wird letztendlich die Erschlossenheit der Person ermöglicht. Das Leben des Anderen tritt immer in mein Leben ein.[22] Aber dies ist nur dank unserer Leibhaftigkeit möglich. Nur so kann das fremde Leben des anderen Menschen in der Form einer so ergreifenden Nähe erscheinen, dass es Grund gibt, den anderen als Du anzusprechen.

5. Die Fremderfahrung als Leid- und Mitleiderfahrung

Das in den Untersuchungen zur Einfühlung und in den Überlegungen zur Person entdeckte Thema des Fremden hat das Denken Edith Steins nie verlassen. Die Thematik wurde in ihrem Werk nicht wie bei den Dialogikern direkt behandelt, sondern lag stillschweigend ihren philosophischen und theologischen Untersuchungen zugrunde. Sie war ein heimlicher Stachel, der ihr Denken immer von Neuem anreizte, und bildete eine Achse, um die sich ihre intellektuellen und geistigen Anstrengungen drehten. Das Fremde war nicht nur ein theoretisches Thema, dass zu einer spekulativen Auseinandersetzung provozierte, es war ein Thema, das tief in Steins Leben selbst wurzelte. Das Fremde brach in ihr Leben in Gestalt sehr vieler Enttäuschungen, die sie durchmachen musste, ein. Es waren die immer wieder durchkreuzten Pläne und Absichten, die sie den Satz formulieren ließen: „Was nicht in meinem Plan lag, das hat in Gottes Plan gelegen." Ihre Pläne und Träume gingen sehr oft nicht in Erfüllung. Gott führte sie – so empfand sie das – nach eigenen Plänen, die Er ihr gegenüber hatte, durchs Leben. Ihr Wille war immer wieder zum Scheitern verurteilt und ihre Kräfte waren oft fast am Versagen. Sie erlebte viele seelische Erschütterungen.

Die ersten hatte sie schon in ihrer Kindheit und Jugendzeit zu ertragen gehabt. Weil sie als Jüdin in einem christlichen Milieu aufwuchs, war sie nicht nur auf vieles neugierig, sondern musste manches als schmerzhaft und sehr befremdend erfahren. Als sie noch Kind war, erschütterten sie die Selbstmorde zweier Onkel sehr. Dies ist eine sehr wichtige Episode aus ihrem jungen Leben. In den später verfassten Erinnerungsschriften bemerkt sie, dass der Zusammenbruch ihrer zwei Onkel damit zu tun hatte, dass diese nicht gelassen auf sich nehmen konnten, was das Schicksal brachte. Der Grund dafür lag darin, dass sie keinen Glauben an das ewige Leben hatten und sich zugleich nicht vorstellen konnten, wie das Leben nach dem Zusammenbruch weitergehen sollte. Diese Erklärung, die Edith Stein hier versucht, verrät ihre Sensibilität und Aufmerksamkeit für den Konflikt, der sich zwischen menschlichen Ambitionen und den Wegen der realen Existenz abspielen kann.

Wie soll man diesen Konflikt im Leben austragen? Das war eine der wichtigsten Fragen, die Edith Stein sich selbst stellte und die sie zum Glauben führten. Was die Ausführung des eigenen Willens immer beschränkte, ihm Grenzen setzte und nicht zuließ, den eigenen Vorstellungen nachzugehen, kann man im weitesten Sinne des Wortes als „das Fremde" benennen. Dieses hat sich im Leben von Edith Stein immer wieder gemeldet und so suchte sie nach Möglichkeiten, ihm einen Ausdruck zu geben. Schon in der Wahl des Themas der Doktorarbeit bewies die junge Philosophin, dass das Fremde sie anzog und neugierig machte. Wie geht dieses Fremde mich an in der Begegnung mit dem anderen Menschen? Wie kann ich das Fremde – hier noch in der Form des Erlebnisses des fremden Bewusstseins – erkennen? Es waren diese Fragen, die ihr Denken in Bewegung setzten. Die ganze Einfühlungsthematik war eigentlich ein großer Versuch, sich dem Fremden zu nähern. Sie erkannte, dass das Fremde uns zuerst im anderen Menschen anspricht. Die Gegenstände können uns zwar auch als fremd erscheinen, aber wenn wir sie uns unterordnen, verlieren sie ihre Fremdheit. Anders ist es beim Menschen. Hier können wir uns der Fremdheit des Anderen nicht bemächtigen.

Mit der Thematisierung des Fremden ist auch das Problem des Leidens und Mitleidens mitgegeben. Die Einfühlung, der die Dissertation gewidmet war, setzt das Motiv des Leidens voraus. Das Thema wird angezeigt, wenn man die Tatsache in den Blick nimmt, dass die Einfühlung zuerst eine passive Haltung ist. Fremde Erlebnisse widerfahren jemandem unabhängig von seinem Willen. Sie gehen ihn an in der Weise eines ursprünglichen Impulses, der ihn trifft. Erst später, also schon in der Reaktion darauf, was ihm widerfahren ist, kann er sich unterschiedlich verhalten und sogar gegen fremde Erlebnisse abschotten.

Der Schmerz, der mit dem Einfühlungsakt gegeben ist, liegt auch darin, dass hier Grenzen manifest werden. Neben dem eingefühlten Leiden kann noch zusätzlich ein Schmerz entstehen, der in der Unmöglichkeit wurzelt, total an Gefühlen der anderen Person teilnehmen zu können. Edith Stein weist darauf mit dem Begriff der „Nichtoriginarität"[23] hin. Es gibt Grenzen der Einfühlung und diese können selbst schmerzhaft erfahren werden. Es gibt unüberwindbare Grenzen, die mich die Anderheit des Anderen nicht überwinden lassen. Diese Grenzen werden besonders dann bemerkbar, wenn es nicht nur um Gefühle geht, sondern um Bemühungen, den Anderen verstehen zu wollen. Hier werden sie besonders schmerzhaft erfahren.

In das Leid, das mit den Einfühlungsakten mitgegeben ist, mischt sich das Gefühl des Mitleidens. Dieses Gefühl ergibt sich aus der Erfahrung der Nähe des anderen Menschen. Edith Stein stellt fest, dass das einfühlende Erleben des Schmerzes eines anderen Menschen, vor allem, wenn dieser Schmerz anschaulich erfahren wird, uns zusammenzucken lässt.

Das Mitleid ist eine Gegebenheit, die nur analysiert werden kann, wenn man einen konkreten Menschen vor Augen hat. Ohne diese Konkretheit verlieren die Analysen die Basis für ihre Ausführungen. Es geht hier nicht so sehr um eine theoretische Frage, sondern um die gelebte Praxis. Der Haltung des Mitleids kommt in der Suche nach dem Sinn des Lebens eine enorme Bedeutung zu. Edith Stein macht uns bei der Beschreibung von Aspekten der Einfühlung, die das Mitleid hervorheben, auf unsere eigene Verletzlichkeit und die des Anderen aufmerksam. Gleichzeitig weist sie indirekt auf die Angewiesenheit eines Menschen auf den anderen hin. Bei der Lektüre der Schriften von Edith Stein spürt man, wie der Horizont der Idee des Guten im Hintergrund der Betrachtungen immer gleichsam mitschwingt.

So eröffnen schon die Analysen der Einfühlung und die damit verbundenen Themen Leid und Mitleid eine ethische Perspektive. Obwohl diese Themen später (besonders im Werk *Endliches und ewiges Sein*) nicht immer direkt angesprochen werden, sind sie bereits in der ersten eigenständigen Arbeit Steins stillschweigend vorausgesetzt, und zwar dann, wenn sich die Philosophin die Frage stellt: Warum soll ich mich überhaupt in das Leben eines fremden Bewusstseins einfühlen? Warum soll ich mit dem Anderen Mitleid üben oder seinetwegen leiden? Hier schimmert die ethische Dimension des Guten durch.

Das Fremde, das in das Leben einbricht und in der Form des Leidens und Mitleidens erfahren wird, ist also unterschwellig im gesamten Werk Steins zu finden. Es bildet auf ihrem Denkweg ein wesentliches Moment des Seinsverständnisses überhaupt. Wie schon erwähnt wurde, stellt das Fremde nicht nur ein theoretisches Problem, sondern vor allem eine erfahrbare Wirklichkeit dar. Alle Biografen weisen in bemerkenswerter Weise darauf hin, dass die Lebensgeschichte Edith Steins genau in den Erfahrungen, die wir hier Erfahrung des Fremden nennen, ihre Tiefe und ihren Zeugnischarakter gewinnt. Das Fremde bricht in ihr Leben herein besonders mit der Nachricht vom Tod Adolf Reinachs, der sich ihr als „niederschmetternder Schicksalsschlag darbot"[24]. Der Lebensweg von Edith Stein ist fortwährend von großen Erschütterungen gekennzeichnet: Sie fühlte sich von ihrem Lehrmeister Husserl nicht verstanden; die Freundschaft mit Roman Ingarden ging in Brüche; ihre Vorstellungen von einer Bindung mit Hans Lipps gingen an der Wirklichkeit vorbei; ihre philosophischen Ambitionen sind niemals in Erfüllung gegangen – mehrere Anläufe für eine Habilitation scheiterten; ihre Pläne, in Münster eine feste Stelle zu finden, wurden wegen ihrer jüdischen Abstammung durchkreuzt; sogar im Karmelitinnenkloster fand sie nicht die lang gesuchte Ruhe; ihr letzter Weg führte in die Gaskammer von Auschwitz. Immer kam es anders, als sie es wollte.

Wenn das Fremde immer wieder in ihr Leben einbrach, wusste sie zuerst nicht, wie es weitergehen soll, sie wurde an den Rand der Verzweiflung getrieben. Alles was ihr Halt und Sinn geben konnte, erwies sich als Täuschung, alles schien in ein Nichts zu versinken. Der folgende Satz aus *Einführung in die Philosophie* gibt dieser Erfahrung eine besonders starke Klarheit: „[...] was aus uns werden soll, vor uns scheint ein Abgrund zu gähnen und das Leben reißt uns unerbittlich hinein."[25] Es schien für sie nicht möglich zu sein, gegenüber Lebenserschütterungen auf Distanz zu gehen. Sie sah keinen anderen Ausweg, als durch die schmerzhaften Erfahrungen hindurchzugehen, den Mut aufzubringen, in die klaffenden Abgründe zu schauen, sich mit dem Fremden und Befremdenden auseinanderzusetzen. Sie ging durch Leid, um nicht einer Selbsttäuschung zu erliegen. Sie war bereit, sich ganz dem Fremden und Schmerzhaften zu stellen. Vielleicht fragte sie sich, ob sich in den Tiefen dieser qualvollen Erlebnisse noch etwas anderes zeigen kann? Sie ging diesen Weg weiter und beschrieb die neuen Erfahrungen, die ihr plötzlich zuteilwurden:

„Indem wir zu stürzen meinen, fühlen wir uns ‚in Gottes Hand', die uns trägt und nicht fallen lässt. [...] Im Gefühl der Geborgenheit, das uns oft gerade in ‚verzweifelter' Lage ergreift, wenn unser Verstand keinen möglichen Ausweg mehr sieht und wenn wir auf der ganzen Welt keinen Menschen mehr wissen, der den Willen oder die Macht hätte, uns zu raten und zu helfen: in diesem Gefühl der Geborgenheit werden wir uns einer geistigen Macht inne, die uns keine äußere Erfahrung lehrt."[26]

Überraschend zeigt das schmerzhaft Fremde Edith Stein seine andere Seite, berührt sie und auf einmal sieht sie die leidvollen Erfahrungen in einem neuen Licht. Eine religiöse Dimension tut sich auf. Das Fremde entpuppt sich als das total Andere, als das Absolute, als das Göttliche. Sie fühlt sich herausgefordert, darauf eine Antwort zu geben, und zugleich nimmt sie wahr, dass sie sich in einer Situation der größten Freiheit befindet. Sie stellt fest, dass der Zuspruch des Absoluten, des Göttlichen, den Menschen erst zu seiner wahren inneren Freiheit entbindet. Es enthüllt sich das, was man mit dem Begriff menschliche Würde auszudrücken versucht.

Edith Stein ist überzeugt, dass in dieser Situation die Antwort nicht anders als ein Ja zum Leben sein kann. Es geht hier aber nicht nur um eine theoretische Aussage, die Antwort muss eine existentielle Gestalt des Lebens annehmen. Die damit verbundenen Erfahrungen und Überlegungen führen weiter zur Erkenntnis der Wahrheit der menschlichen Geschöpflichkeit. Man wird sich dabei bewusst, dass unser Leben eine ständige Gabe Gottes ist. In *Endliches und ewiges Sein* lesen wir: „Ich stoße also in meinem Sein auf ein anderes, das nicht meines ist, sondern Halt und Grund meines in sich haltlosen und grundlosen Seins."[27] Unser nichtiges Leben hat nur dadurch Bestand, weil es von Augenblick zu Augenblick neu von Gott als „Schöpfer" und

„Erhalter" mit Sein beschenkt wird. Entsprechend dieser Aussage darf sich der Mensch als ein Geschenk für sich selbst und für den anderen Menschen verstehen.

Die unterschiedlichen Bedeutungen, die mit dem Horizont der Entdeckung des Unbedingten im Fremden gegeben sind, können uns wieder zurück zum Thema Leid und Mitleid führen. Edith Stein machte die reflektierte Erfahrung, dass in der Situation der Verzweiflung, wenn der eigene Wille scheitert, etwas an uns unbedingt festhält. Es ist das unbedingte Fremde. Einerseits wird dieses Fremde erfahren als das, was in unser Leben eindringt und unsere Lebenspläne durchkreuzt. So ist es eine Quelle leidvoller Erfahrungen, es ist die Quelle des Leidens. Andererseits, wenn das absolut Fremde sich von der Seite des Unbedingten offenbart, gibt es Halt und ist sinnstiftend. Es wird zur Quelle einer Freude, die viel tiefer liegt als die flüchtigen Momente oberflächlicher Fröhlichkeit. Es ist eine tiefe religiöse Freude.

Um das Thema des so verstandenen Fremden, das sich sowohl in verschiedensten Formen des Leidens als auch in der Form eines geschenkten und Freude bringenden unbedingten Haltes meldet, kreist das Denken von Edith Stein vor allem in ihren letzten Lebensjahren. Die Leitfigur dieses Denkens wird der hl. Johannes vom Kreuz und die angestrebte Wissenschaft wird die Kreuz-Wissenschaft. Das Leben des Johannes vom Kreuz war ebenfalls von qualvollen Erfahrungen gezeichnet. Von seinen eigenen Ordensbrüdern gefangen gehalten und bis zur Sterbestunde misshandelt, erfuhr er doch in dieser „dunklen Nacht" schlimmer Erfahrungen das Halt gebende Licht und den Segen des Ewigen.

Das absolut Andere verbindet Edith Stein mit dem Thema des anderen Menschen.[28] Der andere Mensch ist ein festes und nicht entfernbares Motiv ihres ganzen Denkens. Jetzt aber wird das Thema von der Seite des göttlichen Fremden angegangen. So wie wir in den Situationen der Lebenserschütterungen die Erfahrung machen können, dass jemand an uns unbedingt festhält, so sollen wir auch an unserer Beziehung zu anderen Menschen festhalten:

„Es gibt ein Festhalten an einem Menschen allen Erfahrungen zum Trotz und durch sie prinzipiell nicht tangierbar. Es orientiert sich an etwas im Menschen, was durch allen Wandel hindurch und unter allem Wandel bleibt. Der wahrhaft Liebende sieht den Geliebten so, wie er ‚aus Gottes Hand' hervorging, so wie er in der Aktualität sein könnte, wenn er ganz er selbst und bei sich wäre [...]. Wir werden in dieser absoluten Beziehung zu einem Menschen von seinem personalen Sein berührt wie von der Hand Gottes. Hier ist [...] absolute und in sich selbst als absolut gekennzeichnete Gewissheit."[29]

Dieses merkwürdige Phänomen des Festhaltens an einem anderen Menschen allen zeitbedingten Wandlungen zum Trotz ist wieder ohne das Moment des Mitleidens nicht vorstellbar. Anhand dieses Begriffes kann man das Phänomen besser verstehen. Es geht hier nämlich sowohl um die Partizipation am Leiden des anderen Menschen, als auch um das Leiden, das wir durch die Enttäuschungen vonseiten der anderen Person erfahren. Weil man an der Beziehung zu einem Menschen festhält, nimmt man nicht nur an seinen unterschiedlichsten Gefühlen teil, man leidet auch an ihm selbst, an seinen Fehlern, an seinen Lastern, an seiner Untreue und an seinem Verrat. Diese Situationen gefährden jede Beziehung, stellen sie auf die Probe. Die Beziehung gerät dadurch in eine tiefe Krise. Und genau dann, wenn man unter solchen Umständen unbedingt an der anderen Person festhält, wird vor allem Mitleid gefordert. Wenn es aber zu einem Bruch der Beziehung kommt, dann geht dieses Gefühl zurück und es bleibt nur das einsame Leiden eines in sich verschlossenen Menschen. Das Mitleid selbst nimmt oft die Gestalt der Barmherzigkeit an.

Nach Edith Stein kann man dieses unbedingte Festhalten an einem Menschen ohne das Moment des Absoluten nicht erklären. Denn zwischenmenschlichen Beziehungen, die den verschiedenen Wandlungen und Veränderungen unterliegen und von tiefen Enttäuschungen gekennzeichnet sind, wohnt etwas inne, das ihre Beständigkeit sinnvoll macht. Was ist das? Es ist die Überzeugung, dass man in der Begegnung mit dem anderen Menschen und in der hier entstehenden Beziehung von ihm so berührt wird „wie von der Hand Gottes". Diese Überzeugung ist keine intellektuelle Erfindung, sondern ein Erfahrungswert, auf der die ganze Beziehung beruht. Sie trägt den Charakter absoluter Gewissheit, weil sie sich nur aus der Erfahrung des absoluten Moments in einem Ich-Du-Verhältnis ausweisen lässt. In ihr wurzelt der Sinn des unbedingten Festhaltens am Anderen. Das Göttliche gibt letztlich der zwischenmenschlichen Beziehung den Sinn.

Die Dimension des Transzendenten lässt sich in den Beziehungen in der Form des Normativen entdecken. Das Festhalten am anderen Menschen hat selbst normativen Charakter. Bei Edith Stein finden sich keine tieferen Analysen, wie der Anspruch des Normativen zur Sprache kommen kann. Ihren Texten ist aber zu entnehmen, dass jeder dazu berufen ist, anderen Menschen den Raum zu eröffnen, sich frei zu entwickeln, den Weg zum eigenen Sein und zur eigenen Wahrheit zu finden.

6. Schlussbemerkungen

Mit diesen Interpretationen der Ich-Du-Beziehung spricht Edith Stein mehr oder weniger direkt die klassischen Themen der Dialogphilosophie an. Das Absolute, die ethische Dimension und das Phänomen der Freiheit sind Grundfragen dieser Philosophie. In diesem Zusammenhang darf man behaupten, dass sich Edith Stein in ihrem Werk immer mehr einer responsiven Auslegung der Phänomenologie näherte. Das begann schon mit ihrer Doktorarbeit, als sie sich für die Problematik der Einfühlung entschied. Ihre Untersuchungen erreichten aber noch nicht ganz die Ebene des responsorischen Denkens, weil sie noch im Husserlschen Schema Noesis-Noema befangen waren und sich von der Sinn-Intention-Korrelation leiten ließen. Trotzdem muss man sehen, dass das Fremde und die Anderheit des Anderen von Anfang an die Themen sind, die sich in ihrem Denken nicht nur ab und zu melden, sondern vielmehr entschieden den Horizont ihrer philosophischen Arbeit kennzeichnen. Ihr Denken, das immer wieder um das Thema des Fremden kreist, ist nicht ausschließlich von einer rein theoretischen Neugier angetrieben, sondern vor allem von ihren persönlichen Erlebnissen geprägt. Die Unruhe, die dieses Denken kennzeichnet, hat ihren Grund – glaube ich – in der früh gewonnenen Überzeugung, dass wir dem Fremden, auch wenn wir versuchen, ihm gerecht zu werden, stets etwas schuldig bleiben. Dieses Gefühl der Schuldigkeit verursacht, dass das Thema des Fremden und des Anderen unvermeidlich mit dem Thema des Leidens und des Mitleidens verbunden bleibt. In diesen Grenzerfahrungen sucht Edith Stein Lebenshaltungen, die eine Antwort auf das Fremde sein könnten. Diese Antwort kann nach ihren Ausführungen nur dann angemessen ausfallen, wenn sie angesichts des Anderen aus einer inneren Freiheit gegeben wird.

1 Das Motiv des Fremden finden wir in der Philosophie von Husserl, Scheler, Heidegger, Schütz, Sartre, Merleau-Ponty, Lévinas, Derrida, Tischner und vielen anderen. Siehe dazu E. Lévinas, Totalité et Infini. Essais sur l'extériorité, Nijhoff, La Haye 1961; B. Waldenfels, Topographie des Fremden. Studien zur Phänomenologie des Fremden, Suhrkamp Verlag, Frankfurt am Main 1997; Ders., Grundmotive einer Phänomenologie des Fremden, Suhrkamp Verlag, Frankfurt am Main 2006.
2 B. Waldenfels, Antwort auf das Fremde. Grundzüge einer responsiven Phänomenologie, in: B. Waldenfels, I. Därman (Hrsg.), Der Anspruch des Anderen. Perspektiven phänomenologischer Ethik, Fink Verlag, München 1998, S. 37.
3 E. Husserl, Cartesianische Meditationen, hrsg. v. S. Strasser, Nijhoff, Den Haag 1950, S. 144.
4 B. Waldenfels, Antwort auf das Fremde ..., S. 39. Vgl. dazu M. Merleau-Ponty, Le visible et l'invisible, Gallimard, Paris 1964, p. 299.
5 E. Stein, Zum Problem der Einfühlung, Kaffke Verlag, München 1980, S. 10.
6 Ebd.
7 Vgl. a. a. O., S. 173.
8 a. a. O., S. 4.
9 S. 9.
10 S. 41.
11 E. Otto, Welt, Person, Gott. Eine Untersuchung zur theologischen Grundlage der Mystik bei E. Stein, Patris Verlag, Vallendar 1990, S. 68.
12 E. Stein, a. a. O., S. 43.
13 a. a. O., S. 44.
14 Ebd.
15 A. U. Müller, Grundzüge der Religionsphilosophie Edith Steins, Karl Alber Verlag, Freiburg–München 1993, S. 339.
16 E. Husserl, Ideen zu einer reinen Phänomenologie und phänomenlogischen Philosophie, Drittes Buch, Nijhoff, Den Haag 1952, S. 118.
17 E. Stein, a. a. O., S. 44.
18 Vgl. F. Rosenzweig, Stern der Erlösung, Suhrkamp Verlag, Frankfurt am Main 1988.
19 E. Stein, Endliches und ewiges Sein. Versuch eines Aufstiegs zum Sinn des Seins, ESGA B. 11/12, Herder Verlag, Freiburg–Basel–Wien 2006, S. 410.
20 E. Stein, Zum Problem der Einfühlung, S. 44.
21 Vgl. R. Kuhn, Leben und Sein, „Freiburger Zeitschrift für Philosophie und Theologie" Nr. 35 (1988), S. 161.
22 Vgl. E. Stein, Einführung in die Philosophie, ESGA B. 13, hrsg. v. L. Gelber, M. Linssen, Herder Verlag, Freiburg–Basel–Wien 1991, S. 192.
23 E. Stein, Zum Problem der Einfühlung, S. 7.
24 T. R. Posselt, Edith Stein, Morcelliana, Brescia 1959, S. 63.
25 E. Stein, Einführung in die Philosophie, S. 195.
26 Ebd.
27 E. Stein, Endliches und ewiges Sein, S. 57.
28 A.U. Müller, Von Gott sprechen nach Auschwitz. Emmanuel Lévinas und Edith Stein, in: Edyta Stein. Filozof i Świadek Epoki (Sympozjum 21), hrsg. v. J. Piecuch, Opole 1997, S. 71–93.
29 E. Stein, Einführung in die Philosophie, S. 194.

Beate Beckmann-Zöller (München)
Kraft aus der Höhe: Befähigung zum Mit-Leid und zur Mit-Freude

1. Die Gemütsbewegungen der Mit-Freude und des Mit-Leids und ihre Dynamik

„Konnte bisher herrlich beten!"[1], berichtet Edith Stein aus dem Sammellager Westerbork auf dem Weg ins Vernichtungslager Auschwitz – inmitten von Leid, Demütigungen und Todesängsten erlebt Edith Stein Freude im Gebet. Aus verschiedenen Zeugnissen wissen wir, dass das nicht weltfremde Frömmelei ist, sondern dass Edith Stein hier authentisch ihre Gefühle ausdrückt: Die Beziehung zu Jesus Christus scheint ihr tatsächlich eine übernatürliche Kraft und tiefe Freude zu geben. In dieser Gefühlshaltung kann sie die Realität sehen und dennoch nicht verzweifeln. In dieser Kraft aus dem Gebet heraus erträgt sie nicht nur eigenes Leid, sondern hilft anderen durch ihr Mit-Leid Leid zu tragen: Sie versorgt die vielen Kinder, deren Mütter in der beängstigenden Situation der Deportation vor Sorge wie gelähmt sind.[2]

In unserer Gesellschaft scheint das Mit-Gefühl an vielen Stellen überreizt durch tägliche Katastrophen-Meldungen in den Medien, an anderen Stellen völlig verloren, wenn beispielsweise vom Verlust der Empathie-Fähigkeit und von „kalten Kindern"[3] die Rede ist. Wir können also nicht mehr davon ausgehen, dass es selbstverständlich ist, Mitgefühl für andere zu empfinden. Im Antlitz des Anderen mit Emmanuel Lévinas eine Aufforderung zum Schutz zu sehen[4], setzt schon eine ethische Bereitschaft voraus, die erlernt werden muss durch stabile Bindungen in der Kindheitsphase; und dennoch kann sich der Mensch bewusst der ethischen Bereitschaft verschließen.[5]

An Edith Steins Leben und Denken können wir nicht nur lernen, wie man im dramatischen Ernstfall Märtyrer bzw. Märtyrerin und damit „stark im Leiden" wird – das natürlich auch. Aber um am Vorbild und mithilfe der gedanklichen Orientierung an der Vordenkerin unser „Martyrium des gewöhnlichen Alltags" leichter schultern zu können, brauchen wir noch einen anderen Blick als den leidzentrierten, der ihren Tod in Auschwitz fokussiert. Wenn wir genau hinschauen auf Steins Philosophie und Biographie, erhalten wir nicht nur eine Schulung im „Mit-Leid", sondern eine Anleitung zum „Mit-Leben" überhaupt und damit auch zur „Mit-Freude". Der Schlüssel dazu liegt in der „Kraft", von der Edith Stein schreibt, sie sei „nicht die ihre"[6], – sondern die „Kraft aus der Höhe" (Lk 24,46-49), die es in jeder Lebenslage möglich macht, aufgrund einer tiefen Geborgenheit und Freude in Gott die „Fülle des Lebens" (Joh 10,10) zu erfahren. In dieser Kraft ist es möglich, sich zu öffnen zur Mit-Freude und zum Mit-Leid mit Anderen, egal wie es um die eigene Lebens-Situation aktuell bestellt ist. Die hiermit angedeutete Dynamik zwischen den Gemütsbewegungen Freude und Leid soll im Folgenden auf dem Hintergrund von Steins Anthropologie näher beleuchtet werden.

2. Überwindung der Einsamkeit durch das Mit-Leben mit Anderen in Gemeinschaft

Schon sehr früh, in ihrer Dissertation *Zum Problem der Einfühlung* (1915–1917)[7] und in ihrer Habilitationsschrift *Beiträge zur philosophischen Begründung der Psychologie und der Geisteswissenschaften* (1918–1920), geht es Stein um die Überwindung der Einsamkeit des Individuums, hin zur Intersubjektivität, hin zum „*Verstehen* und *Mitleben* dessen, was in dem andern vorgeht"[8]. Kann das Individuum, so fragte Stein mit anderen zeitgenössischen Philosophen, geheilt werden von seiner Ich-Konzentration, seinem moralischen Egoismus und erkenntnistheoretischen Solipsismus?[9] Stein deckt mit Hilfe ihrer phänomenologischen Analysen eine „Einzigkeit und unaufhebbare Einsamkeit"[10] des Individuums, aber auch die „Überwindung der absoluten Einsamkeit"[11] in Gemeinschaft auf.[12] Im Zusammenleben in Gemeinschaft ist es möglich, Freude und Leid mit anderen zu teilen, indem man sich mit-freut und mit-leidet, gemäß des paulinischen Aufrufs: „Freut euch mit den Fröhlichen, weint mit den Weinenden" (Röm 12,15). Den Sinn von Gemeinschaft sieht Stein daher

„[...] nicht bloß in der Umbildung der individuellen Person und ihrer möglichen Anpassung an einen höherwertigen Typus, sondern in der *Erlösung des Individuums von seiner naturhaften Einsamkeit* und in der neuen überindividuellen Persönlichkeit, die die Kräfte und Fähigkeiten der Einzelnen in sich vereinigt, sie zu ihren Funktionen werden lässt und durch diese Synthesis Leistungen hervorbringen kann, die alle Wirkensmöglichkeiten des Individuums überschreiten"[13].

Denn die Person bedarf der Lebensgemeinschaft, um zur vollen Entfaltung zu gelangen: „In solchem Zusammenleben [in Gemeinschaft – B.B.-Z.] treten Akte auf, die im *einsamen Seelenleben* nicht vorkommen, Akte, in denen ein Subjekt dem anderen gegenübertritt [...]".[14] Wie gelangt man nun über die eigene Einsamkeit hinaus und wie genau wird „Verstehen" anderer Personen und das „Mitleben" mit ihnen in Gemeinschaft möglich? Geschult an Edmund Husserls konstitutiver Phänomenologie spricht Stein von Selbsterfahrung und Fremderfahrung, die möglich werden durch den Akt der „Einfühlung".

3. Der Schlüssel zur Mit-Freude und zum Mit-Leid: die Einfühlung

Der gemeinsame Schlüssel, der uns zur Mit-Freude und zum Mit-Leid aufschließt und damit offen und zugleich beziehungsfähig macht, ist das Phänomen der Einfühlung, das allererste Problem, dem sich die Philosophin Edith Stein in ihrer Dissertation stellte. Stein löst die Frage nach der Einfühlung in andere Personen nicht auf dem Weg der Naturwissenschaft. Sie hätte sich innerhalb ihrer Studienfächer sehr wohl auf die naturwissenschaftlich-orientierte Psychologie konzentrieren können[15], war allerdings nicht zufrieden damit, dass die Naturwissenschaft allein die Außenseite der Person erforscht.[16] Sie wählte daher den Weg der phänomenologischen Philosophie, die sich mit dem in der gegenwärtigen Philosophie[17] verdächtig gewordenen „Geist" und der „Innen-Seite" des Menschen beschäftigt.

Geist ist für Stein das „Herausgehen aus sich selbst, Offenheit in einem doppelten Sinne: für eine Objektwelt, die *er*lebt wird, und für fremde Subjektivität, fremden Geist, *mit* dem gemeinsam *er*lebt und *ge*lebt wird"[18]. Aufgrund unserer Geist-Seele ist es möglich, uns zu öffnen für Andere, für unser eigenes Inneres und letztlich für Gott. Unser Geist ist das „offene Tor"[19], durch das Erfahrungen, Wissen, Erlebnisse in uns und in unser Leben eindringen und unser Leben bis ins Leibliche hinein formen und gestalten können. In der Seele im engeren Sinne geschieht die Einfühlung in „Gemütsbewegungen"[20] anderer. Die Seele ...

„[...] ist unser Inneres im eigentlichsten Sinn; das, was erfüllt ist von *Leid und Freude*, was sich empört über eine Ungerechtigkeit und begeistert für eine edle Tat; was sich einer andern Seele liebend und vertrauend öffnet oder ihr den Zugang wehrt; das, was Schönheit und Güte, Treue und Heiligkeit (alles, was man ‚Werte' nennt) nicht nur intellektuell erfasst und hochschätzt, sondern in sich aufnimmt und davon ‚lebt', dadurch reich und weit und tief wird"[21].

Es geht in der Einfühlung im bewusstseinsphilosophischen Sinne darum, den Anderen und seine Gefühlszustände oder Gemütsbewegungen, die der äußeren Wahrnehmung verschlossen bleiben, kennenzulernen. Im Zusammenhang mit den Analysen der Phänomene „Erinnerung, Erwartung und Phantasie" charakterisiert Stein die Einfühlung als eine Art „erfahrende Akte sui generis"[22]. Was in der Einfühlung gefühlt wird, hat nicht allein irrationale Komponenten, die als zufällige zu vernachlässigen sind, sondern rationale Anteile, die es zu untersuchen gilt. Es wird ein „Etwas" gefühlt und eingefühlt, nämlich die seelischen Vorgänge sowohl im fremden als auch im eigenen Ich. Sie sagt:

„Freude und Leid, Schmerz und Zorn, Liebe und Hass fühlt sie [die Person – B.B.-Z.] in ihrer Seele: Sie erfüllen ihr Inneres. Doch sie sind bewusst in intellektueller Weise: Das Ich, das sich freut und dieser Freude bewusst ist, kann sich ihr reflektierend zuwenden und sie erkennen. Darüber hinaus: Es ist in der Freude einem Gegenständlichen zugewendet, die Freude ist intentionale Freude, für die der Gegenstand als erfreulicher dasteht."[23]

Mit-Leid und Mit-Freude als Gefühlserlebnisse tauchen auf an der Schnittstelle zwischen Leib und Seele, in der „Gemütssphäre", die in der Umgangssprache auch als „Herz" bezeichnet wird. Der Sprachgebrauch weist nach Stein, die den Begriff „Herz" in der philosophischen Tradition des Blaise Pascal oder auch des Zeitgenossen Romano Guardini aufnimmt, auf die Organbetroffenheit von Gefühlserlebnissen hin: Da das Herz als Organ Lebensmitte ist, gehen hier im seelischen Bereich intentionale Akte hervor, die man als „mit dem Herzen denken" bezeichnen kann.[24] „Das Gemüt ist die Sphäre, in der sich die menschliche Seele innerlich anrühren lässt, in der sie auf Feindliches und Freundliches reagiert"[25], in der sie sich öffnet oder sich zum Angriff bzw. zur Flucht bereit macht. Daher ist das Gemüt eng mit dem Willen verbunden. Es ist der Ort der Freiheit im „Inneren" oder in der „Tiefe der Seele"[26], in den das erlebende Ich die Wertewelt aufnimmt, „empfangend, innerlich verarbeitend und antwortend"[27]. Im Gemüt findet eine „innere Auseinandersetzung" mit dem noetischen Material statt, das vom Bewusstsein aufgenommen wurde und von dem sich das Ich innerlich berührt fühlt:

„Zwischen der Aufnahme der Welt mit dem Verstand und der Gestaltung der Welt durch den Willen steht die innere Auseinandersetzung der Person mit der Welt im Gemüt."[28]

Es werden also im Gemüt Weichen gestellt, die zu bestimmten Willensentscheidungen und dann zu praktischen Handlungen führen. Eine Person fühlt sich durch die Gefühlserlebnisse „angetrieben" von sich selbst, den Dingen und den Personen um sich herum, und wird in den praktischen Bereichen in diesen drei Dimensionen des Weltzugangs je nachdem handeln, wie sie zu den Gefühlserlebnissen Stellung nimmt. Freude motiviert z. B. zum Willensakt, andere zu erfreuen:

„Das zeigt sich deutlich, wenn wir [...] die ‚bewegende Kraft' heranziehen, die dem Gefühl außerdem innewohnt: Es drängt dazu, eine Aktion ins Leben zu rufen, z. B. einen Willensakt, den ich nun auf Grund des Gefühls vollziehe, der dadurch vernünftig motiviert ist: So motiviert die Freude, die mir jemand bereitet hat, den Vorsatz, ihn meinerseits zu erfreuen."[29]

Einerseits motiviert das jeweils intensivste Gefühl – Mit-Leid oder Mit-Freude – den Willensentschluss, die Willenshandlungen, z. B. dem anderen Leid zu erleichtern oder dem anderen eine Freude zu machen. Andererseits lässt sich mit dem angemessenen Gefühlserlebnis ein Willensentschluss – dem anderen zu helfen – leichter treffen als ohne Gefühlserlebnis. Ohne Mit-Gefühl bleibt die Hilfe-Handlung kalt und mechanisch, unbelebt. Gefühlserlebnisse sind also grundlegend für Handlungen, da sie einerseits die geistige Reflexion voraussetzen und andererseits den leiblichen Ausdruck, d. h. die Umsetzung in die Handlung, motivieren.[30] Die Gefühls- oder Willensbedingtheit der Liebe ist für Stein ein Diskussionspunkt innerhalb des Wechselverhältnisses von Gefühl und Wille.[31] Stein betont dabei, dass das Fühlen bedingt und bedingend zwischen dem verstandesmäßigen Erkennen und dem Wollen steht.[32]

Die Einfühlung in die Gefühlserlebnisse anderer ist mit der „inneren Wahrnehmung" verwandt. In Letzterer zeigen sich in eigenen, originär gegebenen Erlebnissen das eigene Selbst und seine verschiedenen Schichten, in den eingefühlten nicht originären das fremde Selbst.[33] Die Einfühlung führt nicht nur zur Kenntnis anderer Personen, sondern auch des eigenen Selbst, dessen Tiefenschichten auf diese spezielle Art der Kenntnisnahme erfasst werden können. Aber auch die „reale Außenwelt" konstituiert sich nach Stein in intersubjektiver Erfahrung durch Einfühlung, ebenso wie der religiöse Bereich von Gotteserlebnissen (s.u.).

Wir können uns durch Einfühlung der eigenen inneren Gefühlswelt in ihrer Vielfalt und sogar Widersprüchlichkeit bewusst sein oder sie verdrängen und in Folge von Traumata sogar dissoziieren. Es ist der menschlichen Person möglich, die Innenwelt hart und bitter werden zu lassen durch Unversöhntheit und Unterdrückung von eigenen Gefühlen aufgrund von Enttäuschungen, bis dahin, dass das eigene Innere nicht mehr gefühlt wird. Die „Tiefe" der eigenen Seele lässt sich also einerseits *er*-schließen, andererseits kann man sich bewusst gegen sie *ab*-schließen.[34] Nicht nur die Gefühle anderer, auch die eigenen Gefühle sind daher für uns nicht selbstverständlich offensichtlich, oft sogar mir selbst „verborgen", wenn das Ich „nicht in sich zu Hause" ist.[35] Als „exzentrische Wesen" (Helmut Plessner) können wir uns verstellen, äußerlich lachen wir, obwohl wir innerlich weinen:

„Der Mensch kann durch einen ‚künstlichen' Ausdruck etwas anderes vortäuschen als wirklich innerlich in ihm vorgeht, und er kann durch Selbstbeherrschung seinen Ausdruck hemmen und damit den andern den Einblick in sein Inneres verschließen. So ist die fremde Innerlichkeit nicht etwas, dessen wir uns einfach erkennend bemächtigen können, sondern unser Eindringen findet eine Grenze in der *Freiheit* des Menschen, sich zu öffnen oder zu verschließen."[36]

Weil die Gefühle anderer und sogar unsere eigenen nicht offensichtlich sind, braucht es eine Entscheidung zur Öffnung für Gefühle anderer und für die eigenen; das Ich besitzt damit die Freiheit, sich zu öffnen oder zu verschließen. Bevor eines der zentralen Themen Steins, das Phänomen der Freiheit[37], näher beleuchtet wird, soll noch eine weitere intentionale Richtung der Einfühlung untersucht werden, zu der ebenfalls eine freie Entscheidung zur Öffnung vorausgesetzt ist: die Einfühlung in Gott.

4. Einfühlung in Gott und Gottes Einfühlung in den Menschen

Stein sieht eine enge Verknüpfung hinsichtlich der Frage der Intersubjektivität, der Person und der Gottesfrage: Es „ist unmöglich, eine Lehre von der Person abzuschließen, ohne auf Gottesfragen einzugehen, und es ist unmöglich zu verstehen, was Geschichte ist. [...] Es sind *die* Sachen, die mich interessieren"[38]. Stein erhebt auch für nicht positiv-gläubige Philosophen den Anspruch, religiöse Phänomene vorurteilsfrei zu analysieren, die Aufschluss über das menschliche Seelenleben geben.[39] Der Mensch erhält zudem durch die Einfühlung Kenntnis von „Gottes Gefühlen", was denkmöglich wird durch die Gemeinsamkeit zwischen Gott und Mensch – beide sind Geistwesen: Gott ist *per definitionem* Geist[40] und der Mensch als *imago dei* hat Geist. Theologisch-existenziell wird die Einfühlung in Gott und Gottes in den Menschen möglich durch die Person des Heiligen Geistes, der durch die Taufe im Menschen wohnt und auch schon vor der Taufe („Der Geist weht, wo er will", Joh 3,8) religiöse Erlebnisse schenkt.[41]

Ohne Denkblockaden untersucht Stein also, wie sich der Mensch in Gott als Person und, umgekehrt, wie sich Gott in den Menschen einfühlt. Dabei bleiben sie zwei Subjekte, es geht nicht um ein *Eins*-fühlen (M. Scheler), sondern um eine *Eins*-werdung von zweien, die bei aller *Ein*-heit *zwei* bleiben, ähnlich der geschlechtlichen Erfahrung. Um die Leibunabhängigkeit von Einfühlung als einem erkenntnisnehmenden Akt darzulegen, werden von Stein in eidetischer Variation leiblich-geistige und rein geistige Wesen unterschieden und analysiert. Auch das Phänomen „Gott" wird in eidetischer Variation in seinem geistigen Wesen gefasst und „Gottes" Erkenntnisgewinnung aufgrund von Einfühlung analysiert:

„So erfasst der Mensch *das Seelenleben seines Mitmenschen*, so erfasst er aber auch als Gläubiger *die Liebe, den Zorn, das Gebot seines Gottes*, und nicht anders vermag *Gott sein Leben zu erfassen*. Gott als im Besitze vollkommener Erkenntnis wird sich über die Erlebnisse der Menschen nicht täuschen, wie sich die Menschen untereinander über ihre Erlebnisse täuschen. Aber auch für ihn werden ihre Erlebnisse nicht zu eigenen und nehmen nicht dieselbe Art der Gegebenheit an."[42]

Stein setzt für die Erkenntnis des inneren Lebens Gottes die Methode der Analogie voraus: Das innere Leben eines Menschen wird analog zum inneren Leben Gottes erkannt, durch die Einfühlung in Liebe, Zorn und Gesetzeswillen Gottes. Der Weg, wie Gott den Menschen kennt und sein Inneres erkennt, ist nach Stein ebenso über eine analoge Art von Einfühlung zu denken. Die göttliche Weise der Einfühlung ist eine rein geistige, ohne notwendige leibliche Empfindungen:

„In dem Augenblick, wo man sich den Leib wegdenkt, schwinden diese Phänomene, aber der *geistige Akt* bleibt. Man wird zugeben müssen, dass *Gott sich* über die Reue eines Sünders *freut, ohne Herzklopfen* oder andere ‚Organempfindungen' zu verspüren. (Eine Betrachtung, die unabhängig vom Glauben an die Existenz Gottes möglich ist.)"[43]

Hier wird das Phänomen der göttlichen Freude durch Einfühlung dargelegt als ein Anteilnehmen am innerseelischen Prozess eines Menschen, der bereut, hinter seiner Berufung zum vollkommenen Menschsein, zur vollkommenen Liebe zurückgeblieben zu sein. „Gott" wird im hier zugrunde liegenden metaphysischen Verständnis als reiner Geist genommen, als Wesen vollkommener Erkenntnis (Einfühlung) und vollkommenen Lebens (Freude). Die Leiberfahrung ist für das religiöse Erlebnis nahezu unerheblich. Es handelt sich um geistige Gefühle, die leibunabhängig bzw. nur mittelbar leibgebunden sind.[44]

Stein legt in ihrer Analyse Tiefenschichten bzw. eine „personale Schicht" frei, die beim religiösen Bewusstsein vorhanden sind, die dagegen das agnostische Bewusstsein „nicht besitzt".[45] Diese starke Negativformulierung wird von Stein in weiteren Analysen relativiert. Die „personale Schicht" wird dann eher als „nicht erreichbar" bezeichnet, weil die Person in ihrer eigenen Tiefenschicht bisher nicht vom göttlichen Eingreifen (d.h. vom Heiligen Geist) berührt worden ist oder die Berührung nicht wahrgenommen hat. Somit sind zumindest die religiösen Korrelate bzw. das Phänomen „Gott" noch nicht zugänglich. Diese Annäherung einer agnostischen Person an ein religiöses Bewusstsein ist so zu verstehen, dass erkenntnistheoretisch zugängliche Akte vom reinen Ich mitvollzogen werden können. Doch das personale Ich und die eigenen Tiefenschichten werden von den „Leervorstellungen" nicht berührt. Damit ist die Grenze der Einfühlung zwischen Nichtglaubenden und Glaubenden, zwischen Menschen überhaupt, erreicht.[46] Hier ist für Stein nun der Ort der Frage nach der *Freiheit*, sich Gott, dem Nächsten und dem eigenen Inneren zu öffnen oder sich zu verschließen.

5. Freiheit: Entscheidung zur Öffnung für die Gefühle Anderer

Die Möglichkeit zur Intersubjektivität, zur Offenheit für Andere und ihre Gefühle, besteht prinzipiell aufgrund unserer personalen Geistbegabtheit. Zugleich ist eine Entscheidung nötig, sich bewusst zu öffnen, für Andere, für Gott und für die eigenen Gefühlsgehalte. Nur wenn ich mich öffne für das Leiden Anderer, kann ich Mit-Leid spüren und mit-empfinden. Hier sieht Stein den logischen Ort für das Phänomen der menschlichen Freiheit, der Grundlage jeder Ethik. Das Einfühlen in Andere ist also nach Stein kein selbstverständlicher oder notwendiger Vorgang, der sich ohne unser Zutun ereignen würde. Vielmehr haben wir es mit einer motivierten Handlung zu tun, der freien aktiven Öffnung für Andere. Stein unterscheidet die Begegnung zweier Menschen in eine „vor den Toren" (zwei verschlossene Iche) und eine „im Inneren" (aus Freiheit geöffnet):

„Ich schaue in die Augen eines Menschen und sein Blick antwortet mir. Er lässt mich eindringen in sein Inneres oder wehrt mich ab. Er ist Herr seiner Seele und kann ihre Tore öffnen und schließen. [...] Wenn zwei Menschen einander anblicken, dann stehen ein Ich und ein anderes Ich einander gegenüber. Es kann eine Begegnung vor den Toren sein oder eine Begegnung im Innern. Wenn es eine Begegnung im Innern ist, dann ist das andere Ich ein Du. Der Blick des Menschen spricht. Ein *selbstherrliches, waches Ich* sieht mich daraus <an>. Wir sagen dafür auch: eine *freie geistige Person*. Person sein heißt, ein freies und geistiges Wesen sein. Dass der Mensch Person ist, das unterscheidet ihn von allen Naturwesen."[47]

Die Einfühlung ermöglicht es, durch Deuten des traurigen oder fröhlichen Ausdrucks in der Mimik des Anderen Kenntnis vom Seelenleben eines Anderen zu erhalten. Das ist allerdings nur der erste Schritt in der Erkenntnis des fremdpersönlichen Lebens. In weiteren Schritten geht es um das „*Verstehen* und *Mitleben* dessen, was in dem andern vorgeht"[48]. Wenn das Leid des

Anderen nur in „theoretischer Einstellung"[49] erkannt wird, wie eine betriebswirtschaftliche Aufgabe oder ein psychologisches Untersuchungsobjekt, ist es noch nicht verstanden. Stein führt als Beispiel Menschen an, „die sich alles, was ihnen begegnet, daraufhin anzusehen pflegen, ob und wieweit es als Mittel für ihre Zwecke brauchbar sei"[50]. Sie verschließen sich letztlich nicht nur Anderen gegenüber, sondern „schneiden sich selbst" von den „*Tiefen der eigenen Seele*"[51] ab. Wenn ich nur „Kenntnis" vom Seelenleben des Anderen habe, habe ich es noch lange nicht verstanden:

„Wenn ich es dem andern ansehe, daß er sich freut, so verstehe ich seine Freude noch nicht, und die unverstandene Freude ist auch eine unvollständig erkannte. Verstanden ist die Freude erst, wenn ich weiß, *worüber* er sich freut, und *warum* er sich darüber freut und gerade *so* und nicht anders freut."[52]

Dieses umfassende Verstehen wird aber nur möglich, wenn man die eigene Seelentiefe, den Gemütsbereich für den Anderen in Freiheit öffnet und sich in den Anderen „hineinversetzt", um seine Erlebniszusammenhänge mit- und nachzuvollziehen. Solcher Mit- und Nachvollzug ist nach Stein eine Art von „Lebenseinigung":

„[...] ich gewinne damit Anteil an dem fremden Leben, nehme es in mich selbst auf. Es ist aber daran gebunden, daß der andere sich mir öffnet: daß er mir nicht nur sprachliche Mitteilungen macht, sondern sich ganz so gibt, wie er ist, mit nichts zurückhält, was in ihm ist."[53]

Es geht darum, sich in Freiheit betreffen zu lassen vom Leid oder von der Freude des Anderen, um nicht nur *ein*-zufühlen und in der eingefühlten Erkenntnis persönlich distanziert zu bleiben, sondern um *mit*-zufühlen und durch gemeinsames Fühlen eine personale Verbindung, eine aktuelle Lebens-Gemeinschaft zuzulassen. Aber auch meinem eigenen Gefühlsleben kann ich mich in Freiheit öffnen oder nicht:

„Es ist aber auch das innere Ergriffenwerden etwas, was der *Freiheit* einen Angriffspunkt bietet: Ich kann mich einer Freude, die in mir aufsteigt, hingeben, kann ihr gestatten sich auszuwirken, und ich kann mich ihr versagen, sie unterbinden, ihr keinen Raum lassen."[54]

Stein sieht hier die Möglichkeit der freien Gestaltung auch des eigenen Charakters, da der Mensch den ihn antreibenden Motiven und Erlebnissen gegenüber nicht wehrlos ausgeliefert ist.[55] Ich kann mich beispielsweise gegenüber aufsteigenden Neidgefühlen ebenso öffnen wie mich ihnen verschließen. Religiöse Erlebnisse in Form von Geborgenheitserlebnissen können von mir verdrängt werden, ich kann sie aber auch als Anstoß zu neuen Urteils- und Willenserlebnissen aktiv aufgreifen und neue Entscheidungen treffen.

Nicht immer jedoch ist das Ich so eingestellt oder disponiert, dass es von der Begegnung mit anderen Menschen, ihren Gefühlen oder auch Werten tatsächlich betroffen wird.⁵⁶ Ein Mensch kann sehr wohl an seiner „Oberfläche" leben, so Stein, ohne innere Ergriffenheit zuzulassen, ohne etwas im Gemüt als Innenraum in der Tiefe zu erleben.⁵⁷ „Wenn ich einen Wert erfasse und kalt dabei bleibe⁵⁸, so ist kein Gefühl da, dem ich mich bei veränderter Einstellung hingeben könnte – ich bin innerlich leer."⁵⁹ Werten gegenüber kann sich die Person also öffnen oder verschließen, z. B. gegenüber der Schönheit einer Landschaft, die Freude bewirken könnte, wenn man sich ihr nur öffnen würde:

„Die Schönheit dagegen verlangt, dass ich mich ihr innerlich öffne, mein Inneres durch sie bestimmen lasse, und solange dieser Kontakt nicht hergestellt ist, solange ich ihr die Antwort schuldig bleibe, die sie fordert, enthüllt sie sich mir nicht ganz, bleibt die Intention, die der bloßen Kenntnisnahme einwohnt, unerfüllt."⁶⁰

Das Ich hat den Wert erst dann *voll erfüllt* in sich aufgenommen, wenn *im Fühlen des Wertes*, z. B. im Mit-Leid, einerseits die *Wertintention* erkannt ist: „Hilf diesem Menschen, der leidet, sei bei ihm, tröste ihn." Und wenn andererseits zugleich tatsächlich *eine „Antwortreaktion"*⁶¹ vorliegt, also das Mit-Gefühl auch zu einer Hilfe-Handlung führt. Das Ich kann jeweils entweder die Erkenntnis- oder die Gefühls-Seite betonen:

„Wenn ich mich ungeteilt der erschauten Schönheit hingebe, so tritt die voll-lebendig gefühlte ästhetische Freude [...] für mich zurück. Gebe ich mich dagegen bewusst der Freude hin, wird sie mir zur Hauptsache, so entzieht sich mir der Wert, dem sie gilt, in eigentümlicher Weise. [...]"⁶²

Diese zentrale Analyse Steins, die zwischen dem Wert, der ein Gefühl auslöst, und dem Gefühl, das einem Wert sachlich entspricht, unterscheidet, können wir übertragen auf die Fragen nach dem ethischen Handeln aufgrund von Mitleid, wie sie beispielsweise in der gegenwärtigen Euthanasie-Debatte gestellt werden.⁶³ Es könnte laut Steins Analyse sein, dass ich mich auf den *Wert* konzentriere, den ich durch mein *Gefühl* des Mit-Leids hindurch erkenne, nämlich: „Ein Mensch braucht Hilfe und Trost; der Mensch ist meiner Hilfe und meines Trostes würdig." In diesem Fall wäre ich zu Hilfe- und Trost-Handlungen motiviert, die seine Würde als schützenswerte Person wertschätzen. Andererseits könnte ich mich ebenso gut auf mein „Mit-Leiden" als *Gefühl* konzentrieren und überlegen, wie ich das Leiden der Person und damit auch mein Mit-Leiden verkürzen kann, womöglich ohne Rücksicht auf den Wert der Person, der sich mir durch die Konzentration auf das *Gefühl allein* „entzieht" und aus dem Blickfeld gerät. In der Folge könnte ich erwägen, das Leiden eines unheilbar Kranken durch die Abschaffung des Leidenden (aktive Euthanasie oder Beihilfe zum Selbstmord) aus der Welt zu schaffen. Die Gemütsbewegung (des Mit-Leids) darf also nicht den Blick trüben für *den* Wert (der Leidende als Person, der meiner Zuwendung und meines Schutzes bedürftig ist), der die Gefühle ausgelöst bzw. gefordert hat.

Noch an einem anderen Punkt betont Stein die rationale Seite von Gefühlen, wenn sie die Einfühlung differenziert von einem Vorgang, bei dem man sich nur an den Gefühlen Anderer „ansteckt", sie nennt das die „verständnisfreie Ansteckung":

„Wenn wir in eine depressive Stimmung geraten, ohne zu wissen, ‚wie wir dazu kommen', und erst nachträglich evtl. die seelische Verfassung unserer Umgebung gewahren, die den Herd der Ansteckung bildete, so haben wir den Typus einer verständnisfreien Ansteckung."[64]

Auch Freude ist ansteckend, selbst wenn der Anlass gar nicht bekannt ist, weshalb sich Andere freuen, so kann man doch vom Lachen eines Anderen „verständnisfrei angesteckt" werden. Kennt man allerdings den Grund, weil – wie in einem Beispiel Steins – von den Freuden einer Wanderung berichtet wird, dann kann schon der Bericht und die Freude des Berichtenden motivieren, selbst die Freuden dieser Wanderung erleben zu wollen.[65] Wenn keine „erfüllte" Einfühlung vorliegt, sondern eine bloß „verständnisfreie Ansteckung", dann bleibt das personale Verstehen aus, das dem Anderen tatsächlich Trost vermitteln würde, weil es eben auf die Erkenntnis des Wertes der anderen Person und aller Motivationsgrundlagen gerichtet ist. Stein sagt:

„Ein Beispiel dafür hätten wir an einem Kinde, das durch das Lachen oder Weinen eines andern zum Lachen oder Weinen gebracht und zugleich von Lustigkeit oder Betrübnis erfüllt würde, ohne zu erfassen, dass das andere, von dem die Ansteckung ausgeht, lustig oder traurig ist."[66]

Andererseits kann auch ein Kind schon „verstehen", dass Leid vorhanden ist, auch wenn es nicht zum vollen rationalen Verständnis eines reifen Erwachsenen durchdringt, der die Art und den Grund des Leides erkennt. Dennoch sind dann Tränen eines Kindes nicht als „bloßes Mitmachen der Ausdruckserscheinungen" Anderer misszuverstehen, wenn das Kind nicht die volle Bedeutung der Situation, von der es ergriffen ist, ermessen kann:

„Wenn ein Kind weint, weil es seine Mutter weinen sieht, so mag es *das* Leid, um das es sich handelt, nicht nachfühlen können, d. h. kein Verständnis für seine Motivationsgrundlagen haben; es ist aber sehr wohl möglich, dass es die Tränen als Ausdruck des Leides ‚versteht' und von dem Vorhandensein des Leides, von dem es ergriffen wird, Kenntnis nimmt."[67]

Mit-Leid und Mit-Freude implizieren als Gemütsbewegungen also zum einen die Erkenntnis, um welche Art und Weise von Leid oder Freude und um welchen Grund für diese Gefühle es sich handelt, welcher Wert zugrunde liegt. Zum anderen ist zur vollen Erfüllung des Mit-Fühlens die Öffnung des eigenen Gefühlslebens notwendig, indem man sich tatsächlich ergreifen lässt von den Gefühlen des Anderen. Sich in der eigenen Tiefe betreffen lassen durch das Leid oder die Freude des Anderen, das wiederum – so analysiert Stein treffend – erfordert ein Vertrauen, das nicht selbstverständlich ist, sondern Liebe voraussetzt:

„Ein solches rückhaltloses Sichanvertrauen ist nur möglich aus einem restlosen Vertrauen heraus, das seinerseits die Frucht der Liebe ist. Wie andererseits nur die Liebe zu jener restlosen Hingabe an einen andern befähigen wird, die ein volles Sich-in-ihn-Versetzen bedeutet. So hängen im Verhältnis von Personen *Liebe und Erkenntnis* aufs engste zusammen."[68]

Nachdem also die Öffnung der eigenen Gemütssphäre für andere Personen – zum Mit-Leid und zur Mit-Freude – nicht selbstverständlich ist, sondern aus Freiheit heraus aktiv veranlasst wird, bleibt die Frage nach der Motivation. Es kostet ja etwas, sich dem Leid oder der Freude anderer auszusetzen, es erfordert Anstrengung und ringt mir einen Teil meiner Lebenskraft ab. Was also motiviert zur Öffnung? Nach Stein ist es „die Liebe", die erlebt wird in einer tiefen Gotteserfahrung, die eine Liebesbegegnung ist.

6. Natürliche und übernatürliche Kraftquellen zum Mit-freuen und Mit-leiden

Jede Gemütsbewegung, z. B. *Freude, Leid,* Hoffnung und Furcht[69], verändert den Kräftehaushalt des Individuums; die Gefühle zehren an der Lebenskraft oder vermehren sie.

„Diese Wirkungen der Gefühle hängen durchaus mit ihrer Qualität zusammen: Jedes qualitativ eigentümliche Gefühl hat seine spezifische Wirkung: Die Trauer wirkt lähmend, die Freude belebend usf. Die Zuströme, welche die Lebenskraft von den Gefühlen her erfährt, kommen, wie wir wissen, dem gesamten Erleben zugute. Sie machen sich aber nicht nur als indifferente Kraftsteigerungen geltend, sondern tragen in die Lebenssphäre die qualitative Färbung mit hinein, die den Gefühlen eigen ist, und diese Färbung teilt sich von hier aus dem gesamten Erleben mit."[70]

Die Frage der Lebenskraft oder Vitalität, ihrer Steigerung oder Minderung ist zentral für Steins Personlehre.[71] Gefühlsakte, die auch zu den geistigen Akten zählen, oder Gemütsbewegungen (Wertstellungnahmen) beinhalten anders als „sachgebende Akte" (Wahrnehmungen, Erinnerungen, Denkakte) emotionales Erleben[72], damit berühren sie eben die Lebenskraft und können sie erhöhen oder aber mindern. Gefühle wie Schreck, Angst und Trauer nehmen dem Subjekt einerseits Frische und Lebendigkeit und lähmen den Betätigungsdrang.[73] Andererseits kann mir von anderen Menschen her Kraft zuströmen. Die Freude über die Kraft und Frische eines Anderen kann eine Steigerung meines geistigen Seins bewirken:

„Und diese Freude, ein eigentümlicher Akt, der aus der Tiefe kommt und das, was er erfasst, in dieselbe Tiefe hinein holt, ist selbst etwas, wovon eine belebende Wirkung ausgeht, was eine Seinssteigerung bedeutet."[74]

Analog zu körperlichen Vorgängen ist auch im seelischen Bereich zunächst eine Kraftleistung erforderlich, um neue Kraft zu gewinnen. Kraft kann der Mensch schöpfen aus positiven Stellungnahmen anderer, „durch alle ihre personalen Werte, ihre Güte, Liebenswürdigkeit"[75], aber auch aus nicht-personalen Werten wie „der Schönheit von Naturgebilden und Kunstwerken, der Harmonie von Farben und Tönen. Das ganze Reich der positiven Werte ist eine unermessliche Quelle seelischer Kraft"[76]. Zur Freude, die an sich „eine Kraftsteigerung"[77] sei, gehört zunächst ein gewisser Kraftaufwand, um sich in eine zur Freude motivierende Umgebung (z. B. eine schöne Landschaft oder ein Kunst-Museum) oder in die Gemeinschaft fröhlicher Menschen zu begeben. „Und es ist nicht gesagt, dass allemal bei solchem Geschehen ein Überschuss herauskommt."[78]

Neben dieser natürlichen Kraftzufuhr erfährt der Mensch eine andere Art von Kraft durch die Hinwendung zum religiösen Bereich, wie Stein bereits in ihrer Habilitationsschrift (1918/19) und in *Einführung in die Philosophie* (1918–1920) drei Jahre vor ihrer Taufe thematisiert. Sie analysiert religiöse Erlebnisse, in denen nach einer Kraftlosigkeit eine Kraftzufuhr aus übernatürlicher Kraftquelle erlebt wird. Die menschliche Person hat dringend neue Kräfte nötig, die sie sich selbst aus natürlichen Quellen nicht mehr verschaffen kann. Heute würde man von einem „Burn-out" sprechen. Das zugrunde liegende herrschende Lebensgefühl ist von Kraftlosigkeit geprägt, sodass auch die einzelnen Gemütsbewegungen blass und matt wirken:

„Die Freude ist wie alle Erlebnisse kausal bedingt: Sie ist lebhafter oder matter, je nach der Beschaffenheit des herrschenden Lebensgefühls, und es ist auch möglich, dass dieses sie gar nicht ‚aufkommen' lässt, dass an ihre Stelle ein kraftloses Schattenbild tritt, in dem ich wohl die Erfreulichkeit erfasse, ohne mich ‚richtig freuen' zu können."[79]

Nun erlebt aber die Person eine Kraftzufuhr *von jenseits des Ich her*, ähnlich der Erfahrung von Liebe und der Berührung mit Menschen intensivster Lebendigkeit[80]:

„Dieser Zustand ist mir etwa zuteil geworden, nachdem ein Erlebnis, das meine Kräfte überstieg, meine geistige Lebenskraft völlig aufgezehrt und mich aller Aktivität beraubt hat. Das Ruhen in Gott ist gegenüber dem Versagen der Aktivität aus Mangel an Lebenskraft etwas völlig Neues und Eigenartiges. Jenes war Totenstille. An ihre Stelle tritt nun das Gefühl des Geborgenseins, des aller Sorge und Verantwortung und Verpflichtung zum Handeln Enthobenseins. Und indem ich mich diesem Gefühl hingebe, beginnt nach und nach neues Leben mich zu erfüllen und mich – ohne alle willentliche Anspannung – zu neuer Betätigung zu treiben. Dieser belebende Zustrom erscheint als Ausfluß einer Tätigkeit und einer *Kraft, die nicht die meine ist* und, ohne an die meine irgendwelche Anforderungen zu stellen, in mir wirksam sind. Einzige Voraussetzung für solche geistige Wiedergeburt scheint eine gewisse Aufnahmefähigkeit zu sein, wie sie in der dem psychischen Mechanismus enthobenen Struktur der Person gründet."[81]

Erst der christliche Glaube – so wird Stein später in ihrem Hauptwerk *Endliches und ewiges Sein* darlegen – hätte eine Antwort auf die Frage, worin diese neue Kraftquelle liege.[82] An anderer Stelle beschreibt Stein um 1918 herum in *Einführung in die Philosophie* das religiöse Erlebnis in ähnlicher Diktion:

„In dem Gefühl der Geborgenheit, das uns oft gerade in ‚verzweifelter' Lage ergreift, wenn unser Verstand keinen möglichen Ausweg mehr sieht und wenn wir auf der ganzen Welt keinen Menschen mehr wissen, der den Willen oder die Macht hätte, uns zu raten und zu helfen, in diesem Gefühl der Geborgenheit werden wir uns der Existenz einer geistigen Macht inne, die uns keine äußere Erfahrung lehrt. Wir wissen nicht, was weiter aus uns werden soll, vor uns scheint ein Abgrund zu gähnen und das Leben reißt uns unerbittlich hinein, denn es geht vorwärts und duldet keinen Schritt zurück; aber indem wir zu stürzen meinen, fühlen wir uns ‚in Gottes Hand', die uns trägt und nicht fallen lässt. Und nicht nur seine *Existenz* wird uns in solchem Erleben offenbar, auch was er ist, sein Wesen, wird in seinen letzten Ausstrahlungen sichtbar: die Kraft, die uns stützt, wo alle Menschenkräfte versagen, die uns neues Leben schenkt, wenn wir innerlich erstorben zu sein meinen, die unseren Willen stählt, wenn er zu erlahmen droht – diese Kraft gehört einem allmächtigen Wesen."[83]

Die Ohnmacht der theoretischen Urteils- und der Willensakte wird in dieser Schilderung noch verstärkt durch ein intersubjektives Moment: *Kein anderer Mensch* könnte helfend den Willen und den Verstand stützen, das Ich steht als „einsames Ich" da. Diese verzweifelte Gemütslage schlägt um in ein Geborgenheitsgefühl, das nicht einfach nur in der Lebenssphäre als kraftspendend identifiziert, sondern in seinem Gehalt differenziert beschrieben wird: Die geistige Macht wird zunächst als gegenwärtig, als existent wahrgenommen. Dass diese geistige Macht „Gott" ist, wird in einem nicht-reflektierten Urteilsakt gesetzt, sodass man davon sprechen kann, die Kenntnis sei geoffenbart von jenseits des Menschen her. Im Gehalt des Erlebnisses wird „Gottes" Wesen erlebt als Kraft, die lebenssteigernd und willensfördernd ist. Sie wird als derartig unterschiedlich von allen bisherigen Erlebnissen erfahren, dass sie als einem „allmächtigen" Wesen zugehörig reflektiert wird.

„Das Vertrauen, das uns einen Sinn unseres Lebens annehmen läßt, auch wo menschlicher Verstand ihn nicht zu enträtseln vermag, lehrt uns seine Weisheit kennen. Und die Zuversicht, daß dieser Sinn ein Heilssinn ist, daß alles, auch das Schwerste, letzten Endes doch unserem Heil dient, und ferner, daß dieses höchste Wesen sich unser noch erbarmt, wenn die Menschen uns aufgeben, daß es keine schlechthinnige Verworfenheit kennt, dies alles zeigt uns seine Allgüte."[84]

Zusätzlich zur Lebenssphäre und zum Willen wird die Gemütsebene durch Vertrauenserlebnisse gespeist, die zu einem neuen Habitus werden. Dem gefühlten Vertrauen entspricht auf der Wert-Ebene eine allgemeine Sinnannahme, die für die Denksphäre nicht unmittelbar zugänglich ist. Dadurch sieht sich das Ich-Bewusstsein einer göttlichen Weisheit gegenübergestellt, die es nicht bis ins Letzte durchschaut, aber dennoch anfangshaft erahnt.

Ein weiteres Gefühlserlebnis, die „Zuversicht", die Hoffnung auf einen „Heilssinn", weist auf den Gehalt „Güte" hin. Nur die Qualität des Gutmeinens, des Wohlwollens kann Heil auch aus Unheil und Vergebung aus Schuld hervorbringen und damit „Sinn" erfahrbar werden lassen. Andernfalls müssten auch Freude und Liebgewonnenes auf zugrunde liegendes Un-Heil bzw. Leid hin durchschaut werden, wie es in buddhistischer Lebensdeutung der Fall ist. Die erste „edle Wahrheit" Buddhas, „Das Leben ist Leiden", ruht auf der hinduistischen Weltentstehungs-Metaphysik des „unpersönlichen Spiels" (maya) und damit wird eine Absichtslosigkeit gegenüber der Welt und dem Menschen vorausgesetzt, die sich deutlich unterscheidet von der metaphysischen Grundannahme einer „personalen Allgüte" („Das Leben ist von Gott, der Liebe ist, gewollt und daher gut – auch wenn es von Freude und Leid durchsetzt ist"), die Sinn, ausgleichende Gerechtigkeit und zugleich Verzeihung[85] „wollen" kann. Stein liegt mit ihrer Deskription des religiösen Erlebnisses also deutlich in der Nähe der christlichen Grunderfahrung eines personalen Gottes.

Aus dem tiefen Geborgenheitserlebnis quillt eine neue Lebensfreude, die das zugrunde liegende Lebensgefühl neu erfrischt, sodass die einzelne Gemütsbewegung, die einzelne Freude und das einzelne Mit-Leiden, nun wieder kraftvoller erlebt werden. Stein selbst wurde durch ihre religiösen Erlebnisse motiviert, sich auf die Suche nach Sinn und Halt in der christlichen Gemeinschaft zu begeben. Sie spricht in diesem Zusammenhang von ihrer „geistigen Wiedergeburt" schon im Oktober 1918, drei Jahre vor ihrer tatsächlichen Taufe (1. Jänner 1922), die als das „Bad der Wiedergeburt" (Tit 3,5) bezeichnet wird. Sie habe sich, wie sie schreibt:

„[...] mehr und mehr zu einem durchaus positiven Christentum durch*gerungen* [...]. Das hat mich von dem Leben befreit, das mich niedergeworfen hatte und hat mir zugleich *die Kraft gegeben, das Leben aufs neue und dankbar wieder aufzunehmen*. Von einer ‚Wiedergeburt' kann ich also in einem tiefsten Sinne sprechen."[86]

Es war für Stein ein „Ringen", sich Jesus Christus als ihrem persönlichen Erlöser anzuvertrauen – es fiel ihr offensichtlich weder als Intellektueller noch als Jüdin leicht. Verschiedene Begegnungen mit glaubwürdigen Christen[87] und unterschiedliche Impulse in ihrem Innern führten Stein zur Erkenntnis, dass der Auferstandene heute handelt. In der Folge konnte sie ihre Bedenken überwinden und ihr Leben, ihre Wünsche und Pläne Jesus Christus anvertrauen.

Stein verwendet den Begriff der „Wiedergeburt" (Joh 3,3.5–6) im biblischen, nicht im hinduistischen oder buddhistischen Sinne. Für sie wurde im Erlebnis der Wiedergeburt die Gnade der Erwachsenen-Taufe vorbereitet, während für andere Erwachsene, denen dieses Gottes-Erlebnis geschieht, die Gnade der

Kinder-Taufe sich entfaltet bzw. aktualisiert wird. Theologisch gesprochen erfährt das Individuum im Erlebnis der Wiedergeburt durch den Heiligen Geist (Apg 1,4-8) ein Angenommen-Sein durch Gott – und durch seine Liebe[88] eine überwältigende Freude, die die Lebenskraft des Menschen erhöht und ihn dadurch zum Einfühlen in die Freude und in das Leid Anderer motiviert.

Nach Thomas von Aquin, so übersetzt Stein, ist „Mitleid [...] ein Zeichen der Liebe"[89]. Da Mit-Fühlen und Mit-Leben überhaupt Kraft kosten, ist die Voraussetzung, um Leid tragen zu können und sich Mit-Leid zuzumuten, eine Grund-Freude, vermittelt durch die „Kraft aus der Höhe" (Lk 24,46-49). Die Kraft aus der Höhe, der Heilige Geist, vermittelt dem Menschen existenziell in seinen Gefühlserlebnissen und zugleich im Bewusstsein sein Grundangenommensein von Gott-Vater her durch den Erlösungstod Jesu am Kreuz: „Gott will, dass es dich gibt, weil er dich liebt, für dich gelitten und dich erlöst hat." Wer sich Gottes bedingungsloser Liebe öffnet, in dem kann eine Kraft freigesetzt werden, die die menschlich-natürliche übersteigt, wie Stein untersucht.[90] Das entspricht den Berichten von Erfahrungen der verfolgten Christen von heute, sei es in Nordkorea, China oder anderen Orten von Christenverfolgungen: Wegen der tiefen Freude, die sie im Glauben an Jesus Christus erleben, ertragen sie unsägliches Leid, ohne ihren Glauben zu verleugnen.[91]

7. Erfüllung oder Unerfülltheit der Gemütsbewegungen von Freude und Leid

In Steins Werken nimmt die Untersuchung der Gefühlserlebnisse einen breiten Raum ein. Dabei steht aber nicht etwa das Leid, sondern gerade die Freude im Mittelpunkt. Das phänomenologische Grundproblem der Wesenheiten wird beispielsweise anhand des Phänomens der Freude dargelegt.[92] In ihrer Dissertation *Zum Problem der Einfühlung* und vor allem im Jahrbuch-Artikel *Individuum und Gemeinschaft (Beiträge)* thematisiert Stein auch die Unerfülltheit von Mit-Freude oder Mit-Leid. Einzelne Punkte wie die Unerfülltheit der Einfühlung durch „verständnisfreie Ansteckung" wurden bereits genannt (s.o.).

Stein betont, dass eigene Erlebnisstrukturen vorhanden sein müssen, um den Anderen in der Tiefe zu verstehen, um mit ihm in der Tiefe mitzufühlen. Dennoch gibt es Mit-Leid und Mit-Freude oder die Einfühlung in religiöse Erlebnisse Anderer in ihrer „unerfüllten Version", d.h. in der Weise der „Leervorstellung":

„Was dagegen meiner eignen Erlebnisstruktur widerstreitet, das kann ich mir nicht zur Erfüllung bringen, ich kann es aber noch in der Weise der Leervorstellung gegeben haben. Ich kann selbst *ungläubig* sein und doch *verstehen*, dass ein anderer alles, was er an irdischen Gütern besitzt, seinem Glauben opfert. Ich sehe, dass er so handelt und fühle ihm als *Motiv seines Handelns ein Wertnehmen* ein, dessen *Korrelat mir nicht zugänglich ist*, und schreibe ihm eine *personale Schicht* zu, *die ich selbst nicht besitze*. So gewinne ich einfühlend den Typ des ‚homo religiosus', der mir wesensfremd ist, und ich verstehe ihn, obwohl das, was mir dort neu entgegentritt, immer unerfüllt bleiben wird."[93]

Ein Agnostiker kann fremdes religiöses Handeln bis zu einem gewissen Grad einfühlen. Er akzeptiert es als wahrhaftigen, echten Akt und als ehrliches Motiv, verzichtet auf die Verdächtigung, dass der andere sich irreführen ließe. Dass jener Mensch aus Liebe zu einer göttlichen Person handelt, kann eingefühlt werden. Wenn aber das eigene originäre Erleben fehlt, wenn man z. B. selbst bisher keine schwere Krankheit durchlebt hat und daher keine ähnliche Erlebnisstruktur vorhanden ist, so ist hier die Grenze der Erkenntnis durch Einfühlung erreicht. Die Mit-Freude wie auch das Mit-Leiden kommt hier an seine Grenze. Das Eingefühlte reicht nicht an den zu fühlenden Gehalt im seelischen Erleben des Anderen heran, es kommt also nicht zur „erfüllenden Anschauung" des seelischen Erlebens des Anderen. Dennoch ist auch das „unerfüllte" Mit-Fühlen nicht wertlos, sondern kann, wenn sich die mit-fühlende Person tatsächlich im Inneren betreffen lässt, Nähe vermitteln und Trost spenden.

Eine andere Form der Unerfülltheit ist gegeben, wenn ein Einzelner nur wenig Trauer oder Mit-Leid spürt, obwohl er Teil einer ganzen Gruppe ist, die über einen Verlust trauert. In einer Gemeinschaft, einer Familie, einer Schulklasse oder einem Freundeskreis, die einen Verlust erlebt, mag der Einzelne nicht das der Situation „gebührende" Leid erfahren:

> „Es ist möglich, daß das Erlebnis des Einzelnen das der Gemeinschaft nicht voll umfaßt, sondern das, was die andern dazu beitragen, nur in leerer Weise mit umspannt. Und es besteht ferner die Möglichkeit, daß das einzelne Gemeinschaftsmitglied – ebenso wie evtl. die ganze Gemeinschaft – nicht das ‚gebührende' Leid fühlt, d. h. nicht das durch den erlebten Tatbestand gerechtfertigte. Das Erlebnis des Einzelnen, auf dem das Gemeinschaftserlebnis sich aufbaut, kann in beiden Richtungen unerfüllt sein, es kann aber auch evtl. in der einen erfüllt sein, ohne es in der andern zu sein."[94]

Das Mit-Leid bleibt „unerfüllt", weil die Grund-Freude und das Erlebnis des Grund-Angenommenseins fehlen und es so an der Basis für eine innere Öffnung zur Betroffenheit und eine dem Ausmaß an Leid entsprechende Antwort mangelt. Man könnte in diesem Zusammenhang beispielsweise an das von der Menschheit geforderte Mit-Leid mit den jüdischen Opfern des Nationalsozialismus denken. Am fehlenden Mitgefühl für die Opfer vonseiten der Rechtsradikalen und Holocaustleugner bleibt das gebührende Mit-Leid unerfüllt, weil ihnen als Individuen die Grundfreude fehlt, um Mit-Leid mit anderen zulassen zu können.

Erfülltes Mit-Freuen und Mit-Leiden wird möglich durch etwas, das Stein als „seelische Kraft" bezeichnet. Wenn man sich dem eigenen Mit-Fühlen öffnet, um so sich mit Anderen mit-freuen und mit Anderen mit-leiden zu können, wird die eigene seelische Kraft trainiert:

> „Seelische Kraft schreiben wir dem zu, der Opfer bringen kann oder der großes Leid und großes Glück ertragen kann, ohne davon im Innersten erschüttert zu werden. Ein Opfer bringen heißt etwas hergeben, was einem teuer ist. Und das ‚Teuersein' besagt, daß man es nicht nur als etwas objektiv Wertvolles ansieht, sondern als etwas, das dem eigenen

Sein Wert gibt. Es ist etwas, was man in sein Inneres aufgenommen hat und womit man innerlich verwachsen ist. Großes Leid und großes Glück werden in der Tiefe der Seele erlebt. Sie sind etwas, was das Innere ergreift und daran rüttelt. Wenn sie darin ruhig und fest bleibt (obwohl sie nicht etwa ‚unempfindlich' bleibt, sondern beides in seiner ganzen Tiefe durchlebt), dann beweist sie, daß sie in ihrem Innersten etwas hat, was es ihr möglich macht, allem, was ‚über sie kommt', standzuhalten: Eben das nennt man ‚seelische Kraft'."[95]

Zum einen ist also eine Grund-Freude nötig, um genug seelische Kraft zu besitzen, Leid und auch starke Freude mittragen zu können, ohne selbst erschüttert zu werden. Zum anderen thematisiert Stein in ihrer theologischen Anthropologie die theologische Voraussetzung für menschliches Mit-Leid: Der leidensunfähige Gott leidet mit dem Menschen mit (durch seinen Tod am Kreuz), damit der Mensch von seinem Grund-Leiden, dem Getrennt-Leben von Gott, gelöst wird und mit Anderen „gebührend" mit-leben kann, d. h. mit Anderen mit-leiden und ihnen ihre Leiden erleichtern bzw. sie trösten kann. Der „leidensunfähige Gott verschmähte es nicht, leidensfähiger Mensch zu sein"[96]. Er hat

„[...] eine leidensfähige und sterbliche Natur [angenommen – B.B.-Z.]: um die vollkommene Selbsthingabe vollziehen zu können. Er mußte ein volles und ganzes Menschenleben mit Menschengeburt, mit Entwicklung zur Reife, mit menschlichen *Leiden und Freuden* und menschlichem Wirken und menschlichem Todeskampf auf sich nehmen, aber ein Leben von fleckenloser Reinheit, um uns das ganze Menschenleben, wie es nach Gottes Willen sein soll, vorzuleben. Die erlösende Kraft dieses Lebens aber, die uns nicht nur bewundernd aufschauen läßt, sondern zur Nachfolge befähigt, ist der Gottheit zuzuschreiben, die mit dieser Menschheit verbunden war"[97].

Diese starke Identifikation Gottes mit dem Menschen durch Jesu Leben und sein leibhaftiges Leiden ruft den Menschen zur Nachfolge Christi. Dazu gehört die Aufforderung zum Mit-Leben mit Anderen in Mit-Freude und in Mit-Leid, aber auch zum Mit-Freuen und Mit-Leiden mit Christus selbst. Ihm ähnlich zu werden und wie er durch Leiden Gehorsam zu lernen ist das Ziel des bewusst lebenden Christen.[98] Leiden als Mit-Leiden mit Christus untersucht Stein zum einen in ihrer Theologischen Anthropologie *Was ist der Mensch?* (1933) und später zum anderen ausdrücklich in der *Kreuzeswissenschaft* (1941–1942). Es geht für den Menschen und seine Seele darum, das Leiden Christi am Kreuz in leidvollen mystischen Erlebnissen mit-zu-erleiden, um durch Leiden gereinigt zu werden und dann in einer ekstatischen Liebesvereinigung mit-auferstehen zu können. Dabei werden menschliche Vorstellungen von Gott durch-kreuzt, die ihn nur einseitig fokussieren.

8. Mit-Leiden mit Christus

In ihrer Studie zu Johannes vom Kreuz beschreibt Stein einfühlend die Darstellung und Deutung des Lebens und Werkes des Karmel-Heiligen auf dem Hintergrund ihrer Phänomenologie der Person. Die Studie setzt an beim Erleben schmerzlicher Sehnsucht (negative Theologie) und führt hin zu einem glücklichen Finden (mystische Theologie).[99] In der Mystik nach Johannes geht es nicht mehr um den Zugang zum religiösen Erlebnis im Allgemeinen, sondern letztlich sehr speziell um die Nachfolge Jesu Christi bis in Kreuz, Tod und Auferstehung hinein; damit werden Möglichkeit und Wirklichkeit der mystischen Vereinigung mit Gott selbst angestrebt.

Vom Ziel der Vereinigung mit Gott her sind alle anderen Arten von sinnlichen Gotteserlebnissen unzureichend und unbefriedigend, sogar jegliche Verstandesbegriffe werden als unangemessen empfunden.[100] Es darf dem Ich auf dem Weg zur Vereinigung mit Gott keineswegs um ein „Sehenwollen" gehen, sondern um ein „Blind-Werden"[101], um den „Strahl der Finsternis"[102]. Gott selbst führt „ins Dunkel", in den rein geistigen, von allem Sinnlichen gelösten Glauben, in die Bilderlosigkeit, die vom Menschen als ein Leiden erlebt wird. Die Paradoxa wie z. B. „dunkles Licht" u. a. betonen im Sinne der negativen Theologie, dass Gott vom Menschen her nicht zu begreifen ist, sondern dass er das Begreifen übersteigt und die Erlebnisse selbst sich nicht mehr systematisieren lassen. Diese Form der negativen Theologie, die der mystischen Vereinigung vorausgeht, meint ein Durchstreichen von Gewissheiten über Gott durch das Erleben von leidvollen „Nächten": Die Nacht der Sinne und die Nacht des Geistes, innerhalb Letzterer noch gesteigert die Nacht des Glaubens, bis hin zur „stillen Nacht", die vom Morgenlicht der liebenden Vereinigung erhellt ist.[103] Die letzte unmittelbarste Begegnung mit Gott nach dem Tode wird als „heitere Nacht" erwartet.[104]

Das Bild der Nacht bezeichnet das Erlebnis von leid-vollen „Loslösungen", durch die die Seele „gereinigt, beruhigt und widerstandsfähig gemacht" wird, wie Stein mit Johannes deutet.[105] Die Erklärung für die Erfahrung von „Nacht", „Kreuz" und „Tod" ist, dass in der „dunklen Nacht der Beschauung" „unaufhaltsam alles vernichtet" wird, „was Ihm [Gott – B.B-Z.] im Wege steht", im „Kreuzestod des *alten Menschen*", d. h. des sündigen und von Gott getrennten Menschen.[106] Die Nächte und das Leiden besitzen demnach keinen Selbstzweck, sondern werden um eines größeren Ziels willen als *Katharsis* gesucht und geduldig durchlebt:

„Die Nacht ist umso dunkler, der Tod umso qualvoller, je mächtiger diese göttliche Liebeswerbung die Seele ergreift und je rückhaltloser die Seele sich ihr überlässt."[107]

Die erste Nacht gliedert sich in die aktive Nacht der Sinne, die vom Gottsuchenden selbst herbeigeführt wird, um sinnliche Leidenschaften abzutöten. Sie vollendet sich allerdings erst in der passiven Nacht der Sinne, in der dem Menschen alles Bisherige entzogen und die bisher sinnlich erlebbare Gottesbeziehung sogar von Gott selbst zerschlagen wird. Diese Deutung bezieht sich auf das Erlebnis des „Gekreuzigt-Werdens" im Sinne einer Trockenheit, eines Ekels und einer Leere, in der einem jeglicher Geschmack an allem, was nicht Gott ist, abhandenkommt. Erlebt wird dieser Zustand als ein

„Festgenagelt-Sein", das Furcht auslöst. Gleichzeitig wird die Nacht aber auch als „Geborgenheit" und „Ruhe" der Leidenschaften erlebt[108], womit Stein terminologisch den Deskriptionen der frühen, noch unspezifischen religiösen Erlebnisse (s.o.), nahekommt.

In der zweiten Nacht, der Nacht des Geistes, ereignet sich in der aktiven Nacht, die auch die „Nacht des Glaubens" heißt, die „Beschauung", die als „dunkle und allgemeine Erkenntnis" bezeichnet wird.[109] Sie steht im Gegensatz zur natürlichen Tätigkeit des Verstandes und zu den religiösen Erlebnissen, die zurückgewiesen werden sollen. Berührungen, die mit dem Ziel der Vereinigung zusammenhängen, soll die Seele dabei allerdings zulassen. Aber die natürliche Erkenntnis muss in der Nacht des Glaubens aktiv ausgeschaltet werden[110], um den Geist ganz leer werden zu lassen für die Vereinigung mit Gott. Ebenso müssen alle früheren sinnlichen und geistigen Gotteserlebnisse losgelassen werden. Diese „Entblößung" wird im Verstand durch den Glauben besorgt, der die natürlichen Erkenntniskräfte aufgibt; im Gedächtnis durch die Hoffnung, die alle Erinnerungen loslässt; im Willen durch die Liebe, die sich ganz an den leidenden Jesus hingibt. Um die Leiden Jesu mitzutragen, ruft Johannes auf, bereit zu sein für die Vernichtung und die Gottverlassenheit, die Jesus am Kreuz erlebte.[111]

Stein versteht die Nacht des Glaubens als eine Steigerung des natürlichen Glaubenslebens, um sich letztlich in der höchstmöglichen Eigentätigkeit „in Gott hineinzuglauben" *(Credere in Deum).*[112] Im Glauben sind die natürlichen Seinsbedingungen überschritten, aber erst wenn auch die Bilder und Kräfte, die aus der Geschöpflichkeit stammen, weggelassen werden, kann sich der Mensch im Glauben zu Gott hin erheben.[113] In dieser Glaubenstheorie geht Stein durch den Nacht-Aspekt über ihre vorherigen Glaubensdarstellungen hinaus[114], da sich hier durch die Nacht des Glaubens im „reinen Glauben" eine von Sinnlichkeit und Verstandesbegriffen gelöste Gottesbegegnung vorbereitet. Alle an sinnliche Aspekte der Seele gebundenen Erlebnisse sollen der eigentlichen Geistigkeit Platz machen, den „Gedanken des Herzens". Denn „rein geistig ist allein das, was im innersten Herzen stattfindet, das Leben der Seele aus und in Gott"[115]. Es geht in der aktiven Nacht des Geistes darum, sich von allem zu lösen, was nicht Gott ist. Auch alle übernatürlichen religiösen Erlebnisse, die über die Sinne, die Einbildungskraft oder die Phantasie vermittelt sind, sind auf dem Weg zur mystischen Erfahrung abzuweisen, da sie die geistige Vereinigung im Glauben verhindern könnten.

Die Anziehungskraft der natürlichen Wirklichkeit und der übernatürlichen religiösen Erlebnisse oder Gnadenerweise kann nur von Gott selbst übertroffen werden in der „passiven Nacht des Geistes", die im reinen Glauben geschieht. Dabei erlebt die Seele eine Gottverlassenheit, die sich gleichzeitig als ein „gewaltiges Verzehrtwerden in ihrem eigenen Wesen" auswirkt.[116] Der Grad der Reinigung erhöht in dieser Phase die Leiden der Seele. Die dunkle Beschauung zeigt sich als ein Sterben und kündigt gleichzeitig die Auferstehung an. Die Nacht des Geistes vollzieht sich als aktive im Verstand (Nacht des Glaubens) und als passive im Herzen, sodass in der Beschauung die Dialektik der mystischen Erfahrungen der „fühlbaren Gegenwart" und des „fühlbaren Entzogenseins" erlebt wird.[117] Wiederholt findet sich in den Deutungen der Erlebnisebene, sowohl bei Johannes als auch in Steins Kommentierungen, die Metapher des Liebesspiels, dem zugleich leidhaften und lustvollen Reiz des Verbergens, Suchens und Findens.[118] Ähnlich wie im anfänglichen Gotteserlebnis wird im Leiden *Kraft* von Gott her erfahren, andererseits geht es zugleich um einen Entzug der eigenen natürlichen Kräfte:

> „Darum darf die Seele Trockenheit und Dunkelheit als glückliche Anzeichen ansehen: als Anzeichen, dass Gott daran ist, sie von sich selbst zu befreien [durch Leiden - B.B.-Z.]; Er windet ihr ihre Seelenkräfte aus den Händen."[119]

Stein findet drei Arten von „Vereinigung" im Werk des Johannes vom Kreuz: Zunächst wohne Gott in allen geschaffenen Dingen als Schöpfer und als Erhalter; dann muss unterschieden werden zwischen der gewöhnlichen „gnadenhaften Innewohnung Gottes in der Seele" (d.h. durch Taufe und Glaubensleben) und der „umgestaltenden, vergöttlichenden Vereinigung durch die vollkommene Liebe"[120]. Die letzte Stufe ist die mystische Vereinigung, eine „persönliche Begegnung durch eine Berührung im Innersten". Die höchste Form von Gotteserkenntnis ereignet sich darin, dass eine Erleuchtung von Gott selbst her erlebt wird, die Gottes Wesen und Pläne in einer herzlichen Intimität offenbart.[121]

Nach der dunklen Nacht erhebt sich die Seele dann in einer ekstatischen Liebeserfahrung: der „Lebendigen Liebesflamme", im „strahlenden Licht des Auferstehungsmorgens"[122], in dem wie nebenbei auch die ethische Frage ein für allemal geklärt ist, was nämlich das Rechte in Gottes Augen ist. Der tiefste Ruhepunkt in Gott ist erreicht, wenn die Seele ihn „erkennt, liebt und genießt"[123]. Je höher der Grad der Liebe, desto tiefer ist die Seele von Gott ergriffen. Die Erfahrung der Vereinigung geschieht im rein Geistigen, kann sich allerdings – wie Stein bemerkt – „niemals vollständig in Worte einfangen lassen"[124]. Dennoch nimmt die Darstellung der Liebesbegegnung einen großen Raum innerhalb der Deutungen der sanjuanistischen Werke ein und relativiert damit wiederum die Stellung der negativen religiösen Erlebnisse, des Leidens, der Verlassenheit, des Vernichtetwerdens, des Leer- und Trockenwerdens, die als Durchgangserlebnisse für tiefstmögliche habituelle Liebeserfahrungen fungieren.

Gerade diese Ferne vom natürlichen Ich des Menschen, in der eine Christus-Ähnlichwerdung angestrebt wird durch eine Selbstentleerung ähnlich der Entäußerung Christi von seiner Gottheit (Phil 2,5-11), gerade diese Ferne, die in der Gottverlassenheit ähnlich der Leidens-Erfahrung Jesu am Kreuz gipfelt, provoziert eine größtmögliche Nähe zwischen Gott und Mensch. Diese Nähe lässt sich allerdings nicht herbeizwingen, sondern muss abgewartet werden. Wenn die Nähe von Person zu Person allerdings von Gott her ebenfalls gewollt und gewährt wird, findet sie ihre Höhe in liebender Entspannung und geborgener Ruhe ineinander.

9. Schlussgedanken

Edith Stein zeigt in ihrem Werk auf, wie es möglich wird, durch die Übung der Einfühlung zur feineren Wahrnehmung des Anderen, seiner selbst und Gottes zu gelangen, die uns beziehungsfähiger werden lässt und existenzielle Einsamkeit überwindet. Um sich mit-freuen und auch mit Anderen mit-leiden zu können, braucht es eine eigene psychische Stärke, um nicht am Leiden des Anderen zu verzweifeln oder innerlich zu zerbrechen. Es geht auch in Steins letztem Werk, der *Kreuzeswissenschaft*, nicht um eine Leidens-„Verliebtheit", etwa in der Art, wie vergangene Jahrhunderte die Christus-Nachfolge als exzessive Askese oft fehlinterpretierten. Leiden und „Kreuze" im Leben sind nicht aktiv zu suchen, sondern werden sich ungesucht einstellen. Edith Stein lehrt uns daher sowohl in ihrer Philosophie als auch durch ihre Biographie die „Zustimmung zur Wirklichkeit" (Josef Pieper), die Zustimmung dazu, dass Leiden zum Leben gehören und Mit-Leiden zum Mit-Leben mit Anderen in Gemeinschaft. Die Einfühlung führt das Individuum heraus aus der Isolation, wenn aus dem Ein-Fühlen ein personales Mit-Fühlen wird. Um den Anderen in seinem Leiden tatsächlich stützen zu können, braucht es die eigene Betroffenheit, die allerdings Kraft kostet. Die eigene Kraft zum Mit-Leiden wird dem Menschen gesteigert oder auch ganz neu geschenkt durch die „Kraft aus der Höhe", den Heiligen Geist, der eine Grund-Freude freisetzt, die uns zum Mit-Leid ermächtigt. Wenn ich „von der Freude getragen"[125] bin, von liebenden Armen Gottes, der mir die Zusage gibt, geliebte Tochter, geliebter Sohn Gottes zu sein, dann bin ich stark genug, Andere im Leid begleiten und mit ihnen mitleiden zu können, ohne unter der Last des Leides zu verzweifeln und zusammenzubrechen.

Heute finden wir in der ethischen Diskussion um die aktive Euthanasie die Bestrebung, Leid abschaffen zu wollen, indem man den Leidenden abschafft. Als Wurzel hierfür wird das Motiv des „Mitleids" genannt. Behinderte Kinder werden im Mutterleib getötet, um ihnen und den Eltern „Leid zu ersparen" und man bürdet den Eltern damit ein neues Trauma auf, das Post-Abortion-Syndrom, und der Gesellschaft den Tabu-Bruch der legal sanktionierten Verletzung der Menschenwürde, des Schutzes der unantastbaren Person als Ebenbild Gottes. Aus Mit-Leid töten meint letztlich, ich töte den Leidenden, weil ich mein Mit-Leiden an seinem Leiden nicht mehr ertrage.[126] Wovon schneiden wir uns ab, wenn wir Leid abtöten, wenn wir Behinderte nicht leben und unheilbar Kranke nicht sterben lassen, sondern töten? Edith Steins Analysen der Gemütsbewegungen von Freude und Leid können uns hier Orientierung geben. Ihre Differenzierung zwischen dem Wert, der das Mit-Gefühl auslöst, und dem *Fühlen*, das sich verselbstständigen und den *Wert* verdrängen kann, sind hier hilfreich. Denn unsere Gesellschaft braucht die Erfahrung, dass Menschen mit Behinderung ein *Wert*-voller Teil unserer menschlichen Gesellschaft sind, weil ihre Schwäche für uns eine „Gabe" (Jean Vanier) bedeutet.[127] Das Leid Anderer ruft in mir eine Seite hervor, die Seite des Mit-Leidens und Mit-Freuens, eben des Mit-Fühlens, die in unserer Gesellschaft, die im Prinzip jung, schön und erfolgreich sein will, nicht sehr gefragt ist. Im Kampf ums Überleben im Arbeitsalltag wirkt sie sogar eher hinderlich: meine helfende Seite, d.h. meine Güte, mich ohne Lohn und Anerkennung Schwächeren selbstlos zu widmen. Denn damit anerkenne ich im Prinzip die eigene Möglichkeit, selbst schwach und verletzlich zu sein, und zeige mich erst so wahrhaft menschlich.

Der Mensch im Leid ist auf Kräfte Anderer angewiesen. Andererseits werde ich selbst auf das Durchstehen von eigenem Leid nicht vorbereitet durch das Leben einer Spaßgesellschaft, in dem ich dem Leiden und dem Mit-Leiden mit Anderen ausweiche. Nur wenn ich meine seelischen Kräfte sowohl durch Mit-Freude als auch durch Mit-Leiden einübe, mich also betreffen lasse, gewinne ich selbst seelische Kraft. Um nicht am eigenen und fremden Leid zu zerbrechen, empfiehlt Edith Stein wiederum die Suche nach der übernatürlichen Kraftquelle in Christus.

In der Beziehung zu Gott hat das Leid dann seinen Platz als reinigendes Phänomen auf dem Weg, Christus nachzufolgen, ihm in der Kraft des Heiligen Geistes nahe zu sein. Dennoch ist das leibhaftige Mit-Leiden mit Christus bei Stein lebensweltlich nur ein sekundäres Moment, das durch ihr anfängliches, Kraft spendendes Gotteserlebnis der Wiedergeburt im Heiligen Geist vermittelt ist. Der Mensch braucht zuvor eine anfängliche Motivierung durch die Geborgenheitserfahrung, die Wiedergeburt im Heiligen Geist – eine von der West- im Gegensatz zur Ost-Kirche intellektuell zu wenig bedachte existenzielle Größe.[128] Nur in dieser Stabilisierungserfahrung ist es möglich, in der weiteren Nachfolge bis in die Tiefen der Christusnähe im Anschluss an Johannes vom Kreuz in Leid (sinnlich und geistig, bis hin zur Gottesferne), Tod und Auferstehung mitgehen und sie durch einen höheren Halt mit aushalten zu können.

Der russische Schriftsteller Warlam Schalamow (1907–1982) macht in seinem autobiographischen Essay „Was ich im Lager gesehen und erkannt habe" in Stalins Gulag als Atheist eine Beobachtung, die sich leicht auf Steins Weg nach Auschwitz rückprojizieren lässt, aber auch auf nordkoreanische Lager der Gegenwart[129] zu übertragen ist. Er macht darauf aufmerksam, dass nach kürzester Zeit bei den Menschen, Wärtern wie Gefangenen, ein „Zivilisationsbruch" eintritt, bis auf wenige Ausnahmen:

„Der Mensch wurde innerhalb von drei Wochen zur Bestie – unter Schwerarbeit, Kälte, Hunger und Schlägen. [...] Ich habe gesehen, dass die *einzige Gruppe von Menschen*, die sich auch nur ein wenig *menschlich* benahmen trotz Hunger und Verhöhnung – die *Religiösen* sind."[130]

„Die Religiösen" sind für ihn die entschiedenen Christen, die die Grund-Freude in der „Wiedergeburt im Heiligen Geist" gesucht haben, um die enge Beziehung mit Christus auch im Leiden leben und dabei menschlich bleiben zu können. Wer im größten eigenen Leid noch Mit-Leid zeigen kann, hält – wie Edith Stein auf dem Weg nach Auschwitz – die Menschlichkeit aufrecht.

1 E. Stein, Selbstbildnis in Briefen B. II, ESGA B. 3, Herder Verlag, Freiburg-Basel-Wien 2006, Brief 768 (6.8.1942).
2 A. U. Müller, M. A. Neyer, Edith Stein. Das Leben einer ungewöhnlichen Frau, Benziger Verlag, Düsseldorf 1998, S. 276.
3 I. Eissele, Kalte Kinder. Sie kennen kein Mitgefühl. Sie entgleiten uns, Herder Verlag, Freiburg im Breisgau 2009.
4 Vgl. z. B. E. Lévinas, Humanismus des anderen Menschen, übers. v. L. Wenzler, Felix Meiner, Hamburg 1989.
5 Vgl. die Beschreibung, wie wehrlose Menschen geschlagen werden, die Täter enthemmt durch Alkohol, auch abgestumpft durch eigene Leiderfahrungen, in: S. Kourdakov, Vergib mir Natascha, Felsen Verlag, München 1998.
6 E. Stein, Psychische Kausalität, in: Dies., Beiträge zur philosophischen Begründung der Psychologie und der Geisteswissenschaften, ESGA B. 6, Herder Verlag, Freiburg-Basel-Wien 2010, S. 73.
7 E. Stein, Zum Problem der Einfühlung, ESGA B. 5, Herder Verlag, Freiburg-Basel-Wien 2007.
8 E. Stein, Was ist der Mensch? Theologische Anthropologie, ESGA B. 15, Freiburg-Basel-Wien 2005, S. 41.
9 M. Scheler, Der Formalismus in der Ethik und die materiale Wertethik: Neuer Versuch der Grundlegung eines ethischen Personalismus (Orig. 1916), Bouvier, Bonn 2000; A. Reinach, Die apriorischen Grundlagen des bürgerlichen Rechts, Max Niemeyer, Halle 1913; G. Walther, Ein Beitrag zur Ontologie der sozialen Gemeinschaften, in: „Jahrbuch für Philosophie und phänomenologische Forschung" VI, Max Niemeyer, Halle 1923, S. 1–158; D. von Hildebrand, Metaphysik der Gemeinschaft, Haas & Grabherr, Augsburg 1930. Vgl. W. Rieß, Der Weg vom Ich zum Anderen. Die philosophische Begründung einer Theorie von Individuum, Gemeinschaft und Staat bei Edith Stein, Thelem Verlag, Dresden 2010.
10 E. Stein, Individuum und Gemeinschaft, in: Beiträge zur ..., S. 113.
11 a. a .O., S. 239.
12 Vgl. E. Stein, Der Aufbau der menschlichen Person, ESGA B. 14, Herder Verlag, Freiburg-Basel-Wien 2004, S. 134–158.
13 E. Stein, Individuum und Gemeinschaft, S. 246.
14 a. a. O., S. 221 (Herv. v. B.B.-Z.).
15 Zwei Hinweise auf ihr Praktikum in Psychologie bei William Stern finden sich in: Der Aufbau der menschlichen Person, S. 21, Anm. 30 und: E. Stein, Aus dem Leben einer jüdischen Familie (LJF), ESGA B. 1, Herder Verlag, Freiburg-Basel-Wien 2001, S. 143.
16 E. Stein, Der Aufbau der menschlichen Person, S. 18–20. Sie spricht von der „Psychologie ohne Seele" in: E. Stein, Bildung und Entfaltung der Individualität, ESGA B. 16, Herder Verlag, Freiburg-Basel-Wien 2001, S. 9–14, und: E. Stein, Endliches und ewiges Sein, ESGA B. 11/12, Herder Verlag, Freiburg-Basel-Wien 2006, S. 522f.
17 B. Recki, Die kulturwissenschaftliche Wende, in: „Information Philosophie", Claudia Moser Verlag, Lörrach 2005, H. 3, S. 24.
18 E. Stein, Individuum und ..., S. 247.
19 E. Stein, Der Aufbau ..., S. 78.
20 E. Stein, Psychische Kausalität, S. 65.
21 Der Aufbau ..., S. 104 (Herv. v. B.B.-Z.).
22 E. Stein, Zum Problem der Einfühlung, S. 20. Zur Einfühlung bei Stein vgl. M. Hackermeier, Einfühlung und Leiblichkeit als Voraussetzung für intersubjektive Konstitution: Zum Begriff der Einfühlung bei Edith Stein und seine Rezeption durch Edmund Husserl, Max Scheler, Martin Heidegger, Maurice Merleau-Ponty und Bernhard Waldenfels, Verlag Dr. Kovac, Hamburg 2008.
23 E. Stein, Potenz und Akt, ESGA B. 10, Herder Verlag, Freiburg-Basel-Wien 2005, S. 170.
24 E. Stein, Endliches und ewiges Sein, S. 369. Vgl. Dies., Der Aufbau ..., S. 104f.
25 E. Stein, Potenz und Akt, S. 253.
26 Der Aufbau ..., S. 129.
27 Endliches und ewiges Sein, S. 366.
28 Potenz und Akt, S. 127; vgl. auch S. 127: „Dieses Drei<artige> steht in innerem Zusammenhang: Die innere Auseinandersetzung hat eine gewisse äußere Entgegennahme zur Voraussetzung, das willentliche Ausgreifen eine gewisse innere Auseinandersetzung."
29 Psychische Kausalität, S. 66. Vgl. auch S. 69: „Wenn mir ein Ereignis gemeldet wird, dem ein objektiver Wert oder doch eine positive Bedeutung für mich anhaftet, so erfüllt mich das Erfassen dieses Wertes mit Freude, die Freude belebt mich, und es entquillt ihr das Verlangen, anderen Freude zu bereiten um der Freude willen, die mir zuteil wurde."
30 Vgl. E. Stein, Einführung in die Philosophie, ESGA B. 8, Herder Verlag, Freiburg-Basel-Wien 2004, S. 129.
31 Stein erörtert Theodor Haeckers Position zwischen Thomas und Augustinus' De trinitate, vgl. E. Stein, Ewiges und endliches Sein, S. 379f.; Th. Haecker, Schöpfer und Schöpfung, Hegner Verlag, Leipzig 1934. Vgl. auch Haeckers nachgelassene Schrift, die Stein nicht kennen konnte: Th. Haecker, Metaphysik des Fühlens, Kösel Verlag, München 1950.
32 E. Stein, Ewiges und endliches Sein, S. 383.
33 E. Stein, Zum Problem der Einfühlung, S. 51.
34 Vgl. zur „Tiefe der Seele": B. Beckmann, Phänomenologie des religiösen Erlebnisses. Religionsphilosophische Überlegungen im Anschluß an Adolf

Reinach und Edith Stein, Verlag Königshausen & Neumann, Würzburg 2003, S. 205–208.
35 E. Stein, Kreuzeswissenschaft, ESGA B. 18, Herder Verlag, Freiburg–Basel–Wien 2003, S. 132.
36 E. Stein, Was ist der Mensch, S. 40–41 (Herv. v. B.B.-Z.).
37 Vgl. besonders E. Stein, Freiheit und Gnade, Orig. 1921, bisher unter dem falschen Titel „Die ontische Struktur der Person und ihre erkenntnistheoretische Problematik" in: Dies., Welt und Person. Beitrag zum christlichen Wahrheitsstreben, hrsg. v. L. Gelber, Edith Steins Werke B. VI, Herder Verlag, Freiburg im Breisgau 1962, S. 137–197 (demnächst in ESGA B. 9), aber auch die einschlägigen Stellen in anderen Werken, vgl. C. M. Wulf, Freiheit und Grenze: Edith Steins Anthropologie und ihre erkenntnistheoretischen Implikationen: eine kontextuelle Darstellung, Patris Verlag, Vallendar 2002. Vgl. auch B. Beckmann-Zöller, Heißt Freisein Einsamsein?, in: P. Zöller-Greer, H.-J. Hahn (Hrsg.), Gott nach der Postmoderne, LIT Verlag, Hamburg 2007, S. 148–156, bes. S. 150.
38 E. Stein, Selbstbildnis in Briefen, Teil III: Briefe an Roman Ingarden, ESGA B. 4, Herder Verlag, Freiburg–Basel–Wien 2001, Brief 9 (20.2.1917). Mit „Ideen" meint Stein ihre Arbeit an Husserls Ideen II: E. Husserl, Ideen zu einer reinen Phänomenologie und phänomenologischen Philosophie. Zweites Buch: Phänomenologische Untersuchungen zur Konstitution (Husserliana IV), hrsg. v. W. Biemel, Springer Verlag, Dordrecht 1952.
39 E. Stein, Psychische Kausalität, S. 67, 133 f.
40 Geist, der allerdings in christlicher Sicht „Fleisch geworden ist", sich also „unvermischt und ungetrennt" in Materie inkarniert hat.
41 Vgl. E. Stein, Psychische Kausalität, S. 73; Dies., Einführung in die Philosophie, S. 171 f.
42 E. Stein, Zum Problem der Einführung, S. 20 (Herv. v. B.B.-Z.).
43 a. a. O., S. 67 (Herv. v. B. B.-Z.).
44 Vgl. ebd.
45 E. Stein, Psychische Kausalität, S. 133 f.
46 Ein gemeinsamer Weg von Nicht-Glaubenden und Glaubenden wird von Stein später formuliert hinsichtlich des Philosophierens innerhalb der Grenzen der natürlichen Vernunft, d. h. innerhalb der Phänomenologie. Vgl. E. Stein, Endliches und ewiges Sein, S. 36.
47 E. Stein, Der Aufbau ..., S. 78.
48 E. Stein, Was ist der Mensch?, S. 41.
49 E. Stein, Potenz und Akt, S. 254.
50 Ebd.
51 Ebd. (Herv. v. B.B.-Z.).
52 E. Stein, Was ist der Mensch?, S. 41.
53 Ebd.
54 E. Stein, Der Aufbau ..., S. 82 (Herv. v. B.B.-Z.).
55 Vgl. E. Stein, Potenz und Akt, S. 120–122.
56 Vgl. a. a. O., S. 118, Anm. 1.
57 Vgl. a. a. O., S. 128–130.
58 Vgl. E. Stein, Psychische Kausalität, S. 77.
59 E. Stein, Individuum und .., S. 135.
60 a .a. O., S. 134.
61 Ebd.
62 a. a. O., S. 135.
63 U. Eibach, Sterbehilfe – Tötung aus Mitleid? Euthanasie und „lebensunwertes" Leben, Brockhaus, Wuppertal 1998; Th. R. Payk, Töten aus Mitleid? Über das Recht und die Pflicht zu sterben, Reclam, Leipzig 2004; K. Dörner, Tödliches Mitleid. Zur sozialen Frage der Unerträglichkeit des Lebens, Paranus Verlag, Neumünster 2007.
64 E. Stein, Individuum und ... , S. 155.
65 E. Stein, Psychische Kausalität, S. 60.
66 E. Stein, Individuum und .., S. 154.
67 a. a. O., S. 155.
68 E. Stein, Was ist der Mensch?, S. 41.
69 E. Stein, Der Aufbau ..., S. 113.
70 E. Stein, Individuum und ..., S. 181.
71 Vgl. Ch. Betschart, Was ist Lebenskraft? Edith Steins erkenntnistheoretische Prämissen in „Psychische Kausalität" – Teil 1, in: Edith Stein Jahrbuch 2009, S. 154–183, sowie Teil 2 in: Edith Stein Jahrbuch 2010, S. 33–64.
72 E. Stein, Psychische Kausalität, S. 65.
73 a. a. O., S. 66.
74 E. Stein, Der Aufbau ..., S. 113.
75 Ebd.
76 Ebd.
77 a .a. O., S. 127.
78 a. a. O., S. 113.
79 E. Stein, Psychische Kausalität, S. 65.
80 a. a. O., S. 73, Individuum und ..., S. 171.
81 Psychische Kausalität, S. 73 (Herv. v. B.B.-Z.). Zur Ähnlichkeit mit Adolf Reinachs Analyse religiöser Erlebnisse vgl. B. Beckmann-Zöller, Phänomenologie des religiösen Erlebnisses, S. 65–146.
82 E. Stein, Endliches und ewiges Sein, S. 375. Stein versteht das nicht als einen neuen Gottesbeweis, sondern betont den Anspruch auf Erfahrungsgeltung eines Erlebnisses, in dem ein „geistiges Wesen – sein Dasein und sein Sosein – zur Gegebenheit kommt ohne das Hilfsmittel irgendeiner äußeren Erscheinung". Das sei vergleichbar mit der Erfahrungserkenntnis über andere Personen ohne Vermittlung äußerer Erscheinungen, d. h. über die Einfühlung, Dies., Einführung in die Philosophie, S. 172.
83 E. Stein, Einführung in die Philosophie, S. 171 f.
84 Ebd.

85 H.-B. Gerl-Falkovitz, Verzeihung des Unverzeihlichen? Ausflüge in Landschaften der Schuld und Vergebung, Styria Verlag, Wien 2008.
86 Brief 53 (10.10.1918) (Herv. v. B.B.-Z.).
87 Vgl. B. Beckmann-Zöller, „Die Kraft aus der Höhe". Spirituelle Impulse aus dem Leben und Denken Edith Steins (12.10.1891–9.8.1942). Zum 120. Geburtstag, in: Edith Stein Jahrbuch 2012, Echter Verlag, Würzburg 2012, S. 127–146, hier S. 132–34.
88 „Die Liebe Gottes ist ausgegossen in unsere Herzen durch den Heiligen Geist." Röm 5,5.
89 E. Stein, Übersetzungen IV, Thomas von Aquin: Über die Wahrheit 2, ESGA B. 24, Herder Verlag, Freiburg–Basel–Wien 2008, S. 757 (q 26, 6a 16).
90 E. Stein, Psychische Kausalität S. 73.
91 Vg. P. Hattaway, Heavenly Man. Die atemberaubende Geschichte von Bruder Yun, Brunnen, Gießen 2009, S. 262–272.; Lee Sun-ok, Lasst mich eure Stimme sein! Sechs Jahre in Nordkoreas Arbeitslagern, Brunnen Verlag, Gießen 2010, S. 133–139.
92 E. Stein, Zum Problem der Einfühlung, S. 121f.; Dies., Potenz und Akt, S. 170; Dies., Der Aufbau ..., S. 82, 104f., 127–129; Dies., Was ist der Mensch?, S. 41; Dies., Endliches und ewiges Sein, S. 63–91; Dies., Über die Wahrheit, T. 2, q 26 a 4/5, S. 740–754. Die Dynamik zwischen Freude und Leid wird am intensivsten in Psychische Kausalität (S. 37f., 60, 62, 65–70, 75, 86f., 96) und in Individuum und Gemeinschaft (S. 133–35, 157, 180f, 209, 234) untersucht.
93 E. Stein, Zum Problem der Einfühlung, S. 133f. (Herv. v. B.B.-Z.).
94 E. Stein, Individuum und ..., S. 122, Anm. 154.
95 E. Stein, Der Aufbau ..., S. 128f.
96 E. Stein, Was ist der Mensch?, S. 76 (D 144).
97 a. a. O., S. 83 (Herv. v. B.B.-Z.).
98 „Darum darf sich niemand im Glauben allein schmeicheln, in der Meinung, er sei durch den Glauben allein zum Erben eingesetzt und werde das Erbe erlangen, auch wenn er nicht mit Christus mitleiden würde, um mit verherrlicht zu werden [Röm 8,17]. Denn auch Christus selbst lernte, wie der Apostel sagt, obwohl er Gottes Sohn war, aus dem, was Er litt, Gehorsam und wurde, da Er zur Vollendung gekommen war, für alle, die Ihm gehorchen, die Ursache des ewigen Heils [Hebr 5,8f.].", E. Stein, a. a. O., S. 97 (D 804).
99 E. Stein, Kreuzeswissenschaft, S. 201.
100 a. a. O., S. 53–65.
101 S. 53.
102 Ebd.
103 a. a. O, S. 206.
104 S. 225.
105 S. 125.
106 S. 226.
107 Ebd.
108 a. a. O., S. 45. Geborgenheit gegenüber den drei Feinden: Teufel, Welt und Fleisch. Vgl. auch S. 115: „im Dunkel wohl geborgen", S. 122: „im Dunkel und verborgen".
109 S. 54.
110 S. 48.
111 S. 52.
112 S. 97.
113 Ebd.
114 Vgl. B. Beckmann, Phänomenologie des religiösen Erlebnisses, S. 242–251.
115 E. Stein, a. a. O., S. 131.
116 S. 104.
117 S. 153.
118 Zur Metapher des Verbergens und Suchens Gottes siehe vor allem Steins phänomenologischen Aufsatz zu Dionysius Areopagita von 1940/41, der direkt vor der Kreuzeswissenschaft entstand: E. Stein, Wege der Gotteserkenntnis, ESGA B. 17, Herder Verlag, Freiburg im Breisgau 2003.
119 E. Stein, Kreuzeswissenschaft, S. 114.
120 a. a. O., S. 139.
121 S. 149.
122 S. 157.
123 S. 128.
124 S. 202.
125 E. Stein, Der Aufbau ..., S. 127.
126 Th. Fuchs, R. Spaemann (Hrsg.), Töten oder sterben lassen? Worum es in der Euthanasie-Debatte geht, Herder Verlag, Freiburg im Breisgau 1997, S. 14: „Die [NS-]Tötung sollte als Tat der Liebe und des Mitleids, als Hilfe zu ‚menschenwürdigem Sterben' erscheinen." Spaemann weist auf den Gesinnungswandel in Deutschland während der NS-Zeit hin, mit dem Beginn des Films *Ich klage an* (1942), in dem Mitleid mit einer unheilbar Kranken thematisiert wird, und er zitiert in diesem Zusammenhang aus W. Percys Roman *Das Thanatos-Syndrom*, übers. v. B. Samland, Hanser Verlag, München 1989: „[...] wohin Sentimentalität [hier Mitleid] führt? [...] In die Gaskammer. Sentimentalität ist die erste Maske des Mörders.", a. a. O., S. 21.
127 Erfahrung von Jean Vanier, Gründer der Arche (Gemeinschaft von Behinderten und Nicht-Behinderten), J. Vanier, Gemeinschaft. Ort des Festes und der Versöhnung, Müller Verlag, Salzburg 1983.
128 F. Senn, Der Geist, die Hoffnung und die Kirche. Pneumatologie, Eschatologie, Ekklesiologie, Theologischer Verlag, Zürich 2009.
129 Vgl. Lee Sun-ok, Lasst mich eure Stimme sein!
130 W. Schalamow, Durch den Schnee. Erzählungen aus Kolyma I, übers. v. G. Leupold, Verlag Matthes & Seitz, Berlin 2008, S. 289f. (Herv. v. B.B.-Z.).

Mette Lebech (Maynooth)
Die Anerkennung der Menschenwürde von Demenzkranken. Untersuchungen im Lichte der Philosophie Edith Steins

Annette Bolhorn und ihrem Team im Dorte Marie Heim in Rødovre, Kopenhagen, gewidmet, für die Pflege meiner Mutter im letzten Jahr ihres Lebens.[1]

1. Einleitung

Das Wort „Demenz" bezieht sich im Lateinischen (*dementia*, de-mentia) auf die Auflösung des Verstandes, auf dessen Zerfall. Die englische Wendung „to be demented" trägt noch die lateinische Bedeutung des Unsinns, des Nicht-bei-Sinnen-Seins, des Verrückt-Seins in sich. Im Allgemeinen jedoch versteht man unter Demenz das ganze Spektrum jener psychischen Krankheiten, die vorwiegend (allerdings nicht nur) Menschen höheren Alters betreffen; Krankheiten, die zwar auf einer gewissen physiologischen Ebene auf medikamentöse Behandlung ansprechen, aber leider derzeit noch als unheilbar gelten.

Für gewöhnlich beeinträchtigt Demenz zuerst das Gedächtnis, welches Augustinus als jenen Ort ansah, an dem die Seele ihre Wurzeln in den ewigen Ideen hat. Im Folgenden werde ich unter Berücksichtigung der Phänomenologie Edith Steins darlegen, dass Demenz die „Funktion des Ich" in einem breiteren Sinne beeinträchtigt: nämlich die Fähigkeit der Konstitution, der Identifikation und der Erkenntnis.[2] Wenn jemand nicht zu Erkenntnis imstande ist, kann er, so die Auffassung von Augustinus, seine Ideen auch nicht auf vergangene und gegenwärtige Erfahrungen beziehen. In der Konsequenz kann ein solcher Mensch auch nicht begrifflich denken, bzw. sich erinnern. Ein Mensch, der an Demenz leidet, erlebt die Welt als zunehmend unklar, verwirrend und nicht mehr bewältigbar. Das muss nicht zwingend eine eingeschränkte Fähigkeit zur Einfühlung, zur Wertschätzung und zu Gefühlen bedeuten (außer in dem Maße, in dem Erkennen dafür Voraussetzung ist).[3] Die daraus erfolgende Veränderung der Balance zwischen kognitiven und geistig-seelischen Funktionen kann zu einer quasi erhöhten geistigen Aufmerksamkeit führen, mit welcher die zunehmende intellektuelle Schwäche kompensiert werden soll. Wenn jedoch, wie ich darlegen werde, die Erfahrung „der dunklen Nacht der Seele" zu einem größeren Verständnis der Erfahrungen von Demenzkranken verhelfen kann, kann sie auch verdeutlichen, warum geistig-seelischer Austausch trotzdem möglich ist, ja, manchmal sogar bereichert und vertieft werden kann.

Demenz stellt eine große Herausforderung dar, sowohl für die primär als auch für die sekundär Betroffenen. Beide Seiten müssen sich der Tatsache stellen, *dass das mich betreffen könnte*.⁴ Für die pflegende Person bedeutet das: Ich könnte derjenige sein, der dement ist; für den Kranken heißt es: Ich könnte an der Stelle jener Person sein, die sich um den Leidenden kümmert. Die Herausforderung besteht darin, beide Rollen anzunehmen und sie so zu verstehen, wie sie sich für den jeweils anderen darstellen. Wenn dies gelingt, kann Demenz einen Austausch über jene tiefsten menschlichen Wahrheiten ermöglichen, die alle Beteiligten gleichermaßen betreffen: über die Seele, die Persönlichkeit, den Geist jenseits des Verstandes, das Leben nach dem Tod.⁵ Es ist dies jedoch eine Herausforderung, die nicht leicht anzunehmen ist:

1) Es ist nicht leicht zu akzeptieren, dass Demenz eine menschliche „Möglichkeit" ist, dass sie in einem Menschenleben auftreten kann und dass also auch *ich* daran erkranken könnte. Wird dies aber von der pflegenden Person nicht akzeptiert, kann das beim Kranken das Gefühl auslösen, dass ihm, wegen seiner Krankheit, ausgewichen wird, dass er nicht die ihm zustehende Anerkennung erfährt – was er durchaus zu begreifen imstande ist. Dieses Begreifen wiederum kann tiefe Trauer darüber auslösen, die Verbindung zu dem Anderen zu verlieren, der einen nicht länger anerkennt; Trauer, die so tief empfunden wird, dass sie in der Folge zu einer Ablehnung des eigenen Erlebens führen kann (das vom Anderen ja nicht erfahren wird) und/oder zu einer tieferen Liebe, die sich im Warten darauf äußert, dass der Andere zu begreifen bereit wird.

2) Umgekehrt ist es auch für den Demenzkranken nicht leicht, die Grenzen des Pflegenden zu akzeptieren, besonders weil er nicht mehr abzuschätzen vermag, was alles für ihn getan wird und wie viel das „kostet". Vertrauen muss an die Stelle der verlorenen Übersicht treten, andernfalls vergrößert sich die Last der Pflege immer mehr. Dies wird nach meiner Erfahrung vom leidenden Menschen oft durchaus richtig eingeschätzt. Das Vertrauen bildet gewissermaßen den Schutz der Angehörigen: Um *ihretwillen* ist es nötig, Risiken einzugehen und die Konsequenzen zu tragen. Zu akzeptieren, dass eine derartige Verletzlichkeit auch durch das geliebte Umfeld nicht völlig beschützt werden kann, führt schließlich dazu, dass die Betroffenen auch die Möglichkeit des Todes zu akzeptieren vermögen. Die Betroffenen, das heißt sowohl die primär wie die sekundär Betroffenen (die Pflegenden), können sich gegenseitig nur durch ihr Dulden unterstützen und indem sie sich die Zeit geben anzunehmen, auch angesichts der Möglichkeit von Tod und Demenz *zu leben*.

Das könnte mich betreffen – wenn diese Erkenntnis gelingt, kann sich echtes, geteiltes Glück einstellen, etwa im Austausch über die bereits erwähnten tiefsten menschlichen Wahrheiten. Um der Aufgabe gerecht werden zu können, die eine Demenzerkrankung an uns stellt, ist Reflexion darüber nötig, was und wer wir sind – gerade auch, um ein Erkennen zu ermöglichen. Wir wollen zu diesem Zweck zunächst einen Blick auf die menschliche Beschaffenheit, wie Edith Stein sie sah, werfen. Danach werden wir uns, wieder unter Zuhilfenahme des steinschen Blickwinkels, mit dem Akt der Einfühlung auseinandersetzen, im Zuge dessen wir die Erfahrung eines anderen Menschen nachempfinden, also auch die Erfahrung eines Menschen, der an Demenz erkrankt ist. Schließlich werden wir, nach wie vor im Lichte von Edith Steins Philosophie, einen Vergleich anstellen zwischen einem demenzkranken Menschen und einem Menschen, der die mystische Erfahrung der „dunklen Nacht der Seele" – wie bei Johannes vom Kreuz beschrieben und von Edith Stein in ihrem letzten Werk *Kreuzeswissenschaft* erörtert – durchlebt.

2. Der Aufbau der menschlichen Person nach Edith Stein

Edith Stein sieht die menschliche Person nicht als isoliertes Wesen an. Sie wird von anderen Menschen erzogen, bildet ihr Ich im Spiegel der Anderen aus, steht, selbst in den eigenen Gedanken, im konstanten Austausch mit Anderen und ist imstande, systematisch zu denken, da sie über eine Sprache verfügt, die sie ebenfalls von Anderen übernommen hat und mit diesen teilt.[6] Folglich machen wir unsere Erfahrungen aus zwei Perspektiven: Wir erfahren einerseits, was wir selbst persönlich erleben, andererseits aber auch, was andere Menschen erleben (wenn wir zum Beispiel einen zornigen Blick als Ausdruck des Ärgers über unser Handeln auffangen, oder aber wenn uns eine freundliche Geste zuteilwird). Diese doppelte Erfahrung erlaubt uns, davon zu sprechen, was *wir* erfahren: *Wir* waren im Kino; *wir* unterhielten uns gut bei einem Fest; *wir* waren tief betroffen von einer Nachricht. Mit anderen Worten: Wir existieren in Gemeinschaft und unsere Art, die Welt zu verstehen, speist sich aus dem Verstehen des jeweils Anderen. Unsere Welt ist also sozial konstruiert oder, wie Stein es ausdrückt, „intersubjektiv konstituiert" – das heißt, es ist für mein Begreifen der Welt von Bedeutung, was Andere denken. Und im Gegenzug ist es für die Anderen maßgeblich, wie ich die Welt sehe.[7] Was wir von der Welt denken, schafft Wirklichkeit, mit der wir uns alle auseinandersetzen müssen, wenn wir die Welt in ihrer Beschaffenheit verstehen wollen.

Wir leben als Menschen zusammen, die sich gegenseitig fühlen und wahrnehmen, und bilden dadurch miteinander verbundene Gruppen und Strukturen. Wir verfügen alle über ein „Ich", das den Kern einer Persönlichkeit ausmacht, und dieses Ich bildet den Gradmesser der Erfahrungen – *meiner* Erfahrungen. *Ich* lerne mich als eine Person zu konstituieren, das heißt, mich selbst nicht nur als Subjekt bestimmter Erfahrungen, sondern auch bestimmter Motivationen und Wertschätzungen zu begreifen, genauso wie ich Andere als Subjekte ihrer eigenen Erlebnisse, Motivationen und Wertvorstellungen erlebe.[8] Im Heranwachsen entwickle ich eine Vorstellung von meinem eigenen Ich und ebenso eine Vorstellung meines eigenen Körpers, der gleichzeitig den Ausgangspunkt meiner Orientierung verkörpert und es mir ermöglicht, die Außenwelt mithilfe der verschiedenen Sinne wahrzunehmen. Ich erkenne zudem, dass auch die Anderen über Körper verfügen, die meinem eigenen ähnlich sind (auch wenn der Körper z. B. einer Katze klar anders aussieht und auch wenn ein weiblicher Körper dem meinen ähnlicher sein kann als der eines Mannes oder umgekehrt).[9] In diesem Wechselspiel des „Äußeren" meines Körpers und des „Inneren" meines Ich erlebe ich jene innere „Sphäre", in der ich leiblich lebe und in der ich mich als müde, als in Schmerzen oder als rastend erleben kann, als ausgelaugt oder aber als kraftvoll; Edith Stein bezeichnet diese Sphäre als die „Psyche"[10]. Eben in dieser Sphäre kann man Motivationen verspüren, die Psyche ist quasi der Resonanzkörper der geistigen Welt der Werte, aber sie ist – wie ein Musikinstrument – dennoch auch eine körperliche Größe, die dem Einfluss der Kausalität ausgesetzt und somit auch empfänglich für Einflüsse von außen ist, etwa von Medikamenten, oder auch für Einflüsse des Wetters, der Elektrizität oder anderer physikalischer Kräfte. Die Psyche wird jedoch auch als Teil des psychologischen Ich verstanden, welches wiederum unter dem Einfluss der Persönlichkeit jener Person, die ich bin, steht. Was gefühlt wird, die Beweggründe und Werte, die ich erfahre, all dies erlebe ich – anders als die Elemente der körperlichen Welt – als dem Einfluss der Kausalität enthoben, als unterschiedlich genau dadurch, dass sie motivierend, nicht kausal verursachend sind.[11]

Die Person erlebt sich selbst als frei, das heißt als in der Lage, sich selbst zu motivieren, sich zwischen wahrgenommenen Beweggründen zu entscheiden, die eigene Aufmerksamkeit hierhin oder dorthin zu lenken, kurzum: Sie erlebt sich als zur Motivation fähig. Geistig zu sein heißt demnach ganz einfach, motiviert zu sein, und der Geist an sich ist eben Motiviertheit.[12] Wenn wir die Person als grundlegend geistig charakterisieren, meinen wir damit, dass sie sich als motiviert erfährt und nicht als nur von außen bewegt. Die Persönlichkeit besteht aus den habituellen Wertvorstellungen der Person, die ihren Charakter und – jedenfalls bei psychischen Lebewesen – ihr jeweiliges, von Begabungen und Handicaps geprägtes Temperament spiegeln. Eben diese Persönlichkeit ermöglicht es der Seele, sich zu entfalten oder sich zu vertiefen; eine oberflächliche Persönlichkeit, also eine, die keinen Zugang zur (geistigen) motivierenden Kraft höherer Werte findet, belässt die Tiefen der Seele in einem Schattendasein und ermöglicht ihnen im Leben der betreffenden Person keinen Ausdruck. Am anderen Ende der Skala stoßen wir auf jene Person, deren Persönlichkeit den Antrieb verspürt, der auf den höchsten Werten beruht; dieser Person ist es möglich, die Tiefen der Seele quasi zu erleuchten, und das drückt sich in ihrem Leben und Handeln auch aus. Eine solche Person bezeichnen wir – anders als die oberflächliche Person – als eine wahrhafte oder ausgeprägte Persönlichkeit.[13]

Die Menschen sind sehr unterschiedlich und unterschiedlich ist auch ihr Empfinden von Tiefe. Wir sind ob dieser differenten Auslegung von Tiefe erstaunt und lernen voneinander, und so kommt es dazu, dass unsere Erfahrung eine Herausforderung für andere darstellt. Wir werten unterschiedlich und daher beziehen wir auch unsere Motivation und unsere Energie aus unterschiedlichen Wertequellen: Manche schätzen die Kunst, andere die Wissenschaft, andere lieben Sport, wieder andere Videospiele. Wenn wir etwas erleiden, was uns geistige Energie entzieht, suchen wir nach Möglichkeiten, die Energiereserven unserer Motivation wieder aufzuladen: Wir suchen nach höheren Werten als jenen, die wir bisher anerkannten und die offensichtlich nicht genügten, uns zu einem zufriedenstellenden Leben zu ermächtigen.

Wir orientieren uns dabei an Anderen, die uns möglicherweise neue Energiequellen erkennen lassen. Und wir orientieren uns vor allem an jenen, die Ähnliches wie wir erlitten haben, und an deren Erkenntnissen. Auf bemerkenswerte Weise führt dieser Weg den Leidenden somit zu immer neuer Tiefe, weil er nach einem *Mehr* suchen muss; der zufriedene Mensch hingegen hat dieses Bedürfnis nicht.

Der Verstand, der uns abhanden kommen kann, wenn wir an Demenz erkranken, ist nicht gleichzusetzen mit dem beschriebenen Antriebsvermögen, mit der beschriebenen seelisch-geistigen Fähigkeit, Energie aus jenen Kraftquellen zu schöpfen, welche die Werte darstellen. Der an Demenz leidende Mensch scheint zu Gefühlen fähig zu sein, oft sogar zu tieferen als andere Menschen in seinem Umfeld. Momente tiefsten Kummers oder aber großer Zufriedenheit, etwa aufgrund wärmender Sonnenstrahlen oder angesichts eines Lächelns, geben davon Zeugnis. Demenz scheint den Menschen vielmehr die Fähigkeit zu dauerhaftem Erleben zu rauben (das heißt dazu, sich *innerhalb* der Zeit wahrzunehmen – und sich somit auch *über diesen Zeitraum hinaus* erinnern zu können), wie auch die Fähigkeit, über das Erlebte nachzudenken – wir können nicht vernünftig und in nachvollziehbaren Gedankengängen denken, wenn wir uns nicht erinnern können und Gedanken, die wir gefasst und begründet haben, nicht behalten können.

Das Erleben selbst jedoch findet statt, Motivation und Energie bedürfen nicht der Vermittlung der Konstitution. Das betrifft auch die Erfahrung des Selbst, die nicht in Reflexion und Gedanken geschieht, sondern als direktes Erleben der seelischen Gegebenheiten, ohne Interpretation durch eine übergeordnete Struktur des Verstandes. Oft geschieht es, dass diese Erfahrung durch das Leiden des Kranken hervorbricht und sich ausdrückt, und Zustände wie Verzweiflung oder Seligkeit zeigen sich im Gesicht oder in der ganzen Körperhaltung. Der Verstand, der dem Menschen sein Leben lang dazu gedient hat, die Welt zu verstehen und zu ordnen, bricht nun auf wie eine überflüssig gewordene Hülse (vgl. dazu Joh 12,24: „Wenn das Weizenkorn nicht in die Erde fällt und stirbt, bleibt es allein; wenn es aber stirbt, bringt es reiche Frucht"), die Seele scheint durch in ihrer Schönheit, die nicht von dieser Welt ist, und der Mensch wird – in dem Sinne, dass die Seele nicht gänzlich in dieser Zeitwirklichkeit verhaftet erscheint – durch Ablösung vom Körper auf eine Art Übergang vorbereitet. Die Seele muss sich auch vom Verstand lösen, insofern dieser in seiner Funktion vom Gehirn abhängig ist. Der demenzbedingte Verlust des Verstandes erlaubt uns, die bloße Seele in ihrer ursprünglichen Unschuld noch jenseits von Persönlichkeit, Gewohnheit und Charakter zu sehen. Die Seele ist in diesem Zustand lebendig, jedoch nur „aus den Tiefen heraus" und meist ohne Wörter oder Erklärungen.

Dass vergangene schädliche Gewohnheiten vergessen werden, verhilft der Seele sozusagen zu einer zweiten Chance, in ihrer ureigenen Unschuld sie selbst zu sein und der Welt von Neuem, wie durch die Augen eines Kindes, zu begegnen. Die Demenz erscheint wie eine Probe für den Tod, sie lässt uns – uns, die wir sterben, und uns, die wir noch eine Weile in der Welt bleiben

– einen Blick auf ein Leben außerhalb des Verstandes und seiner Abhängigkeit von der Zeit erhaschen, das geistig ist und wertvoller als alles, was wir je verlieren können. Wenn wir dieses Leben im jeweils Anderen zu bejahen vermögen, indem wir es erkennen, können sich die Leiden des demenzkranken Menschen umgestalten und er kann zum Auslöser dafür werden, dass wir gemeinsam das wertschätzen, was uns gemeinsam ist: die menschliche Würde. Er kann uns somit zu dem Mysterium führen, mit dem er durch sein Leiden mehr vertraut ist als wir.

3. Einfühlung – unser Erleben des Anderen

Wir bedienen uns der Fähigkeit der Einfühlung nicht nur, um herauszufinden oder zu untersuchen, was der Andere erlebt, sondern auch um festzustellen, was von uns erwartet wird – denn dies hängt natürlich maßgeblich von der Erwartungshaltung des Anderen ab. Entsprechend nutzen wir die Einfühlung, um zu verstehen, wie der Andere uns wahrnimmt. Durch „iterierte Einfühlung" versetzen wir uns in die Einfühlung des Gegenübers in uns, und auf diese Weise erkennen wir, was der Andere von uns denkt.[14] Einfühlung ist nicht per se Sympathie: Durch Einfühlung kann ich mir Zugang zur Erfahrungswelt des Anderen verschaffen und kann sie, ohne dass ich seine Beweggründe teilen müsste, nachvollziehen. Ich bediene mich zum Beispiel der Einfühlung, wenn ich ein Verbrechen aufklären will: Ich untersuche die möglichen Motive involvierter Personen, so sehr diese sich auch bemühen, all das zu verbergen, was ihre Motive offenlegen könnte. Einfühlung ist also kein „Extra" in unserem Leben, sondern ein essentielles Mittel zur Orientierung in der Welt und dazu, sie zu verstehen. Einfühlung ist ein Vorgang, der die Erfahrungen des Anderen zum Gegenstand hat – genauso wie sich auch die Wahrnehmung zum Wahrgenommenen oder die Erinnerung zum Erinnerten verhält.[15]

Die Grenzen unserer Fähigkeit zur Einfühlung hängen zunächst mit unserer jeweiligen Persönlichkeitsstruktur zusammen. Es ist an dieser Stelle wichtig zu betonen, dass nicht einfühlsam *zu sein* nicht zwingend gleichbedeutend damit ist, sich nicht einfühlen *zu können*. Der unsensible Mensch bemerkt die Beweggründe des Anderen nicht und oft tut er dies aus bestimmten und nachvollziehbaren Gründen. Personen, die sich so verhalten, können dies allerdings nur deshalb tun, weil sie die Fähigkeit zur Einfühlung besitzen und somit erkennen können, was von ihnen erwartet wird. Mangel an Sensibilität ist somit ein bewusst gewählter Zustand, ein Wesenszug, der auch von einer ablehnenden Haltung gegenüber Leiden herrühren kann, das der Betroffene weder an sich noch an anderen akzeptieren kann. Es kann sich um ein Ausklammern von verschiedenen Erfahrungen handeln, um ein Negie-ren mancher (Arten von) Erfahrungen. Gegen mangelnde Sensibilität kann jedoch etwas getan werden, die betreffende Person kann aufhören, sich unempfänglich zu verhalten, und kann sich den verdrängten Gefühlen und Erfahrungen stellen.[16] Das erfordert eine Entwicklung der Persönlichkeit, die, wenn sie erfolgt, für gewöhnlich von allen Betroffenen als positiv wahrgenommen wird. Mangelnde Sensibilität ist sehr weit verbreitet und zumeist ein Schutzmechanismus, der jedoch ernste Konsequenzen sowohl für diejenigen mit sich bringt, die unverstanden bleiben, als auch für die charakterliche Entwicklung der Person, die sich für diese Haltung entscheidet.

Darüber hinaus kann die Fähigkeit zur Einfühlung aber auch durch ein echtes Fehlen persönlicher Erfahrungen eingeschränkt sein: wenn man vor einer noch nie erlebten Situation steht, wenn man keine Vergleichsmöglichkeiten hat. Diese Art von Einschränkung hängt wiederum mit einer dritten möglichen Ursache für verminderte Empathiefähigkeit zusammen, die sich auf selbst noch nicht gemachte Erfahrungen bezieht. Wenn ich zum Beispiel niemals unerwiderte Liebe erfahren habe, werde ich schwerlich in der Lage sein, Anzeichen davon in Anderen gleich zu erkennen. Wenn ich nie von einem Nervenzusammenbruch heimgesucht wurde, werde ich mir diese Erfahrung ohne entsprechende Hinführung kaum vorstellen können. Einschränkungen dieser Art sind allerdings auf keinen willentlichen Akt der Verweigerung zurückzuführen und daher prinzipiell durch künftige Erfahrungen revidierbar – anders der vorher erwähnte Typ, der nur durch eine bewusste Hinwendung zur eigenen sensiblen Seite korrigierbar ist.

Wenn wir einem Menschen mit Demenz begegnen, spielen alle diese Einschränkungen und Beschränkungen eine Rolle. Auf der einen Seite mögen wir nicht imstande sein zu verstehen, was es bedeutet, seinen Verstand auf diese Weise zu verlieren. Häufig wollen wir es auch gar nicht wissen; wir nehmen eine unempfängliche, gefühlskalte Haltung an, die demente Person als ganze wird durch unsere Haltung abgekapselt und von unserem Erleben völlig isoliert, mit anderen Worten: Sie wird ausgetilgt. Für den demenzkranken Menschen führt dies zu großem Leid, denn er nimmt Beweggründe für dieses Verhalten durchaus wahr und es bekümmert ihn, die Ursache für das solcherart verheimlichte Leid der Angehörigen zu sein. Je besser wir das Leid des demenzkranken Menschen annehmen können – und das bedeutet, das Leid als ein Leid zu begreifen, das uns auch selbst treffen kann (andernfalls könnten wir uns kaum einfühlen) –, desto eher ist es dem Kranken möglich, einen Weg nach vorne zu sehen. Dieser Weg nach vorne weist in unbekanntes Terrain, das es zu erforschen gilt; diese Erfahrungen zu machen und über diese Erfahrungen zu sprechen kann für die gesamte Gesellschaft von großem Wert sein.

Auf der anderen Seite dürfen wir das Neuartige in dieser Erfahrung nicht unterschätzen; wir dürfen nicht davon ausgehen, dass wir unmittelbar Zugang zu dem gewinnen, worin wir keinerlei Erfahrungswert haben. Um zu verstehen, was es heißt, seinen Verstand zu verlieren und nicht mehr in der Lage zu sein, zu erkennen und wiederzuerkennen, braucht es eine Transformation, die dem nahekommt, was jemand erlebt, der an Demenz erkrankt. Der von Demenz betroffene Mensch kann uns helfen, einen Zugang zu seiner Welt zu erlangen, wenn wir gewillt sind, ihm zuzuhören und in Gefilde zu folgen, die uns vielleicht einen Eindruck davon geben, was auf uns zukommen könnte, wenn wir sterben, wenn es dem Ende zugeht. Es liegt jedoch auf der Hand, dass wir uns darauf vorbereiten müssen, uns genauso verloren und orientierungslos zu fühlen, damit wir den Einblick, den uns der Kranke in seine Welt gewährt, erfassen können. Eine solche Vorbereitung lohnt sich in der Tat: nicht nur, weil es uns auf diese Weise möglich wird, in Solidarität mit dem Kranken zu leben, sondern auch weil es sich dabei um eine „normale" Entwicklung der Seele handelt, wenn sie heranreift und sich für ein tieferes Verständnis der menschlichen Zusammenhänge bereit macht. Es ist normal, dass das Leben unser Verständnis der Welt nicht nur immer wieder herausfordert, sondern oft auch übersteigt und viele Male umformt, während wir auf Basis unserer Erfahrungen zu verstehen versuchen, wozu wir da sind und was unser Lebenszweck ist. Die Seele nimmt selbstverständlich Anteil am Leid, sie lebt damit, um schlussendlich zu dem zu gelangen, was Edith Stein die „Kreuzeswissenschaft" nennt.

4. Die „dunkle Nacht der Seele"

Die Passion Jesu ist eine jener Erfahrungen, die uns durch unsere Fähigkeit zur Einfühlung zugänglich ist, etwa wenn wir über sie im Evangelium lesen. Dass er das Kreuz getragen hat und am Kreuz gestorben ist – eine römische Art der Folter und der sozialen Kontrolle durch Beschämung –, bildet ein Todesszenario, das wenige Menschen unberührt lässt. Das Hinnehmen der Möglichkeit, dass einem Unschuldigen solches Leiden widerfährt, und die gleichzeitig darinliegende potenziell befreiende Wirkung auf andere waren für Edith Stein Anlass, darüber nachzudenken, welche Auswirkungen es auf den Menschen haben kann, derartiges Leid anzunehmen. Sie spricht dabei von einer „Wissenschaft", weil damit – über das Aufbrechen der Kategorien eines zufriedenen Lebens hinaus – ein tieferes und gesicherteres Verständnis darüber erlangt wird, wie die Dinge „wirklich sind".

Diese Wissenschaft befasst sich also mit einer Wahrheit, die „aktiv und lebendig" ist, die den Menschen quasi von innen heraus zu neuer Erkenntnis über die inneren Zusammenhänge der Welt führt. „Einem Samenkorn gleich wird sie in die Seele gesenkt, schlägt darin Wurzeln und wächst, gibt der Seele ein bestimmtes Gepräge."[17] Wenn diese Seele ihren Erfahrungen Ausdruck verleiht, kann dies zu einer Theorie der Erfahrung beitragen. Diese Theorie ist insofern eine „christliche Philosophie", als sie auf der Idee vom Kreuz Christi (also des Einen, der kommen sollte, des Menschensohnes) aufbaut, und die Pflege dieser Erfahrung ist es, die den Samen aufgehen lässt.[18] Die Frucht dieser Wissenschaft ist ein auf besondere Weise vertiefter Blick auf den Menschen, der es uns ermöglicht, schärfer zu sehen, sowie ein erweitertes Verständnis für die Tiefen und sogar für die Wurzeln der Seele, die Stein in der folgenden Weise darstellt:

„Die ‚Gedanken des Herzens', das ist das ursprüngliche Leben der Seele in ihrem Wesensgrunde, in einer Tiefe, die vor aller Spaltung in verschiedene Kräfte und ihre Betätigung liegt. Die Seele lebt sich darin aus, so wie sie in sich selbst ist, jenseits von allem, was durch die Geschöpfe in ihr hervorgerufen wird. Wenn dieses Innerste die Wohnstätte Gottes und der Ort der Vereinigung der Seele mit Gott ist, so flutet doch das Eigenleben hier, ehe das Leben der Vereinigung beginnt: auch dort, wo es nie zu einer Vereinigung kommt. Jede Seele hat ja ein Innerstes, und dessen Sein ist Leben. Aber dieses Ur-Leben ist nicht nur vor anderen Geistern, sondern auch vor ihr selbst verborgen. Das hat verschiedene Gründe. Das Ur-Leben ist formlos. Die ‚Gedanken des Herzens' sind durchaus noch keine ‚Gedanken' im üblichen Sinn, keine fest umrissenen, gegliederten und faßbaren Gebilde des denkenden Verstandes. Sie müssen durch mancherlei Formungen hindurchgehen, ehe sie zu solchen Gebilden werden. Sie müssen erst ‚aufsteigen' aus dem Grunde des Herzens. Dann kommen sie an eine erste Schwelle, wo sie ‚spürbar' werden. Dies ‚Spüren' ist eine viel ursprünglichere Weise des Bewußtseins als das verstandesmäßige Erkennen. Es liegt auch noch vor der Spaltung der Kräfte und Tätigkeiten. Es fehlt ihm die Klarheit des rein verstandesmäßigen Erkennens; andererseits ist es reicher als eine bloße Verstandeserkenntnis. Was aufsteigt, wird gespürt als mit einem Wertcharakter behaftet, der die Entscheidung an die Hand gibt, ob man das, was aufsteigt, ‚aufkommen' lassen soll und will oder nicht. Es ist hier noch anzumerken, daß das, was rein natürlicherweise aufsteigt und spürbar wird, schon nicht mehr das rein innere Leben der Seele ist, sondern schon Antwort auf etwas, was sie in Bewegung gebracht hat. Aber das führt in eine Richtung, die wir hier nicht weiter verfolgen können. An der Schwelle, wo die aufsteigenden Regungen gespürt werden, beginnt die Scheidung gattungsmäßig trennbarer seelischer Fähigkeiten und die Ausformung faßbarer Gebilde: dahin gehören vom Verstand ausgearbeitete Gedanken mit ihrer vernunftgemäßen Gliederung (das sind ‚innere Worte', für die sich dann auch ‚äußere Worte' finden lassen), Gemütsbewegungen und Willensentschlüsse, die als wirkende Kräfte in den Zusammenhang des seelischen Lebens eintreten."[19]

Die Kreuzeswissenschaft ermöglicht uns also, die Wurzeln der Seele zu erkennen, aus denen die Gedanken des Herzens erwachsen, und zu bemerken, was nicht nur in uns selbst, sondern auch in andern, ob an Demenz leidend oder auch nicht, aufkommt. Denn die Kreuzeswissenschaft erkennt, dass die Fähigkeit des Wiedererkennens (Konstitution und Identifikation) für ein geistiges Leben nicht notwendig ist, und weiß deshalb das Leiden hin- und anzunehmen, selbst wenn damit gemeint ist, dass jemand seinen Verstand verliert. Somit ist die Kreuzeswissenschaft insbesondere für diejenigen wichtig, die mit Menschen zu tun haben, die an kognitiven Beeinträchtigungen leiden: Sie ermöglicht eine Art der Kommunikation, die nicht auf klaren Erkenntnisfähigkeiten und deren spezifischen Funktionen beruht, sondern zu den tiefsten spirituellen Wurzeln der Seele Zugang hat, wo unter Umständen die letzten entscheidenden „Wahlmöglichkeiten" des diesseitigen wie des jenseitigen Lebens angesiedelt sind und wo die Wandlung der Seele in die Zeitlosigkeit stattfindet.

Dass die Seele bestimmter Erfahrungen der Sinne, des Gedächtnisses und des Intellekts beraubt wird, kann hier insofern hilfreich sein, als die Gedanken des Herzens nicht mehr länger verschleiert, zugedeckt oder durch aktivkonstitutionelle Akte gestört werden. Ein „geistiger Begleiter" kann die Seele, die „die dunkle Nacht der Seele" durchläuft, dabei unterstützen, dies zu erkennen. Er begreift das Leiden der Seele als Zeichen ihrer Reifung und er weiß um das verborgene Geheimnis der göttlichen Liebe, dass nämlich Vereinigung nur auf diesem Weg erlangt werden kann.

Die dunkle Nacht der Seele in ihren verschiedenen Stufen, wie sie der hl. Johannes vom Kreuz beschreibt, ist daher tatsächlich die Gestalt, welche die reifende Seele annimmt: Das entspricht der Vertiefung der Seele, ihrem Zugang zu den eigenen spirituellen Tiefen durch die Identifikation mit allen menschlichen Dingen. Die Seele relativiert dabei ihre Identifikation mit ihrer physischen, psychologischen oder im Verstand verankerten Identität, um ganz spirituell zu sein an jenem Punkt, von dem aus sie über sich selbst erhoben wird und sich erfüllt und verliert im Ewigen Leben Gottes.

Dem demenzkranken Menschen eröffnet sich hier dieselbe Möglichkeit wie dem Mystiker, ob eine solche Erfahrung gesucht oder (in welcher Form auch immer) ersehnt wurde oder auch nicht. Wie der Mystiker hat auch der kognitiv beeinträchtigte Mensch keine Stimme in der Wahl seines Zustandes: Es ist Nacht, das ist so hinzunehmen. Sich gegen die Dunkelheit aufzulehnen mag in der ersten Stufe der Demenzerkrankung eine Möglichkeit sein, dann aber tritt eine Ohnmacht ein, die ein solches Auflehnen unmöglich macht. Und genau hier liegen die Chance und die Möglichkeit eines Friedens, der über das weltliche Maß hinausreicht – die Möglichkeit eines Friedens, der den Leidenden erlösen kann wie auch all jene, die mit ihm leiden: Wer durch die dunkle Nacht der Seele geht, ob ihn nun die Demenz dorthin führt oder ob er diesen Zustand bewusst im Gebet auf- und annimmt – *für uns* oder aber dem Geschehen ausgeliefert –, wird die Früchte ernten: die Fähigkeit, andere dorthin zu begleiten, was die mystische Tradition „Vollendung" nennt. Diese Vollendung ist nichts anderes als Liebe.

5. Schlussbemerkung

Der demenzkranke Mensch kann uns manches über die dunkle Nacht der Seele lehren und uns dorthin führen. Und wir können einen besseren Zugang zu ihm finden, wenn wir es wagen, uns selbst aus eigenem Antrieb auf diesen Weg zu machen und die Botschaft des Kreuzes in unseren Herzen aufzunehmen wie ein Samenkorn. Das ist die Grundvoraussetzung für unsere eigene Vollendung und der Prozess unserer persönlichen Seelenreifung wird somit in dem Moment, in dem uns die Demenz eines Angehörigen oder einer Person, die wir pflegen, dazu nötigt, zu einer Hilfestellung unser „volles Potential" auszuschöpfen und menschlicher zu werden. Wie auch immer wir es betrachten, das Leid, das uns die Demenz auferlegt, kann für den kranken wie für den pflegenden Menschen erlösend sein, wenn es als etwas angenommen wird, das auf schmerzhafte Weise Bedeutung hat: Der Leidende ist der Quell lebendigen Wassers für alle, die anhalten möchten, um davon zu trinken.

Aus dem Englischen von Elisabeth Kapferer und Richard Hörmann

1 Dieser Text beruht auf einem Vortrag in englischer Sprache, der bei der Internationalen Tagung der *International Association of Catholic Bioethicists (IACB)* in Köln, 13.-15. Juli 2009, gehalten wurde. Auf English wurde der Artikel publiziert in: Enda McDonagh and Vincent McNamara (Eds.) An Irish Reader in Moral Theology, Vol. III, Medical and Bioethics, Columba Press 2012.

2 Stein lehnt sich in dem Begriff „Konstitution" an Husserl an. In ihrer Dissertation *Zum Problem der Einfühlung* behandeln Kapitel 3 und 4 „Konstitutionsprobleme" (Einl. zu Kapitel 3), d. h. wie das Ich sich selbst als psycho-physisches Individuum und Person identifiziert. Husserl verstand unter Konstitution die transzendentale Funktion, die einem Objekt erst einen Sinn verleiht. Er charakterisierte Konstitution als „den zentralen Gesichtspunkt der Phänomenologie" (Ideen, § 86).

3 Dass das Ich aus mehr besteht als aus der reinen Form, ist eine Idee, die bei Stein weiter entwickelt ist als bei Husserl. Sie betrachtet die Person als das Subjekt der Werterfahrung (Motivation), ob nun auf Gefühle, Wertigkeiten oder Handlungen bezogen. E. Stein, Zum Problem der Einfühlung, Kapitel IV, 2.

4 *Zum Problem der Einfühlung* ist ein Buch über die wissenschaftstheoretische Voraussetzung für intersubjektive Erfahrung und für Wissen, das durch Einfühlung konstituiert wird. Einfühlung ist mein Erfahren der Erfahrungen eines Anderen (unabhängig davon, ob ich vollständig begreife, was der Andere erlebt). Ich kann also empathisch sein, ohne (exakt) zu wissen, was der Andere durchlebt, allerdings nicht, ohne *offen* für die Erfahrung des Anderen zu sein.

5 Bezüglich der Seele siehe E. Stein, Zum Problem der Einfühlung, Kapitel III, 3; was die Person anbelangt, siehe Kapitel IV. Mit „Geist hinter dem Verstand" meine ich hier das, was uns motiviert, was wir aber nicht klar beschreiben können, was uns tief ergreift, bevor wir es begreifen. Mit „Leben nach dem Tod" beziehe ich mich auf eine Lebens-Erfahrung jenseits der mentalen Welt, die für jemanden mit Demenz auf merkwürdige Art und Weise Realität wird, so wie die Regungen des Herzens oftmals ohne vermittelnde geistige Erfahrungen spürbar werden, wie es etwa inmitten der Erfahrung des physischen Todes durch Krankheit oder große Schwäche erlebt wird. Eine Person, die all ihrer psychischen Energien beraubt ist, empfindet dies beinahe als eine Art Tod, der aber, und das zur Überraschung desjenigen selbst, nicht den eigentlichen Tod darstellt, sondern ein ruhendes Leben, das sich jenseits der Zeit zu befinden scheint, in dem die folgerichtige Identifikation der Dinge keine große Bedeutung hat, die menschliche Güte hingegen aber eine unerwartete Bedeutsamkeit annimmt.

6 Die philosophische Anthropologie Edith Steins wird eingeleitet durch ihre frühen Werke *Zum Problem der Einfühlung* (1917) und *Beiträge zur philosophischen Begründung der Psychologie und der Geisteswissenschaften* (1922), differenziert in *Eine Untersuchung über den Staat* (1925) und *Eine Einführung in die Philosophie* (1919-31), bevor sie sich in den beiden Werken *Der Aufbau der menschlichen Person* (geschrieben 1931) und *Was ist der Mensch?* (geschrieben 1932) konsolidiert. Für die frühen Werke siehe: M. Sawicki, Body Text and Science, Kluwer Publishing, Dordrecht 1998; M. Lebech, Study Guide to Edith Stein's Philosophy of Psychology and the Humanities, in: Yearbook of the Irish Philosophical Society, Maynooth 2004, pp. 40-76 (siehe auch http://eprints.nuim.ie/393/1/Edith_Stein.pdf). Für die späteren Werke siehe auch: S. Borden, Edith Stein, Continuum, London-New York 2003; M. Lebech, Edith Stein's Philosophy of Education in The Structure of the Human Person, in: T. Kelly, What Price the University?, Special Issue of „Maynooth Philosophical Papers", Maynooth 2006. Selbstverständlich finden wir Edith Steins philosophische Anthropologie in ihren späteren Werken weiterentwickelt, so in *Endliches und ewiges Sein* und *Kreuzeswissenschaft*, hier nun als Lehre von der Reifung der menschlichen Seele in der Metapher des Kreuzes verstanden. Sowohl in *Der Aufbau der menschlichen Person* bzw. *Was ist der Mensch?* als auch in *Endliches und ewiges Sein* werden der christliche Glaube und seine Doktrin auf der Basis der Heilserfahrung vom Leben und Sterben Christi auf ihre Angemessenheit hin erörtert. Die *Kreuzeswissenschaft* stützt sich darauf.

7 E. Stein, Individuum und Gemeinschaft, in: Dies., Beiträge zur philosophischen Begründung der Psychologie und der Geisteswissenschaften, Max Niemeyer, Tübingen 1970.

8 E. Stein, Zum Problem der Einfühlung, III, 5 und IV, 4.

9 a. a. O., III, 4.

10 E. Stein, Psychische Kausalität, in: Dies., Beiträge zur philosophischen Begründung der Psychologie und der Geisteswissenschaften, ESGA B. 6, Herder Verlag, Freiburg-Basel-Wien 2010, Abhandlung I.

11 a. a. O., Abschnitt III und V.

12 E. Stein, Zum Problem der Einfühlung, IV: Motivation als Gesetzlichkeit des geistigen Lebens.

13 E. Stein, Individuum und Gemeinschaft, II, §3, c und §4, d, sowie Dies., Einführung in die Philosophie, II, b, β.

14 E. Stein, Zum Problem der Einfühlung, II, §3, f: Iterierbarkeit der Einfühlung – reflexive Sympathie.

15 a. a. O., II.
16 Dieses Phänomen wird von Max Scheler als „Ressentiment" beschrieben und als solches von Stein übernommen.
17 E. Stein, Kreuzeswissenschaft, ESGA B. 18, Herder Verlag, Freiburg–Basel–Wien 2003, S. 5.
18 Stein gibt zu, dass ihre Philosophie eine christliche ist, bereits ab ihrer Zwillingsanthropologie. Ihre Rechtfertigung dafür und die Diskussion dieser Charakterisierung sind nachzulesen in *Endliches und ewiges Sein*, Kapitel I, §4. Dass ihre Philosophie phänomenologisch bleibt, was den Titel des Artikels rechtfertigt, ist etwas, was ich an anderer Stelle darlege. Siehe M. Lebech, Why do we need the Philosophy of Edith Stein?, „Communio" No. 38/4 (2011), pp. 682–727.
19 E. Stein, Kreuzeswissenschaft, S. 131–132.

Claudia Mariéle Wulf (Tilburg/Utrecht/St. Gallen)
Die Ethik des Opfers.
Eine phänomenologische Annäherung an Edith Steins Grundhaltung angesichts des Unvermeidlichen

Edith Steins Erbe lässt sich als ethische Herausforderung begreifen. Zunächst sei hier ein etwas längerer phänomenologischer Angang präsentiert; es wird also nicht direkt Edith Stein als Person in den Mittelpunkt gerückt, sondern exemplarisch ihre Arbeitsweise anhand des Themas „Opfer" vorgestellt. Die in dieser kurzen phänomenologischen Analyse gewonnenen Erkenntnisse werden sodann an wichtigen Meilensteinen des Lebens Edith Steins aufgezeigt und mit einigen noch wenig untersuchten Aspekten ihres Werkes verbunden, nämlich ihren Ausführungen zur Mittlerschaft. Beide Aspekte, Opfer und Mittlerschaft, lassen sich in ihrer Lebensvollendung wiederfinden – so die These.

1. Eine phänomenologisch-anthropologische Annäherung an den Opferbegriff

Der Begriff „Opfer" bezieht sich in heutigen Medienäußerungen meist auf eine Person, die zum Opfer geworden ist: zum Opfer der Gewalt oder der Gier, der machtpolitischen Ränkespiele oder der Gedanken- bzw. Gewissenlosigkeit unverantwortlicher Zeitgenossen. Wir zählen die Opfer der Kriege und des Straßenverkehrs, des Missbrauchs und des ökonomischen Kalküls. Die andere Seite des Opferbegriffs liegt weit weniger nahe: das Faktum, dass jeder/jede in seinem bzw. ihrem Leben Opfer bringen muss. Diese Opfer versuchen viele von uns mit aller Kraft zu vermeiden oder abzuschaffen. Doch es will uns nicht gelingen. Ich werde versuchen darzustellen, dass eine adäquate Auffassung vom Opfern zu einem tieferen Verständnis des Menschseins führt und überdies dazu beiträgt, einen missverstandenen Heroismus, eine Gewaltlegitimierung und einen opfersüchtigen Terrorismus zurückzuweisen.

1.1. Opfer – eine Begriffsklärung

Die deutsche Sprache ist nicht sehr differenziert in der Verwendung des Wortes „Opfer". Das Englische z.B. unterscheidet zwischen „victim", demjenigen, der zum Opfer einer Handlung Anderer geworden ist, und „sacrifice", der Opfergabe bzw. dem Opfern als Handlung. Wenn ich zunächst einmal die Opfergabe nenne, so ist diese ein Geschenk, ja, der Opfernde kann sich selbst aus innerer Freiheit zum Opfer bringen.[1] Wird jemand hingegen durch Andere in eine Situation gebracht, die ihm etwas abverlangt, was er nicht geben wollte, so wird dieser Jemand zum Opfer.

Etwas *opfern* heißt eigentlich: *bewusst und frei etwas geben oder loslassen, was eigentlich wichtig oder bedeutsam war*. Dieses Etwas muss also aus guten Gründen gegeben werden. Meistens opfert man etwas, um etwas anderes zu erhalten, das man als wichtiger oder höher einschätzt. Ein Opfer muss überdies *freiwillig* gegeben werden. Manchmal verlangt uns das Leben Opfer ab, ohne dass eine Wahlmöglichkeit besteht. Dann kann man dieses Opfer so erleben, dass man selbst zum Opfer wird – oder man bejaht das Unvermeidliche und begegnet ihm so mit innerer Freiheit. Auf diese Weise verwandelt man das abgeforderte Opfer in ein freiwillig gegebenes Opfer und wird somit nicht selbst zum Opfer.[2] – Wir werden sehen, dass diese Möglichkeit in Edith Steins Leben eine große Rolle spielt.

Ein Opfer wird zudem zumeist in einer *interpersonalen Beziehung* gebracht: Ein Mensch opfert etwas für einen Anderen – manchmal ohne dass der Andere davon weiß. Das kann z. B. im Kontext einer Versöhnung der Fall sein: Wenn der Schuldige nicht die Möglichkeit hat, die Strafe auf sich zu nehmen, so kann ein Anderer für ihn einspringen. Dieser Vollzug begegnet uns im religiösen wie auch im profanen historischen Kontext.

Die dem Opfern entgegengestellte Haltung ist der *Konsum*.[3] Hier und jetzt muss alles zur Verfügung sein, perfekt und gratis. Alles muss sich nach den eigenen Wünschen und Vorstellungen richten. Das ist die Grundhaltung vieler in der modernen Gesellschaft – und doch gilt auch für sie, dass ein Leben ohne Opfer nicht denkbar ist.

1.2. Facetten des Opferns

Die genannten Aspekte sollen nun einer weiteren Entfaltung zugeführt werden. Anhand des Wortfeldes „Opfer" lassen sich verschiedene Facetten des Opfers aufzeigen: zunächst das Wort „Opfer" selbst, das in seiner lateinischen Entsprechung „sacrificium" die direkte Verbindung zum Heiligen aufweist, sodann das Darbringen des Opfers und schließlich das Faktum, dass man selbst zum Opfer werden kann.

1.2.1. Opfern und Opfergabe

Der lateinische Begriff „sacrificium" fügt das Wort „sacer" (heilig) zu „facere" (machen). Wir befinden uns mit dem Opfer in der Sphäre des Heiligen. Etwas wird getan, wodurch etwas geheiligt wird. Religiös betrachtet wird durch das Opfern etwas geheiligt, weil es auf den Heiligen ausgerichtet wird. In diesem Kontext wird das Opfern also verstanden als eine Art Konsekration des Profanen, weil die Opfergabe an das Heilige übereignet wird. Im religiösen, aber auch im profangeschichtlichen Kontext wurde das Opfer z. B. als Wiedergutmachung für Schuld verstanden. Mit dem Opfer kaufte man sich los von Strafe oder – so eine andere Möglichkeit – man erkaufte sich, was man nötig hatte. Im Extremfall wurde ein Mensch geopfert oder er opferte sich selbst, um das von der Gottheit geforderte Gut zu erhalten oder um einen feindlichen Herrscher milde zu stimmen. Das Opfer als Preis kehrt in den Schriften René Girards zurück, hier eben im profanen Sinne, weil das Menschenopfer von allen eingefordert und vollzogen wird für die Erhaltung des gesellschaftlichen Friedens.[4]

Dennoch ist dies eine gefährliche Verengung des Opferbegriffs. Das Opfer wird reduziert zum Preis. Damit verkommt zur Ökonomie, was als personale Beziehung begonnen hatte. Alexander Deeg lenkt unsere Aufmerksamkeit auf die Beziehung Gott – Mensch, indem er das Opfer als „Nahung"[5] beschreibt, was die tiefste Bedeutung des Opfers ist, nämlich die Annäherung an den Heiligen.

1.2.2. Das Opfer darbieten/darbringen

In den germanischen Sprachen wird ein anderer Aspekt des Opferns hervorgehoben, nämlich das Darbringen oder Darbieten des Opfers („to offer"). Dadurch wird die Freiheit der Gabe wie die Freiheit der Annahme dieser Gabe unterstrichen. „Opfern" meint hier: aus freiem Herzen etwas geben, was das Gegenüber nicht zwingt, die Gabe anzunehmen. Hier zeigt sich das Wesen der Opfergabe: Sie ist ein Geschenk, das Wertschätzung und Achtung der empfangenden Person gegenüber zum Ausdruck bringt. Die Freiheit desjenigen, dem das Opfer angeboten wird, drückt sich im Deutschen aus durch das Verb „darbieten" bzw. „darbringen" – beides Tätigkeiten, die sich mit Respekt an das Gegenüber der Gabe wenden und die ihm die Gabe nicht aufzwingen, sondern anbieten.

1.2.3. Der zum Opfer Gewordene

Das Opfer („victim") muss ebenfalls in seiner Freiheit respektiert werden. Niemand darf zum Opfer gezwungen oder zum Opfer gemacht werden. In diesem Falle würde jemand seiner Freiheit beraubt. Ein erzwungenes Opfer kann nicht mehr als freiwillige Gabe aufgefasst werden; die Opferung eines Freien gegen seinen Willen würde das Opfer sogar pervertieren.[6] Daher wehren sich Vertreter des Judentums gegen die Bezeichnung der Shoa als „Holocaust", da ein „holocaustum" ein freiwillig dargebrachtes Brandopfer ist, wovon bei der Shoa eben keine Rede sein kann. Das Opfer in der passiven Rolle klagt schlussendlich denjenigen an, der es gegen seinen Willen opfert, wie Emmanuel Levinas, der auf dem Hintergrund der erlebten Shoa seine Philosophie formuliert, festhält.[7] Daraus erwächst eine gewisse „Unmöglichkeit zu töten"[8], denn der Andere sagt schon durch sein Sein: „Du wirst nicht töten."[9]

1.3. Opfer als anthropologisches Faktum

Indem ich das Opfer als einen freien Akt charakterisiere, qualifiziere ich es als menschliche Möglichkeit. Indem ich gleichzeitig die begrenzten menschlichen Möglichkeiten respektiere, muss ich das Opfer auch als menschliche Notwendigkeit auffassen. Ich gebe zunächst eine kurze Definition, die ich dann ausarbeite:

Ein Opfer erwächst aus Freiheit: Ein Mensch entscheidet freiwillig, etwas zu geben, was er gern behalten hätte; es ist etwas, was für ihn einen gewissen Wert hat und was er deshalb ungern weggibt. Aber er gibt es, um dafür einen größeren Wert zu erhalten, wobei er noch nicht weiß, ob er diesen Wert je erhalten wird. Das Opfer ist durch Hoffnung getragen und auf größere Hoffnung gerichtet.

In dieser kurzen Definition finden sich die Wesensmomente des Opfers wieder:
• Es wird freiwillig gegeben.
• Es fällt nicht leicht, das zu Gebende aufzugeben.
• Das zu Gebende hat einen gewissen Wert und wird nur gegeben, um einen anderen Wert zu erhalten.
• Ob der andere Wert erreicht wird, ist nicht sicher.
• Das Opfer wird darum in der Grundhaltung der Hoffnung dargebracht und ist auf größere Hoffnung gerichtet.

1.3.1. Das Opfer – eine menschliche Möglichkeit

Ein Opfer ist also ein Geschenk, das freiwillig gegeben wird. Diese Freiwilligkeit ist Wesenselement, was sich zeigt, wenn man von der Negation her denkt. Wenn jemandem ein Opfer abgefordert wird, nennen wir das „Tragik". Tragik ist ein negatives Ereignis, dem man nicht entrinnen kann. Die Tragik gibt in der Regel keinen Anlass zum Opfern, sondern macht den Betroffenen zum Opfer. Das kann auch geschehen, wenn jemand mit viel gutem Willen etwas weggibt, ohne die Konsequenzen überschauen zu können, die dieses Opfer nach sich zieht. Werden die ungewollten Folgen des Opfers sichtbar, so wird auch das als Tragik erfahren. Hier zeigt sich ein weiteres Element, das eng mit der Freiheit verbunden ist: die Bewusstheit. Nur das gehört zum Raum der Freiheit, was bewusst ist. Insofern ist ein Opfer nur dann als vollwertiges Opfer anzusehen, wenn es mit voller Freiheit und voller Bewusstheit dargebracht wird. Nichtsdestoweniger kann man auch den freien Willen und die freie Verfügbarkeit in dem Sinne opfern, dass man darauf verzichtet, alle Konsequenzen des aktuellen Opfers schon sehen zu wollen. In einer solchen Haltung scheint das Opfern als mögliche moralische Grundgesinnung auf, die noch zu diskutieren sein wird.

1.3.2. Opfer – eine anthropologische Notwendigkeit

Im Kontext des täglichen Lebens ist das Opfer unausweichlich. Das ist keine sehr populäre Aussage, aber dennoch eine wahre. In jedem Augenblick des Tages müssen wir Entscheidungen fällen; wir müssen eine Option wählen und eine andere aufgeben – einfach weil unsere menschlichen Möglichkeiten begrenzt sind. Das bedeutet, dass wir etwas Konkretes oder eine bestimmte Gelegenheit aufgeben müssen, um eine andere ergreifen zu können. Gegebenenfalls kehrt die verpasste Gelegenheit nie zurück. Wenn wir leichten Herzens etwas aufgeben, was wir ohnehin nicht behalten wollten, dann nennen wir das nicht Opfer, sondern einfach Entscheidung. Von einem Opfer spricht man erst, wenn man etwas Wichtiges, Wertvolles aufgeben muss. Die menschliche Begrenztheit zwingt uns dazu – und doch müssen wir uns zu den erzwungenen Opfern noch einmal frei verhalten. Wird alles, was man unfreiwillig aufgeben musste, als abgezwungen wahrgenommen, so erscheint das Leben als fortgesetzte Tragödie. Hier sei auch auf die soziale Komponente verwiesen: Manchmal gibt man die eigenen guten Möglichkeiten auf, um Möglichkeiten für eine andere Person zu eröffnen.

In diesem Kontext spricht sogar die moderne Philosophie davon, dass man durch ein solches Opfer die Heiligkeit der anderen Person respektiert. Wir erwarten eine solche Aussage gegebenenfalls noch von Emmanuel Levinas, der auf biblischem Hintergrund schreibt[10], kaum aber bei dem Philosophen der Aufklärung, Immanuel Kant, der gleichwohl die Heiligkeit der Person ins Feld führt.[11] Auch Hans Jonas bemüht die „Heiligkeit des Lebens"[12], die für ihn zum Anlass wird, den Fortbestand der Menschheit zu fordern. Hier kehrt im profanen Kontext der alte Bezug des Opfers zum Heiligen zurück: Nur, wenn ich etwas als „heilig" erachte, als wert, anderes dafür aufzugeben, werde ich das notwendige Opfer bringen.

1.3.3. Das Opfer – ein Ausdruck der Moralität

Nun stelle ich dem ohnehin verstaubten Opferbegriff noch den der Moral an die Seite. „Moralität" ist in der phänomenologischen Anthropologie, wie ich sie sehe, die Doppelheit von Freiheit und Verantwortung.[13] Die wesenhafte Beziehung der Moralität ist die Beziehung zu Werten.

a) Der gegebene Wert und der erhaltene Wert

Ich nannte zwei verschiedene Werte, die im Rahmen des Opfers bedeutsam sind: der Wert dessen, was geopfert wird, und der Wert dessen, was man zu erhalten erhofft. Im Opfer gibt man einen niederen Wert auf, um einen höheren Wert zu erlangen. Es wäre sinnlos, einen höheren Wert aufzugeben, um einen geringeren zu erhalten. Hier scheinen allerdings einige Schwierigkeiten auf: Was ist der größere Wert? Welche Werte können aufgegeben werden, ohne den Menschen oder die Schöpfung zu zerstören? Wir sehen hier direkt die ethische Implikation dieses Statements: Wir müssen über höhere und geringere Werte urteilen und zu einer gewissen Objektivität in der Wertung gelangen.

Ich möchte hier noch einmal auf eine oben erwähnte Möglichkeit eingehen, einen der höchsten Werte, nämlich den freien Willen, aufzugeben oder aber die volle Bewustheit zum Opfer zu bringen, insofern man einen Wert für einen anderen einsetzt, obwohl man Letzteren noch nicht zur Gänze sieht. Der freie Wille und die Bewusstheit müssen gewahrt bleiben, weil in und mit ihnen der höchste Wert geschützt wird: die menschliche Würde. Beraubt man nämlich einen Menschen der Freiheit oder der möglichen Einsicht, so nimmt man ihm unmittelbar die Würde. Mit der Würde raubt man einem Menschen eine selbstbestimmte Zukunft. Wenn also jemals der freie Wille, das Bewusstsein für Werte und die Zukunft aufgegeben werden, dann kann dies nur geschehen, um einen höheren Wert zu erhalten, nämlich den freien Willen, das Bewusstsein für Werte und die Zukunft Anderer – wenn das der Wille Gottes ist. Die menschliche Würde sollte niemals geopfert werden – es sei denn, um sie schlussendlich zu wahren, wiederum mit der Einschränkung: wenn das der Wille Gottes ist. Ein solches Opfer, das dem Opfer des Lebens für ein anderes Leben gleichkommt, kann nur aus einer Tugend geboren werden, die zutiefst Gnade ist. Der Wille Gottes würde in dem Fall in der Gnade sichtbar, die einen Menschen in einem solchen Opfer trägt, das jedes menschliche Maß übersteigt.

b) Opfer – eine Tugend

Es scheint paradox zu sein, das Opfern eine Tugend zu nennen. „Opfern" wird hier als eine Haltung gesehen: etwas zu geben, ohne zu fragen, ob man dafür eine angemessene Erstattung respektive Belohnung erhält oder wenigstens Dankbarkeit. Diese Art zu opfern kann Selbstlosigkeit, Großzügigkeit oder wesenhafte Unabhängigkeit genannt werden. Wir nennen jemanden selbstlos, der etwas tut oder gibt, ohne Anerkennung dafür zu verlangen. Wir nennen jemanden großzügig, der mehr gibt als das, was man von ihm erbeten hatte, ohne dafür Dank zu erwarten. Wir halten jemanden für unabhängig, der das loslassen kann, was eigentlich als menschlich bedeutsam angesehen wird, und der in innerer Freiheit einen Weg zu größerer Vollkommenheit geht. Opfern ist hier insofern eine Tugend, als es verbunden wird mit der menschlichen Natur als solcher: Im Opfer als Tugend wird sichtbar, was ein Mensch tun oder geben oder ertragen kann; auf diese Weise zeigt es, wer jemand ist und wozu Menschen überhaupt fähig sind; es ist ein Zeugnis der möglichen Größe des Menschen.

1.4. Opfer in Beziehung zu Mensch und Schöpfung

Das Opfer ist eine Handlung in Beziehung, und zwar in mehrfacher Hinsicht:
- Derjenige, der opfert, steht in Beziehung zu seiner eigenen Person – nur dann ist das Opfern eine Freiheitstat. Dies ist ein philosophischer und psychologischer Gesichtspunkt.

- Das Opfer kann auch soziologisch betrachtet werden: Es hat eine gesellschaftliche Funktion. Diese Sichtweise wurde unter anderem von René Girard ausgearbeitet[14] und von Raimund Schwager aufgenommen in seine „dramatische Theologie"[15].
- Das Opfer muss die Schöpfungsdimension einbeziehen; es hat ökologische Relevanz.
- Schließlich hat das Opfer eine theologische Komponente.

1.4.1. Opfer psychologisch betrachtet: die Beziehung zur eigenen Person

a) Psychologische Aspekte des Opferns

Ein psychologischer Aspekt des Opfers wurde bereits beschrieben: Ein Opfer ist eine Handlung, und das heißt: Es wird dargebracht aus Freiheit. Ja, es ist sogar eine Handlung aus größerer Freiheit. Denn normalerweise ist unser Handeln motiviert durch den Wert, den wir erreichen oder beschützen wollen. Dieser Wert ist dann unmittelbar in der bzw. durch die Handlung oder im Objekt der Handlung gegeben. Der *Wert*, auf den das Opfer sich richtet, ist hingegen nicht unmittelbar erreichbar oder erhältlich; es ist unsicher, ob der Wert überhaupt erreicht werden kann. Der Wert, den es zu erreichen gilt, steht nur in einer indirekten Beziehung zur Opferhandlung; er ist oft nur *im Modus der Hoffnung gegeben*. Das Opfern ist deswegen eine größere Freiheitstat, weil der Mensch sich entbindet vom unmittelbar gegebenen Gut und von der möglichen Befriedigung, die erlebt wird, wenn die Handlung zum Ziel kommt. Der Opfernde verzichtet darauf, um ein höheres Ziel zu erreichen, obwohl er auf den größeren Wert nur hoffen kann. Auf gewisse Weise wird der Opfernde eigentlich zum Opfer seiner eigenen Tat: Er nimmt sich selbst etwas weg. Das kann so weit gehen, dass er nicht nur etwas, sondern sich selbst, die eigene Person gibt. Wird jemand auf diese Weise zu seinem eigenen Opfer, dann ist dies ein Opfer, das sich selbst als Opfer annimmt, das die Selbstaufopferung akzeptiert. Anders darf ein solches Opfer nicht vollzogen werden.

Wenn jemand nämlich *zu viel* gibt, missbraucht er sich selbst für ein Ziel außerhalb seiner selbst. Er verliert dadurch den Bezug zur eigenen Person, denn durch die Aufgabe seiner selbst und seiner Freiheit wird er seelisch verletzt. Manchmal fühlt ein Sich-selbst-Aufopfernder sich später als Opfer dessen, für den er sich aufgeopfert hat. Dann wird deutlich, dass die Handlung, die eigentlich aus freier Entscheidung hätte vollzogen werden sollen, mehr durch einen vom Anderen ausgehenden (tatsächlichen, vermeintlichen oder erlebten) Zwang motiviert war. Der Bezug zur eigenen Entscheidung ist verloren gegangen. Ein Opfer zu bringen ist noch keine Garantie dafür, dass das höhere Ziel tatsächlich erreicht wird. Darum geht das Opfern einher mit dem *Aufgeben einer* vorläufigen, manchmal auch vermeintlichen *Sicherheit*, um ein höheres Ziel, eine größere oder gar letzte Sicherheit zu erwerben.

Wenn man freiwillig ein Opfer darbringt, bleibt man in *Beziehung zur eigenen Person*, zum eigenen Willen, wohingegen ein Opfer, das einem abverlangt wird, die Beziehung zur eigenen Person vernichten kann. Angesichts des abgeforderten Opfers, das als Tragik bezeichnet wurde, besteht wohl noch die Möglichkeit, *im Nachhinein* in das Opfern *einzustimmen* und es so anzunehmen als Teil des eigenen Lebens. Auf diese Weise bleibt das Opfernmüssen Teil der eigenen Freiheit und so bleibt die Person in Beziehung zu sich selbst. Dies ist eine der höchsten Möglichkeiten der menschlichen Freiheit. Diese Freiheitstat ist das Wiederherstellen der Beziehung zu sich selbst angesichts einer abgezwungenen Handlung oder aufgezwungenen Situation. Wenn ich mich also als Opfer fühle, weil ein Opfer von mir gefordert wurde, und dann die Entscheidung fälle, das Abverlangte freiwillig aufzugeben oder das Auferlegte freiwillig anzunehmen, dann kann ich ein solches Opfern als Befreiung aus einer Situation der Unfreiheit erfahren.

b) Selbstentfaltung und Opfer

Der Mensch ist eine komplexe Ganzheit, die sich im Hinblick auf Geist und Leib, Emotion und Individualität, Sozialität und Moralität entfalten kann und deren mögliche Transzendenz alle Grenzen sprengt. Doch der konkrete Vollzug des Menschseins ist wie alle konkreten Vollzüge begrenzt: Wird eine Veranlagung entfaltet, so muss eine andere ruhen. Wer etwas gewinnen will, wird notwendigerweise auch etwas verlieren. Denn unter den Bedingungen raum-zeitlich-materieller Kontingenz kann der Mensch nicht alles umsetzen, was ihm von seiner geistigen und körperlichen Ausstattung her möglich ist. Selbst die Entfaltung des gewählten Bereiches braucht Opfer an Zeit und Kraft. Ohne diese Opfer wird auch diese eine Möglichkeit nicht ergriffen.

c) Integriertes Opfersein

Die zweite Aufgabe im Hinblick auf den Selbstbezug wurde bereits angedeutet: die Integration der notwendigen Opfer; nicht allein der selbst gewählten, sondern mehr noch der abverlangten und nicht selbst gewollten Opfer. Es kann einen Menschen von sich und seiner eigenen Personalität abspalten, wenn er zum Opfer wird. Deutlichstes Beispiel dafür ist die Traumatisierung: Wer so sehr zum Opfer wird, dass er sich an das Geopfert-Werden nicht einmal mehr erinnern kann, dass er in der Grundhaltung des Opfers bleibt und der auferlegten Ohnmacht nicht mehr entrinnen kann, der verliert den Bezug zu sich selbst.

Die Integration des Opferseins kann durch die oben beschriebene Annahme des Opfers vollzogen werden; das traumatisierende Moment aber ist durch freie Annahme nicht überwunden. Ein Trauma blockiert die Freiheit und kann erst dann integriert werden, wenn die Freiheit wiederhergestellt ist.

Ebenso verhält es sich mit der Integration des Bösen. Wer zum Opfer der Bosheit Anderer geworden ist, kann dieses Opfersein nicht annehmen, ohne vorher zur Vergebung der Schuld gefunden zu haben. Die Bosheit in sich kann nicht integriert werden – sie würde die eigene Person zerstören. Wenn der Andere um Vergebung bittet, also das Böse aus sich selbst verbannt, ist Vergebung möglich. Manchmal muss Vergebung – nach einer schmerzvollen

Phase der Aufarbeitung – ausgesprochen werden, ohne dass der Verletzende zur Reue gefunden hätte, damit das Opfer sich vom eigenen Opfersein befreien kann. Hier müssen die ausbleibende Versöhnung und Gerechtigkeit zum Opfer gebracht werden, was je nach Größe der Schuld und Nachhaltigkeit der Auswirkungen dieser nur möglich ist, wenn eine andere Versöhnung und Gerechtigkeit gewährleistet sind, nämlich die, die der Glaube uns verheißt.

1.4.2. Opfer soziologisch gesehen – die Beziehung zu Anderen

Das Opfer vollzieht sich auch in Beziehung zu Anderen. Hier lassen sich zwei verschiedene Arten des Opfers nennen: das synchrone Opfer für diejenigen, die sich historisch und räumlich am selben Ort befinden, und das diachrone Opfer, das denen zugutekommt, die in der Vergangenheit oder der Zukunft und/oder am anderen Ort leben.

a) Das synchrone und lokale Opfer

Die täglichen Opfer richten sich normalerweise an Menschen, die in derselben Umgebung oder mindestens zur selben Zeit leben. Man opfert z. B. konkret etwas für Menschen, die man liebt. Die Grundhaltung des Konsums, das „Hier, Jetzt, Alles, Sofort und Perfekt", zerstört menschliche Beziehungen, weil der Andere ein anderes Hier, eine andere Zeit, eine andere Fülle, andere Prioritäten und andere Ziele hat. Beziehungen verlangen Opfer – ein unpopulärer, aber nicht unzeitgemäßer Gedanke. In Beziehungen ist nichts gratis – und doch alles geschenkt: Ich muss das eine oder andere Opfer bringen, um dann in einer unerwarteten Weise beschenkt zu werden. In menschlichen Beziehungen muss man etwas aufgeben, was man möglicherweise als wertvoll erachtet, um dem anderen Menschen wirklich zu begegnen. Wir sehen, dass ein solches Opfer zumeist verlangt ist, wo man Menschen direkt und unmittelbar begegnet: in der Beziehung zum Partner, zu den Kindern, zu Freunden, zum wichtigen Beziehungskreis. Es ist ein Opfer, das gleichzeitig mit der Begegnung bzw. zeitlich nahe stattfindet und häufig am selben Ort. Es hat das Wohlbefinden der Menschen in der direkten Umgebung zum Ziel, ohne das eigene Wohlbefinden zu vernachlässigen.

b) Das diachronale und globale Opfer

Auch in anderen zeitlichen Bezügen, also diachron, kann ein Opfer wichtig sein, z. B. im historischen Bezug, wenn eine Versöhnung mit der Vergangenheit noch aussteht. Man kann heute durch eine symbolische Tat zu einer gestern nicht vollzogenen Versöhnung beitragen. Die Notwendigkeit zur Versöhnung hat ihren Ursprung in einer Untat in der Vergangenheit; sie richtet sich aber letztendlich auf eine versöhnte Zukunft. Hans Jonas benennt konkret die Pflicht, heute Opfer zu bringen, damit eine zukünftige Generation überhaupt bestehen kann.[16] Auch hier ist das Opfer auf etwas gerichtet, was vielleicht einmal eintrifft; auch hier ist es getragen durch Hoffnung. Hier spielt die Vergangenheit keine Rolle (es sei denn, man muss in der Gegenwart Altlasten der Vergangenheit aufarbeiten, die Zukunft verhindern); das Ziel des Opfers liegt auch hier in der Zukunft.

Diese Art Opfer kann auch auf globale Zusammenhänge gerichtet sein. Man tut heute und lokal etwas, was morgen und anderswo fruchtbar wird. Dabei kann man selbst die gesamte Welt vor Augen haben, z. B. wenn man die Freiheit privater Mobilität opfert, um den CO_2-Ausstoß zu verringern und anderen ein gutes Beispiel zu geben.

1.4.3. Opfer: ökologisch notwendig – die Beziehung zur Welt

Im soeben genannten Beispiel wird schon deutlich, dass ein Opfer sich nicht nur auf Menschen beziehen kann; es kann auch einen Schöpfungsbezug haben. Ich nehme hier noch einmal den Gedanken von Hans Jonas auf: Die Pflicht, dass eine zukünftige Generation leben können muss, schließt die Pflicht ein, dass eine Welt bestehen muss, in der Menschen leben können. Wir müssen darum auf etwas verzichten, was wir der Schöpfung entreißen wollten – auch hier müssen wir die Konsumhaltung aufgeben –, damit andere Menschen nach uns leben können: Statt zu verlangen, dass alle Güter „hier" sind, brauchen wir Enthaltsamkeit; statt zu verlangen, dass alles „jetzt" zugegen ist, brauchen wir Geduld; wir können nicht „alles" haben – verlangt werden stattdessen Bescheidenheit und Verzicht; es geht nicht immer genau so, wie wir es uns wünschen, Flexibilität ist gefragt; schließlich kosten die erwünschten Güter etwas – wir müssen sie durch eigenen *Fleiß* erwerben und einen ökologisch wie sozial adäquaten Preis zahlen. Alle diese Tugenden verlangen Opfer von uns und sind im Hinblick auf die Umweltproblematik sehr aktuell.

1.4.4. Opfer philosophisch gedeutet – das Opfer der Hybris und des Ruhms

Verlangt Philosophie Opfer? Das ist wohl ein provozierender Gedanke. Gerade die Philosophie scheint das Feld zu sein, auf dem man sich denkend auslassen kann, ohne sich an Grenzen zu halten. Sind nicht die Gedanken frei? Ja und Nein. *Willkür im Denken*, die nicht an die praktischen Konsequenzen denkt, ist eine *Gefahr*. Ein berühmtes Beispiel ist der durch seine provozierenden Aussagen zur Personalität berühmt gewordene Peter Singer, der gar nicht davon ausgeht, dass man seine Gedanken je in die Praxis umsetzen könnte.[17] Darf man sie dann aussprechen und die verwirren, die die philosophischen Entgleisungen nicht aufzudecken vermögen? Hat Singer sich vor Augen gehalten, dass jemand möglicherweise aufgrund seiner Gedanken Hand an einen Menschen legt? Warum hatte er in Kauf genommen, dass Behinderte durch sein Gedankenkonstrukt beleidigt und verletzt wurden? Gedankenspiele müssen verantwortet werden.

So auch das Spiel mit der Wahrheit. Es ist als Hybris zu bezeichnen, wenn Menschen die Wahrheit selbst absolut bestimmen oder autark kreativ verändern wollen. Die Suche muss auf mögliche Objektivität gerichtet bleiben, die vom Forschenden verlangt, manchmal seine eigenen Ideen zum Opfer zu bringen, weil sie zu weit von der Wahrheit entfernt sind – auch wenn sie wohlklingend und ruhmversprechend sind. Das Opfer des Intellektuellen ist also das *Opfer der selbst kreierten Wahrheit*. Es ist das Opfer der Willkür und der intellektuellen Eitelkeit, das ihm abverlangt wird.

Wissenschaft tastet sich an Grenzen heran und versucht, sie zu überschreiten. Dennoch muss sie immer wieder Abstand nehmen von dem, was sie auch noch hätte tun können – weil es oft nicht mehr um das Wohl des Ganzen, sondern allein um Macht, Prestige und Geld geht. Der Druck, der durch Fundraising auf die Wissenschaft ausgeübt wird, wirkt ihrem eigentlichen Ziel häufig entgegen. Oft müssen eigenständiges, dem Mainstream entgegenstehendes Denken und unpopuläre ethische Selbstbeschränkung aufgegeben werden, um an finanzielle Mittel zu kommen. Nicht diese aber sollten aufgeopfert werden, weil das kritische Potential die Wissenschaft vor sich selbst schützt und sie an Wahrheit und tragenden Werten ausrichtet. *Geopfert* werden müssen hingegen intellektuelle *Hybris und Machbarkeitswahn*, auch wenn diese prestigeträchtiger und finanziell lukrativer sind.

Bei Edith Stein finden wir diesbezüglich einen sogar noch weiter reichenden Gedanken. Sie spricht vom *Opfer des eigenen Intellekts*, das es zu bringen gilt, um die größere Wahrheit zu begreifen.[18] Der Mensch, so ihre Einsicht, kann die Welt und sich selbst nur bis zu einem gewissen Maße durchgründen; was den menschlichen Geist übersteigt und das göttliche Sein berührt, das kann man nur als Geschenk empfangen, was wiederum erst dann möglich ist, wenn man es aufgegeben hat, Gott mit den begrenzten Möglichkeiten des eigenen Intellekts erfassen zu wollen.

2. Opfer theologisch – die Beziehung zu Gott

Nun deutet sich der Übergang zum theologischen Kontext an, zum Opfer, das der Mensch Gott darbringt.

2.1. Gabe an Gott

Aus phänomenologischer Sicht wird das Opfer in den Religionen als *Opfer an Gott* angesehen. In alten Religionen und in den Naturreligionen ist es eine Selbstverständlichkeit, dass die Gottheit Opfer verlangt. Im magisch-mythischen Kontext wird das Opfer zu einer Gabe, durch die die Gottheit veranlasst, wenn nicht gezwungen werden soll, dem Menschen das von ihm Verlangte zuzugestehen. In den monotheistischen Religionen wird das Opfer als freie Gabe an Gott verstanden, die diesen Gott nicht zwingen kann, die aber doch Ausdruck einer dringenden Bitte ist – oder aber, und das wird häufig vergessen, Ausdruck des Dankes oder des Lobes. Das Opfer darf nicht zu einer Versklavung des Menschen an Gott führen, aber auch nicht als Preis missverstanden werden, durch den im Sinne des „do ut des" Gott etwas abgerungen oder abgezwungen werden kann, denn auch *Gott bleibt* in dieser Beziehung *frei*. Das Opfer ist also auch im religiösen Kontext eine *freie Gabe*, Geschenk und Ausdruck der Hingabe des Menschen an Gott. In diesem Sinne ist das Opfer bewusst und frei gegeben und sogar Ausdruck der Freiheit angesichts einer transzendenten Macht.

2.2. Opfer als mögliche Transzendenz

Weil Gott die menschliche Freiheit wahrt und wenn der Mensch im Opfer die Freiheit Gottes respektiert, dann eröffnet sich für den Menschen gerade im religiösen Opfer die Möglichkeit, seine Begrenztheit zu übersteigen.

2.2.1. Das dargebotene Opfer – ein Angebot an die göttliche Freiheit

Das Opfer will verstanden werden als freie Gabe an Gott. Dieser Gedanke wird schon im Alten Testament betont, in dem auf die Motivation des Opfers hingewiesen wird. „Barmherzigkeit will ich, nicht Opfer; Gotteserkenntnis statt Schlachtopfer." (Hos 6,6). Das Opfer kann und darf Barmherzigkeit und Gotteserkenntnis nicht ersetzen; es wäre eine Verkennung Gottes, wollte man von ihm etwas erzwingen, und eine Verkennung des Menschen, wollte man ihn opfern. Auf die rechte Gotteserkenntnis, die in Menschenliebe mündet, antwortet Gott mit überströmender Gnade, mit dem unverdienten Geschenk, das durch kein Opfer erkauft werden kann.

Opfer, die in zwischenmenschlichen Beziehungen gebracht werden, können als indirekte Gabe an Gott verstanden werden. In einem solchen Opfer, das die Heiligkeit des menschlichen Gegenübers in Gott sichtbar machen will, das seine gottgegebene Würde zum Ziel hat, kann alles zur Gabe werden, selbst das, was man nach menschlichen Maßstäben nicht geben kann. Wie vernünftig ist es, sich ganz und für immer an einen Menschen zu binden – wäre nicht die Würde und die Heiligkeit dieses Menschen das größere Gut, für das man alles andere mit Freuden zurücklässt? Ist nicht der kleine Mensch, dem man das Leben schenken kann, der anvertraute Mensch, dessen Leben man mitgestalten und zum menschenwürdigen machen darf, das Opfer des eigenen Lebens wert? Diese Opfer überschreiten das menschliche Maß, sie sind getragen durch Gnade. Das aus Liebe gebrachte Opfer ist eine freie und freilassende Anerkennung des Geschenks, das Gott aus Gnade im anderen Menschen gegeben hat; es nimmt selbst die Gestalt der Gnade an: Es ist gratia, gratis, umsonst. Es ist das Opfer, in dem der Mensch sich gibt und gnadenhaft wieder empfängt in seiner tiefsten Möglichkeit, der Liebe.

2.2.2. Das opfernde Opfer – die ultimative Möglichkeit menschlicher Freiheit

Durch göttliche Gnade kann der zum Opfer Gewordene einen neuen Weg finden, mit Verlust und Schmerz, mit Trauer und Leid umzugehen. Im ewigen Heute Gottes, in seiner Gegenwart, kann das Verhältnis zur tragischen Vergangenheit verwandelt werden. Was abverlangt war, kann freiwillig gegeben werden, weil sich dem früher zum Opfer Gewordenen in Gott eine Perspektive eröffnet, die die menschliche Hoffnung übersteigt: Eine erlöste Zukunft ist dem verheißen, der die göttliche Gabe annehmen will. Der zum Opfer Gezwungene kann in Gottes Hand legen, was ihn einst als unausweichliches Schicksal getroffen hat oder sogar eine Tragödie war. Wenn das geschieht, dann kann das frühere Opfer die Forderung nach Rache oder einem menschlichen Ausgleich loslassen. Dies ist ein freiwilliges Opfer, das ohne göttliche Verheißung einer heilen Zukunft nicht möglich wäre.

Sogar die Zukunftsplanung kann in dieser Perspektive aufgeopfert und in Gottes Hand gelegt werden, indem man sich und sein Schicksal Gott anvertraut. Wenn in einer Gemeinschaft alle zum Opfer Gewordenen ihr Recht auf Rache aufgeben und der Gerechtigkeit Gottes anheimgeben, dann ist das Opfer, das bei Girard zur Befriedung der Gesellschaft eingefordert wurde, nicht mehr nötig. Wohlgemerkt: Die früher zu Opfern Gewordenen geben hier ein Recht auf – was sie nur angesichts der größeren, göttlichen Verheißung zuwege bringen können.

2.2.3. Die Quelle: Liebe. Das Ziel: Hoffnung

Wir sind nun an dem Punkt angelangt, an dem wir uns fragen können, was zu einem (solchen) Opfer motivieren kann. Die Freiheit ist nur Bedingung der Möglichkeit des Opferns; die Motivation ist der höhere Wert. Der höchste Wert ist Gott selbst; die Beziehung zu ihm stellt daher einen absoluten Wert dar. Die Beziehung zu einer Person, die ihren tiefsten Wert akzeptiert, nennen wir Liebe. Die tiefste Motivation zu opfern sollte darum die Liebe sein; etwas Wertvolles aufgeben, um den höchsten Wert zu erlangen: Gott und die menschliche Würde.

Das Ziel des Opfers ist Hoffnung. Man bringt ein Opfer um der Hoffnung willen, einen größeren Wert zu erlangen. Mehr als Hoffnung kann nicht angestrebt werden, denn sobald die Sicherheit besteht, dass man das Gewünschte erhält, verkommt das Opfer zum Preis, den man bezahlt. Durch das Opfer soll die Hoffnung, das angestrebte Ziel zu erreichen, größer werden. Das, was man erhofft, ist größer als das, was man gibt. Und doch muss das Opfer auch von der Tugend der Hoffnung getragen sein, die es mit der Offenheit der Zukunft im Hinblick auf das Ziel und den Zeitpunkt, wann dieses Ziel erreicht wird, aufnehmen kann.[19] *Wer hoffnungslos ist, opfert nicht.* Wenn man aber die Kraft der göttlichen Tugend der Hoffnung erahnt, die alles menschliche Begreifen übersteigt, dann wird auch das Opfer des Opfers in gewisser Weise

verständlich: Wer selbst zum Opfer geworden ist, kann dieses Opfersein noch
einmal aufopfern im Hinblick auf eine Zukunft, in der die größere Hoffnung
auf Heil erfüllt wird.

2.3. Gottes Opfer

Im religiösen Kontext wird häufig übersehen, dass Gott das Opfer selbst
bringt.[20] Er ist zugleich Opfernder und Opfer[21], ein Opfer, das sich selbst in
Jesus Christus zur Opfergabe macht aufgrund seiner eigenen freien Entscheidung.[22] Das ist das Einzigartige des Opfers im Christentum: Gott steht auf
beiden Seiten der Opferung; er ist das erlösende Opfer und derjenige, der
das Opfer annimmt. In der Erlösung durch die Inkarnation bringt Gott sogar
auf gewisse Weise sein Gottsein zum Opfer – eine größere Erniedrigung kann
nicht gedacht werden –, denn er verzichtet darauf, sich als den sehen zu lassen,
der er ist: als Gott.[23] Durch sein konkretes menschliches Leben nimmt er das
alltägliche menschliche Opferleben an. Durch sein Sterben am Kreuz vollzieht
er mehr, als für einen Menschen möglich ist: Er nimmt das Leiden aller auf
sich, nimmt es in sein Opfer hinein, durchleidet und erlöst es; er ist das Opfer,
das jedes Opfer aller Zeiten in sich trägt und sich ans Kreuz schlagen lässt, um
in der Auferstehung alle definitiv und für immer vom Leiden zu erlösen.

3. Opfer bei Edith Stein

Der Gewinn der phänomenologischen Betrachtung soll nun auf das Opfer
bei Edith Stein übertragen werden. Das geschieht in drei Schritten: Zunächst
werden Aspekte des Opferns in Edith Steins Leben dargestellt; sodann wird
das Opfer verbunden mit ihren Aussagen zur Mittlerschaft und schließlich
wird ihr Lebensopfer betrachtet.

3.1. Biographische Aspekte des Opferns bei Edith Stein

Im Leben Edith Steins lassen sich unausweichliche Opfer aufzeigen, aber
auch Opfer, die sie sich selbst abverlangt. Im späteren Leben werden ihr Opfer aufgezwungen, häufig durch menschliche Schuld, die sie mehr und mehr
zu verwandeln weiß.[24]

3.1.1. Unausweichliche Opfer

Das erste Opfer, das Edith Steins junges Leben unvermutet und unausweichlich trifft, ist der Verlust ihres Vaters. Angesichts der Tatsache, dass die
kleine Edith damals noch keine zwei Jahre alt war, kann man sich freilich

fragen, ob hier überhaupt von einem Opfer im oben genannten Sinn die Rede sein kann. Es ist eines der Opfer, die das Leben einem Menschen abverlangt und zu denen er sich später verhalten muss. Für Stein bedeutete der Verlust des Vaters einen gewissen Verlust der Religion der Väter, weil diese nun von den halbwüchsigen Brüdern vermittelt wurde, die dazu nicht den nötigen Ernst an den Tag legten.

Ein gewisses Opfer war auch die Abwesenheit der Mutter, die alsbald nach dem Tod des Vaters den Holzhandel mit viel Einsatz und viel Geschick übernahm, doch scheint die kleine Edith genug Gelegenheit gefunden zu haben, die Bindung an die Mutter zur tragenden in ihrem Leben zu machen. Nicht von ungefähr vergleicht sie die Ursicherheit in Gottes Hand mit dem Getragen-Sein durch die Mutter.

Die Sinnkrise einer gewissen Religionslosigkeit zeigte sich lange nicht. Die junge Intellektuelle bewältigte alle Herausforderungen mit eisernem Willen. In menschlichen Beziehungen aber spielte eine andere Dynamik mit, was Stein in der Begegnung mit Adolph Reinach besonders bewusst wurde. Der junge Assistent des „Meisters" Edmund Husserl hievte die junge Doktorandin über einige Klippen der Dissertation – nicht, als ob sie den Ansprüchen inhaltlich nicht gewachsen gewesen wäre; aber ihr mangelndes Selbstvertrauen drohte das Projekt mehr als einmal scheitern zu lassen. In gewisser Weise ersetzte Adolph Reinach nicht nur den Doktorvater, sondern den Vater überhaupt. Als Reinach im Ersten Weltkrieg fiel, brach für Edith Stein eine Welt zusammen. Ihres väterlichen Freundes beraubt, war sie nun wieder auf sich selbst zurückgeworfen. Dass im selben Augenblick durch die sie tröstende Anne Reinach die Dimension des Glaubens aufschien, machte die Situation für Stein überhaupt erträglich.

Die beiden großen Opfer der jungen Edith Stein tragen das Charakteristikum des Tragischen: Es sind Ereignisse, die nicht frei gewählt sind und zu denen sie sich später noch frei verhalten musste, um ihnen die Tragik zu nehmen.

3.1.2. Sich selbst abverlangte Opfer

Edith Stein verlangte sich aber durchaus auch selbst vielfache Opfer ab. Eine hohe ethische Gesinnung, getragen durch einen fundierten Humanismus, prägte sie und rief sie stets zu Höherem. Ihr wissenschaftliches Engagement ging weit über das übliche Maß hinaus. Sie zwang sich z. B., die *Logischen Untersuchungen* von Edmund Husserl durchzuarbeiten, was durchaus die Bewunderung und das Interesse des Meisters weckte. Unermüdlich brachte sie sich im Familienkreis ein und war wohl nicht so sehr, wie sie selbst scherzend angab, der Gattung der Grillen zuzuordnen, die sich eher bedienen lassen, als anderen zu Diensten zu sein. Dafür spricht auch ihr freiwilliges Engagement im Ersten. Weltkrieg: Für die Intellektuelle war die Tätigkeit als Hilfspflegerin sicher mit viel Selbstüberwindung und Opfern verbunden. Nach dem Krieg engagierte sie sich politisch – doch fand sie die ihr selbst eigene selbstlose und soziale Gesinnung bei ihren Mitstreitern weniger vor, als sie erhofft hatte, weshalb sie bald die Segel strich. Doch sie blieb sozial engagiert: als Freundin – mit Hedwig Conrad-Martius bildete sie den Kern des Phänomenologenkreises –, als kritische Mitdenkerin für ihre phänomenologischen Mitstreiter, als Begleiterin für junge Menschen auf der Suche nach ihrem Weg in Speyer und Münster, durch finanzielle Unterstützung von Mitphänomenologen, damit diese ihre Forschung vorantreiben konnten, etc. Dieses Engagement verlangte ihr natürlich vielfaches und vielfältiges Opfer ab, ebenso wie das asketische Leben in Speyer und Münster, das sie für sich wählte.

Edith Stein bejahte die Opfer des Alltags nicht nur als lästige Gegebenheiten, sondern sie nahm sie bewusst und freiwillig auf sich.

3.1.3. Aufgezwungene Opfer

Eine andere Kategorie stellen die aufgezwungenen Opfer im steinschen Leben dar. Ihnen wohnt auch eine gewisse Tragik inne, aber sie wären vermeidbar gewesen, hätten nicht menschliche Begrenzung, Intrigenhaftigkeit und Bosheit sie herbeigeführt, was dazu beitrug, dass diese Opfer ungleich schwerer zu akzeptieren waren.

Eine gewisse Tragik zeigt sich in der Tatsache, dass Stein sich nach kurzer Zeit gezwungen sah, ihre Assistentinnenstelle bei Husserl, die so karriereträchtig erschien, aufgeben zu müssen, weil Husserl sich zu keiner echten Zusammenarbeit bereitfinden konnte. Es folgten mehrere gescheiterte Habilitationsversuche, die der Frau respektive der Jüdin den Weg zur Wissenschaft abschnitten. Auf der persönlichen Ebene sah Stein sich ebenfalls mit einem tiefen Unverstandensein konfrontiert. Die lange aufrechterhaltene und durchaus mit konkreten Hoffnungen verbundene Verbindung zu Roman Ingarden scheiterte an seiner unerwarteten Hochzeit. Mit Hans Lipps musste Stein Ähnliches erleben.

Die Grenzen, die ihr wissenschaftlich und persönlich gezogen waren, verursachten einen biographischen Engpass. Stein zog sich zu Hedwig Conrad-Martius zurück und arbeitete in deren Apfelplantage – an wissenschaftliche Arbeit war in dieser äußeren und inneren Perspektivenlosigkeit nicht zu denken. Stein erfuhr sich durchaus als Opfer, als Opfer Anderer, die ihr aktiv den Weg verbauten.

3.1.4. Verwandelte Opfer

Waren die Opfer am Anfang ihres Lebens unausweichlich, so ging Stein mit der aufgezwungenen Tragik schlussendlich doch kreativ um. Sie entdeckte im Glauben eine neue Ressource, die die ihr abverlangten Opfer als Belanglosigkeiten erscheinen ließ. Es ist typisch für sie, dass sie nach ihrer

Entscheidung für Glauben und Klosterleben sofort einen Katechismus und ein Messbuch kaufte und sich in das neue Leben einarbeitete. Als später Hans Lipps nach dem Tod seiner ersten Frau, mit der er zwei Kinder hatte, auf sie zuging, konnte sie freien Herzens „nein" sagen: Sie hatte einen anderen Weg gefunden.

Die wissenschaftliche Perspektive hat Stein nie ganz aufgegeben. Darum ergriff sie nach der Zeit in Speyer als Lehrerin dankbar die Chance, am Institut für wissenschaftliche Pädagogik in Münster tätig zu werden. Die Stelle war ein Kompromiss und weckte doch eine enorme Schaffenskraft, wie das Buch *Der Aufbau der menschlichen Person* und die Exzerpte, die später unter dem Titel *Was ist der Mensch?* veröffentlich wurden, beweisen. Doch die Freude währte nicht lange; ihr wurde als Jüdin Berufsverbot erteilt. Auch ein erneuter Habilitationsversuch mit dem Manuskript „Potenz und Akt" konnte nicht umgesetzt werden. Wieder ein Scheitern auf der ganzen Linie, abverlangte Opfer und unausweichliche Tragik? Stein ging dieses Mal anders mit dem abverlangten Opfer um: Sie wählte das lang ersehnte Klosterleben.

Die politischen Irrungen und Wirrungen machten vor der Klosterpforte nicht Halt. Stein entschied sich, mit ihrer Schwester Rosa nach Holland, nach Echt, zu gehen. Auch dieses Mal gelang es ihr, das abverlangte Opfer dahingehend zu nutzen, dass ihr daraus eine neue Perspektive erwuchs: Sie bat um die dauerhafte Aufnahme in die Klostergemeinschaft in Echt. Dort wurde ihr auch mehr Freiraum für die akademische Arbeit gegeben, sodass sie ihre wissenschaftlichen Kontakte vertiefen und ihre Forschungsarbeit vom Kloster aus weiterführen konnte.

3.1.5. Charakteristika des Opfers im Leben Edith Steins

Wir sehen – rückblickend auf die phänomenologische Analyse –, dass die Charakteristika des Opfers sich auf Steins Opfer anwenden lassen. Die Opfer, die in Steins Leben neue Entwicklungen in Gang setzten, waren die Opfer, die sie freiwillig brachte. Es fiel ihr nicht leicht, die wissenschaftliche Karriere aufzugeben; das wissenschaftliche Arbeiten blieb ihr auch im Karmel wichtig. Das bezeugen die Briefwechsel aus der Zeit in Echt, u. a. diejenigen mit verschiedenen Verlagen wegen der Drucklegung von *Endliches und ewiges Sein*, doch das Werk erschien posthum. Stein wusste, dass sie ihre eigenen Wünsche nach Karriere und Partnerschaft aufgeben musste, um einen höheren Wert zu erlangen, der ihr zunächst nur im Modus der Hoffnung gegeben war: ihre eigentliche Berufung.

Viele Opfer wurden auch in Steins Leben erst im Nachhinein als Opfer bewusst, sodass sie sie auch erst dann als Opfer darbringen konnte. Die Tugend des Opferns musste auch sie sich erst erobern: das freie Verhältnis zum unausweichlich Abgeforderten. Dass sie diese Tugend in höchstem Maße erlangte, zeigte sich angesichts ihres höchsten Opfers, auf das ich in den folgenden Punkten genauer eingehen werde.

3.2. Opfer und Mittlerschaft bei Edith Stein

Über Steins Lebensopfer ist viel, auch kritisch, nachgedacht und geschrieben worden. Um dieses Opfer noch einmal in einem anderen Licht erscheinen zu lassen, ziehe ich die bisher wenig rezipierten Gedanken Steins zur Mittlerschaft heran.

3.2.1. Mittlerschaft bei Edith Stein

Die Phänomenologin Edith Stein analysiert an der Schwelle zur eigenen religiösen Bekehrung das Wesen der christlichen Mittlerschaft. Der Mittler, der Erlöser, steht zwischen Gott und Mensch; doch auch Menschen können als Gnadenvermittler auftreten.[25] Stein verbindet die Mittlerschaft nicht unmittelbar mit dem Opfer, betont aber ein wesentliches gemeinsames Merkmal: die Freiheit des Mittlers und dessen, auf den hin vermittelt wird[26]; Gott und Mensch bleiben in diesem Vollzug frei. Die Vermittlung göttlichen Wissens an menschliche Personen ist ein freies Angebot[27] und die fürbittende Vermittlung schränkt die Freiheit Gottes nicht ein. Die Bitte kann nur ein „Appell an die Gnade selbst"[28] sein, so Stein.

Die Vermittlung kann als stellvertretende erfolgen; am umfassendsten, weil alle Menschen einbeziehend, vollzieht dies Jesus Christus selbst.[29] Dieses Opfer erwächst aus der freien Entscheidung des Erlösers; aus Freiheit und in Freiheit gehorcht er dem göttlichen Willen und macht sich selbst zum erlösenden Opfer.[30] Wie beim Opfer ist der „Hinweis auf eigene Verdienste immer nur hypothetisch"[31]; man tritt als Mittler für eine Vermittlung mit eigener Leistung ein, ohne zu wissen, ob die Vermittlung je Erfolg haben wird.[32] Die Hoffnung jedoch besteht.

3.2.2. Lebensopfer als Mittlerschaft

Im Licht dieser Analyse lässt sich das steinsche Lebensopfer anders deuten. Ihr berühmter Satz: „Wir gehen für unser Volk!" wurde als Zeichen der Solidarität verstanden, aber auch als Affront gegen das Volk des ersten Bundes interpretiert. Wird Steins Opfer aber im Sinne der Mittlerschaft gedeutet, so erscheint sie als bittende und sühnende Hingabe für Andere vor Gott: Edith Stein bietet ihr Leben an als Bitte um Frieden und – nicht zu vergessen – als Sühne für die Täter, die den Krieg schüren und ihr Volk verfolgen. Es wird berichtet:

„Ihr geistlicher Begleiter Johannes Hirschmann fragte sie: ‚Wer sühnt für das, was am jüdischen Volk im Namen des deutschen Volkes geschieht? […] Wer wendet die entsetzliche Schuld zum Segen für beide Völker?' Und sie antwortet damals: ‚Die, die die Wunden, die hier der Hass schlägt, nicht neuen Hass gebären lassen, sondern die, obwohl sie mit Opfer des Hasses sind, das Leid unter den Gehassten und das Leid der Hassenden auf sich nehmen.'"[33]

Am Palmsonntag, dem 26. März 1939, schreibt Edith Stein an Ottilia Thannisch (Sr. Margarete von Jesus dem Gekreuzigten), die Priorin des Echter Karmels:

„Bitte, erlauben E.E. mir, mich dem Herzen Jesu als Sühnopfer für den wahren Frieden anzubieten; dass die Herrschaft des Antichrist wenn möglich ohne einen neuen Weltkrieg zusammenbricht und eine neue Ordnung aufgerichtet werden kann. Ich möchte es heute noch, weil es die 12. Stunde ist. Ich weiß, dass ich ein Nichts bin, aber Jesus will es, und Er wird gewiss in diesen Tagen noch viele andere dazu rufen."[34]

Stein benennt hier die wesentlichen Momente des Opfer: die Freiwilligkeit, die Opfergabe der eigenen Person um des größeren Wertes, des Friedens, willen und schließlich die Versicherung, dass sie sich am Willen Gottes orientiert. Stein sieht sich in der Nachfolge des großen Ordensvaters Johannes vom Kreuz stehend, weil sie mit ihrem Namen auch das Kreuzesschicksal gewählt hat.[35] Sie tritt nun als Mittlerin auf zwischen Gott und dem auserwählten Volk, das seinen Messias noch nicht gefunden hat. Ihr Volk, so das Verständnis Edith Steins, wird in der Shoa Teilhaber am Leiden Christi, ohne zu ahnen, wessen Kreuz es in diesem Augenblick trägt.[36] Ihr Lebensangebot umfasst vor dem Ausbruch der Katastrophe bereits alle wesentlichen Anliegen; in dem Sinne formuliert sie:

„Ich bitte den Herrn, dass er mein Leben und Sterben annehmen möchte zu seiner Ehre und Verherrlichung, für alle Anliegen des heiligsten Herzens Jesu und Marias und der heiligen Kirche, insbesondere für die Erhaltung, Heiligung, Vollendung unseres Heiligen Ordens, namentlich des Kölner und Echter Karmels, zur Sühne für den Unglauben des jüdischen Volkes und damit der Herr von den Seinen aufgenommen werde und sein Reich komme in Herrlichkeit für die Rettung Deutschlands und den Frieden in der Welt, schließlich für meine Angehörigen, den lebenden und toten, und alle, die mir Gott gegeben hat: dass keiner verloren gehe."[37]

Stein setzt hier ihren eigenen Glauben als Unterpfand für den ausstehenden Messiasglauben ihres Volkes ein, ihr Leben als Bitte um das Leben der Ihren. Ein Leben in Fülle kann es nach ihrem Verständnis nur in der Erlösung geben – dieses Leben wünscht und erbittet sie ihrem Volk und hofft, an seiner Stelle die Folgen der noch ausstehenden Erlösung tragen zu können. Stein nimmt 1941 selbst ihren gewaltsamen Tod als mögliches stellvertretendes Opfer voraus.

„Und würden wir auf die Straße hinausgetrieben, so würde der Herr seine Engel senden, sich um uns zu lagern, und ihre unsichtbaren Schwingen würden unsere Seelen sicherer umfrieden als die höchsten und stärksten Mauern. Wir brauchen das nicht herbeizuwünschen. Wir dürfen bitten, dass uns die Erfahrung erspart bleibt, aber nur mit dem ernst und ehrlich gemeinten Zusatz: Nicht mein, sondern dein Wille geschehe."[38]

Edith Stein bietet das Opfer der Freiheit und der Würde an – beides wird im gewaltsamen Tode genommen –, um damit ein größeres Gut zu erringen: die Freiheit und die Würde ihres der Freiheit und der Würde beraubten Volkes.

So legt sie Zeugnis ab für das Opfer, von dem schon die Rede war: das aus größter menschlicher Tugend und göttlicher Gnade erwachsende Opfer des Lebens für Andere – in Übereinstimmung mit dem göttlichen Willen. Welche Frucht solche Opfer weltgeschichtlich tragen, ist jedoch nur heilsgeschichtlich, nicht innergeschichtlich ergründbar.

3.3. Das Opfer des Lebens

3.3.1. Das stellvertretende Opfer

Steins stellvertretendes Lebensangebot kann sich an das Lebensgebot Christi anschließen. So wie Esther mit ihrem Tod rechnen musste, weil sie ungefragt zum König ging und um das Heil für ihr Volk bat, so erwartete Edith Stein ihren Tod, wenn sie den König des Himmels und der Erde um Verschonung ihres Volkes anrief. Am 31.10.1938 schrieb sie aus Köln an die Obere des Ursulinenklosters in Dorsten, Petra Brüning, worauf sie vertraut:

„[...] dass der Herr mein Leben für alle angenommen hat. Ich muss immer wieder an die Königin Esther denken, die gerade darum aus ihrem Volk herausgenommen wurde, um für das Volk vor dem König zu stehen. Ich bin eine sehr arme und ohnmächtig kleine Esther; aber der König, der mich erwählt hat, ist unendlich groß und barmherzig. Das ist ein so großer Trost."[39]

Esther durfte leben – Edith Stein nicht. Sie gab ihr Leben für die Ihren. Die freie Entscheidung für etwas, was man nicht wählen kann, ist die höchste Form der Freiheit und des Opfers. Mit Blick auf den Tod ist es das höchste und vollkommenste Opfer, das man bringen kann. Stein wusste, dass dieses Opfer von ihr verlangt würde: Der letzte schriftliche Hinweis aus ihrer Hand, geschrieben auf dem Transport nach Auschwitz, umfasst einen einzigen Satz. „Unterwegs ‚ad orientem'. Teresia Benedicta a Cruce. Edith Stein."[40] Ad orientem, zum Osten; dieses Wort nimmt nicht nur den Wortgebrauch im Übergangslager Westerbork auf, wo die Transporte nach Auschwitz und Auschwitz-Birkenau kurz als Transporte „nach dem Osten" bezeichnet wurden; die lateinische Sprache spielt auf den liturgischen Gebrauch des Wortes an, auf das sich darin wiederfindende Bild von Tod und Auferstehung, von der Ankunft der Erlösung und des Erlösers als „Aufgang aus der Höhe" – ein letztes, beeindruckendes Glaubensbekenntnis zur immer noch größeren Hoffnung, die ihr unermesslich großes Opfer trug.

3.3.2. Die Macht des Geopferten: das freiwillige Opfer

Im freiwilligen Opfer offenbart sich eine Macht, die die äußere Übermacht der vernichtenden Gewalt bricht: Es ist der Sieg in der Niederlage, der die fast übermenschliche innere Kraft des Opfers zutage treten lässt.

Drei Aspekte dieser inneren Macht werden hier sichtbar:

- dass (1.) die freiwillige Annahme des aufgezwungenen Opfers den Geopferten über den erhebt, der das Opfer zum Opfer gemacht hat und
- dass (2.) das Aufopfern möglicher Rache oder des gerechten Ausgleichs die Würde des Geopferten wirkungsvoll wiederherstellt,
- sodass (3.) Versöhnung möglich wird.

Durch die freiwillige Annahme des Opfers durch den in irgendeiner Weise zum Opfer Gewordenen wird die Macht des Opfernden – also dessen, der das Opfer zum Opfer macht –, durchbrochen. Denn er erreicht nicht, was er erreichen wollte, nämlich die Vernichtung des Opfers.

Verzichtet dann das Opfer auch noch auf Rache oder berechtigten Ausgleich, opfert es also die Kompensation auf, die ihm zustände, so befreit es sich damit von der sonst noch erwarteten Anerkennung als Opfer. Diese Anerkennung würde ihm die Würde wiederschenken, die es im Geopfertwerden verloren hat. Häufig gelingt das nicht, im Gegenteil: Der Täter bleibt Täter und macht das Opfer dadurch, dass er dessen Opfersein nicht anerkennt, erneut zum Opfer. Das Opfer, das sein eigenes Opfersein annimmt und auf Anerkennung von außen verzichtet, das also die Anerkennung freiwillig aufopfert, bleibt bzw. wird innerlich frei vom Täter und erhält so seine volle Würde zurück. So paradox es erscheint: Das Opfer erlangt im freiwilligen Opfern dessen, was ihm rechtmäßig zukommt, seine eigentliche Würde wieder, die eben darin besteht, frei und bewusst über sein eigenes Leben zu entscheiden. Indem es sein Opfersein noch einmal aufopfert, wird es davon endgültig frei.

Darum kann das Opfer die Macht der Gewalt brechen und die Möglichkeit zur Versöhnung eröffnen; das Opfer kann den negativen Einfluss der Vergangenheit beenden und eine selbstbestimmte Gegenwart und Zukunft zurückgewinnen. Das Opfern des eigenen Opferseins wird auf diese Weise zur größten Macht gegen die permanente Viktimisierung, die durch den Rachegedanken im Krieg, durch Selbstjustiz im Terrorismus und durch fortdauernde Anklage im Streit hervorgerufen wird. Das Opfer des Opfers kann zur wirksamsten Abwehr eines missverstandenen Heroismus, von nie endenwollender Gewalt und rechthaberischer Überheblichkeit werden; es kann einen Frieden herbeiführen, der aus göttlicher Hoffnung erwächst und in die Liebe einmündet, die aus der ewigen Liebe schöpft. Dieses Opfer ist eine alternative Form des Heroismus: ein Opfer, das seine Rechte opfert, weil es weiß, dass die letzte Gerechtigkeit nicht in Menschenhand liegt.

Edith Stein konnte dieses Opfer nicht nach vollbrachter Opferung zum Ausdruck bringen – wie viele ihrer Leidensgenossen. Aber sie offenbarte im Voraus ihre Grundhaltung, als Sühnegabe für die Täter und als stellvertretende Gabe für die möglichen Opfer Zeugnis abzulegen von der die Katastrophe übersteigenden göttlichen Erlöserliebe. Es ist diese im Voraus bezeugte Grundhaltung, die die Kirche dazu veranlasste, sie als Märtyrerin, als Zeugin des Glaubens, heiligzusprechen.

1 In neueren Romanen und Filmen wie *Harry Potter* (J. K. Rowling) oder *Der Herr der Ringe* (J. R. R. Tolkien) opfert der Protagonist sich selbst – jedenfalls der Intention nach –, aber er überlebt. Vgl. A. Hammer (2003), „Dein Leben ist das meine wert." Erlösungsmythen in der Fantasy, in: W. H. Ritter (Hrsg.), Erlösung ohne Opfer?, Verlag Vandenhoek & Ruprecht, Göttingen 2003, S. 157–192.
2 Vgl. W. Palaver, René Girards mimetische Theorie. Im Kontext kulturtheoretischer und gesellschaftspolitischer Fragen, LIT Verlag, Münster–Hamburg–London 2004, S. 293f.: „Das Opfer als Hingabe".
3 Vgl. C. M. Wulf, Der Mensch – ein Phänomen. Eine phänomenologische, theologische und ethische Anthropologie, Patris Verlag, Vallendar 2011, S. 402ff.
4 Vgl. R. Girard, La violence et le sacré, Grasset, Paris 1972.
5 A. Deeg, Opfer als „Nahung". Ein jüdisch-christliches Gespräch zur Spiritualität des Opfers, in: W. H. Ritter, a. a. O., S. 113–145.
6 Das illustrieren die beiden folgenden Fallbeispiele, die in ihrer Verschiedenheit gesehen werden müssen: Jiphtach versprach ein Opfer und musste dieses Versprechen halten (Ri 11,29-40), während Gott Abraham bat, seinen Sohn zu opfern, was letztlich durch Gottes Gnade verhindert wird (Gen 22).
7 Vgl. E. Levinas, Ohne Identität, in: Ders., Humanismus des anderen Menschen, übers. v. L. Wenzler, Felix Meiner Verlag, Hamburg 1989, S. 85–104; vgl. Ders., Totalität und Unendlichkeit. Versuch über die Exteriorität, übers. W. N. Krewani, Karl Alber Verlag, Freiburg–München 1993, S. 102.
8 E. Levinas, Totalität und Unendlichkeit, S. 286; vgl. a. a. O., S 285: „Du wirst keinen Mord begehen"; vgl. auch Ders., Vom Einen zum Anderen, in: Wenn Gott ins Denken einfällt: Diskurse über die Betroffenheit von Transzendenz, übers. v. Th. Wiemer, Karl Alber Verlag, Freiburg–München 2004, S. 229–265, hier S. 250ff. Vgl. E. Levinas, Totalität und Unendlichkeit, S. 340: „Die Identifikation des Todes mit dem Nichts entspricht dem Tod des Anderen im Mord. Aber dieses Nichts präsentiert sich hier zugleich als eine Art Unmöglichkeit. In der Tat kann sich der Andere außerhalb meines moralischen Bewusstseins nicht als Anderer zeigen und sein Antlitz drückt meine moralische Unmöglichkeit aus, ihn zu vernichten."
9 E. Levinas, Bemerkungen über den Sinn, in: Ders., Wenn Gott ins Denken einfällt ...; vgl. Ders., Vom Einen zum Anderen, S. 257.
10 Vgl. E. Levinas, Jenseits des Seins oder anders als Sein geschieht, übers. v. Th. Wiemer, Karl Alber Verlag, Freiburg–München 1992, S. 41, 140f.
11 Vgl. I. Kant, Grundlegung der Metaphysik der Sitten. Kritik der praktischen Vernunft. Die Metaphysik der Sitten, in: Ders.: Werke in sechs Bänden. Hrsg. v. W. Weischedel. Gesamtausgabe B. IV, Wiss. Buchgesellschaft, Darmstadt 1983, BA S. 78f: „Geschicklichkeit und Fleiß im Arbeiten haben einen Marktpreis; Witz, lebhafte Einbildungskraft und Launen einen Affektionspreis; dagegen Treue im Versprechen, Wohlwollen aus Grundsätzen (nicht aus Instinkt) haben einen innern Wert. Die Natur sowohl als Kunst enthalten nichts, was sie in Ermangelung derselben an ihre Stelle setzen könnten; denn ihr Wert besteht nicht in den Wirkungen, die daraus entspringen, im Vorteil und Nutzen, den sie schaffen, sondern in Gesinnungen, d. i. den Maximen des Willens, die sich auf diese Art in Handlungen zu offenbaren bereit sind, obgleich auch der Erfolg sie nicht begünstigte. [...] Diese Schätzung gibt also den Wert einer solchen Denkungsart als Würde zu erkennen und setzt sie über allen Preis unendlich weg, mit dem sie gar nicht in Anschlag und Vergleichung gebracht werden kann, ohne sich gleichsam an der Heiligkeit zu vergreifen."
12 Vgl. H. Jonas, Das Prinzip Verantwortung. Versuch einer Ethik für die technologische Zivilisation, Suhrkamp Verlag, Frankfurt am Main 2003, S. 63: „So wie wir nicht um die Heiligkeit des Lebens wüssten, wenn es nicht das Töten gäbe, und das Gebot ‚Du sollst nicht töten' diese Heiligkeit ins Licht brächte; und nicht um den Wert der Wahrhaftigkeit, wenn es nicht die Lüge gäbe, nicht um die Freiheit, wenn nicht Unfreiheit, und so fort – so verhilft auch in unserm Fall einer noch gesuchten Ethik der Fernverantwortung, die keine jetzige Übertretung schon im Realen offenbar gemacht hat, uns erst die vorausgesehene Verzerrung des Menschen zu dem davor zu bewahrenden Begriff des Menschen, und wir brauchen die Bedrohung des Menschenbildes – und durchaus spezifische Arten der Bedrohung –, um uns im Erschrecken davor eines wahren Menschenbildes zu versichern." So geschah es z. B. 1948 – nach der Shoa – durch die Proklamation der Menschenrechte.
13 Meistens wird als Wesensmerkmal des Menschen nur die Freiheit aufgerufen, die Verantwortung aber, die direkt mit ihr zusammenhängt, nivelliert; vgl. dazu: C. M. Wulf, Der Mensch – ein Phänomen, S. 356ff.
14 Vgl. R. Girard, a. a. O. und Ders., Le sacrifice, Bibliothèque Nationale de France, Paris 2003.
15 Vgl. R. Schwager, Dramatische Theologie als Forschungsprogramm, in: Ders./J. Niewiadomski (Hrsg.) Religion erzeugt Gewalt – Einspruch. Innsbrucker Forschungsprojekt „Religion – Gewalt – Kommunikation – Weltordnung". Beiträge zur mimetischen Theorie. B. 15, LIT Verlag, Münster–Hamburg–London 2003, S. 39–77, hier S. 57ff. Vgl. auch R. Schwager, Jesus im Heilsdrama: Entwurf einer biblischen Erlösungslehre, „Innsbrucker theologische Studien" B. 29, Tyrolia Verlag, Innsbruck 1990.
16 Vgl. H. Jonas, Das Prinzip Verantwortung, S. 186f: „Existenz der Menschheit heißt einfach: dass Menschen

leben; dass sie gut leben, ist das nächste Gebot. Das nackte ontische Faktum, dass es sie überhaupt gibt, wird für die darin vorher nicht Befragten zum ontologischen Gebot: dass es sie weiter geben soll. Dies an sich namenlos bleibende ‚erste Gebot' ist ungesagt in allen weiteren enthalten (wenn diese nicht das Nichtsein zu ihrer Sache gemacht haben)."

17 Vgl. P. Singer, Practical Ethics, Princeton University, New Jersey 2011. Vgl. auch a. a. O., pp. 55–63 und pp. 110–117: Höhere Säugetiere gelten nach Singer als Personen, Ungeborene, Neugeborene und dementierende Menschen hingegen nicht.

18 Vgl. E. Stein, Der Intellekt und die Intellektuellen, in: Dies., Bildung und Entfaltung der Individualität, ESGA B. 16, Herder Verlag, Freiburg–Basel–Wien 2001, S. 143–156, hier bes. S. 148 u. 155.

19 Vgl. O. F. Bollnow, Das Verhältnis zur Zeit, Quelle & Meyer, Heidelberg, ohne Jahr, S. 108ff.; vgl. Ders., Anthropologische Pädagogik, Kröner Verlag, Stuttgart–Bern 1982, S. 98f.; vgl. Ders., Neue Geborgenheit, Kohlhammer, Stuttgart 1979, S. 124ff.

20 Vgl. W. Schoberth, „Schlachtopfer gefallen dir nicht" (Ps 40,7). Der Kreuzestod Jesu: Ein Opfer?, in: W. H. Ritter, a. a. O., S. 83–112, hier S. 90.

21 Vgl. J. Ratzinger, Einführung in das Christentum. Vorlesungen über das Apostolische Glaubensbekenntnis, Kösel, München 1968, S. 232. „Nicht der Mensch ist es, der zu Gott geht und ihm eine ausgleichende Gabe bringt, sondern Gott kommt zum Menschen. [...] Das Neue Testament sagt nicht, dass die Menschen Gott versöhnen, wie wir es eigentlich erwarten müssten, da ja sie gefehlt haben, nicht Gott. Es sagt vielmehr, dass ‚Gott in Christus die Welt mit sich versöhnt hat' (2 Kor 5,19)". Vgl. C. M. Wulf, Begegnung, die befreit. Christliche Erlösung als Beziehungsgeschehen, Patris Verlag, Vallendar 2009, S. 212, S. 238ff.

22 Vgl. W. Palaver, René Girards mimetische Theorie, S. 294. Dies ist der Unterschied zu dem Opfer, auf dem Girards Opfertheorie aufbaut. Girard nimmt später eine bedeutende Verschiebung von „La violence et le sacré" zu „De la violence à la divinité".

23 Das Opfer der direkten göttlichen Offenbarung um der menschlichen Freiheit willen wird von Dostojewskij unnachahmlich verdichtet in der Novelle Der Großinquisitor, einem Kapitel des Romans Die Brüder Karamasov.

24 Ich folge hier den einschlägigen Biographien und nehme eine auf das Thema bezogene Deutung vor. Vgl. insbesondere Steins Autobiographie: Edith Stein, Das Leben einer jüdischen Familie, ESGA B. 1,: Herder Verlag, Freiburg–Basel–Wien 2002; sowie: A. U. Müller, M. A. Neyer, Edith Stein. Das Leben einer ungewöhnlichen Frau. Biographie, Benziger Verlag, Zürich–Düsseldorf 1998. Weitere Quellen sind die inzwischen veröffentlichten Briefe Edith Steins – ESGA B. 2–4.

25 Vgl. E. Stein, Natur, Freiheit und Gnade. Zuerst irrtümlich veröffentlicht unter dem Titel „Die ontische Struktur der Person und ihre erkenntnistheoretische Problematik" in: Dies., Welt und Person. Beitrag zum christlichen Wahrheitsstreben, ESW VI, Herder Verlag, Freiburg–Basel–Wien 1962, S. 137–198, hier S. 160: „Es besteht die Möglichkeit, dass die Gnade nicht unmittelbar an den Menschen herantritt, sondern den Durchgang durch endliche Personen wählt." Demnächst unter dem Titel „Natur, Freiheit und Gnade" in: ESGA B. 9, Herder Verlag.

26 Vgl. a. a. O., S. 160.
27 S. 161.
28 Ebd.
29 S. 163.
30 S. 160ff.
31 S. 168.
32 Vgl. S. 170ff.: Stein erwähnt selbst das Opfer für die Bewahrung der Schöpfung.

33 Vgl. W. Herbstrith, Edith Stein. Ein neues Lebensbild in Zeugnissen und Selbstzeugnissen, Grünewald, Mainz 1983, S. 153–154; vgl. E. Stein, Selbstbildnis in Briefen, Teil II (Jahre 1933–1942), ESGA B. 3, Herder Verlag, Freiburg–Basel–Wien 2000, Brief 638.

34 E. Stein, Selbstbildnis in Briefen B. II, Brief 608.

35 Vgl. Brief 678: „Befreiung vom Kreuz kann man ja nicht wünschen, wenn jemand den Adel ‚vom Kreuz' hat." So schreibt sie am 17.11.1940 aus Echt an Mutter Johanna.

36 Vgl. A. U. Müller, M. A. Neyer, a. a. O., S. 264f., 278f., FN 21. Vgl. E. Stein, a. a. O., Brief 580 vom 9. 7. 1938 – Stein erklärt die Wahl ihres Ordensnamens, Teresia Benedicta a Cruce, folgendermaßen: „Unter dem Kreuz verstand ich das Schicksal des Volkes Gottes, das sich damals schon anzukündigen begann [hier spielt sie auf die beginnende Judenverfolgung im Jahre 1933 an – C.M.W.]. Ich dachte, die es verstünden, dass es das Kreuz Christi sei, die müssten es im Namen aller auf sich nehmen."

37 E. Stein, Testament A55.

38 E. Stein, Kreuzerhöhung, in: Dies., Geistliche Texte II, ESGA B. 20, Herder Verlag, Freiburg–Basel–Wien 2007, Text vom 14.9.1941, S. 149.

39 Stein, Selbstbildnis in Briefen II, Brief 573 vom 31.10.1938.

40 Zeugnis dieser letzten Notiz war Sr. Placida Laubhardt (1904–1998); ich konnte sie im Januar 1996 dazu befragen. Dokumentiert auf: http://www.kloster-st-lioba.de/assets/sr-placida-dokumation.pdf, konsultiert am 31. Oktober 2011. Vgl. Ch. K. Suzawa, „Unterwegs ad orientem". Das letzte Zeugnis Edith Steins, in: B. Beckmann, H.-B. Gerl-Falkovitz (Hrsg.), Edith Stein. Themen, Bezüge, Dokumente, Orbis Phänomenologicus, Verlag Königshausen und Neumann, Würzburg 2003, S. 227–236.

Verzeichnis der Autorinnen und Autoren

Bernhard AUGUSTIN, geb. 1962, Dr. phil., Studium der Forstwirtschaft in Wien, Philosophie in Wien und Rom sowie Theologie an der Päpstlichen Universität vom Heiligen Kreuz in Rom, Priesterweihe 2001. Im Zuge des Doktoratsstudiums in Rom erfolgte eine intensive Befassung mit dem Leben und den Schriften Edith Steins. Promotion 2001 zum Thema „Ethische Elemente in der Anthropologie Edith Steins". 2006 wurde ein gleichnamiger Artikel publiziert in: Die ‚unbekannte' Edith Stein: Phänomenologie und Sozialphilosophie, hrsg. v. H.-B. Gerl-Falkovitz et al., Peter Lang Verlag, Frankfurt am Main 2006. Augustin ist Mitbegründer der Edith Stein Gesellschaft Österreich (ESGÖ). Er wirkt bei Initiativen und Tätigkeiten in der außerschulischen Jugenderziehung mit und widmet sich der geistlichen Begleitung Jugendlicher und Erwachsener. Augustin lebt in Salzburg.

Beate BECKMANN-ZÖLLER, geb. 1966, Dr. phil., war 1993–2004 wissenschaftliche Mitarbeiterin am Lehrstuhl für Religionsphilosophie und vergleichende Religionswissenschaft (Institut für Philosophie) an der TU Dresden; ab 2004 Lehraufträge an der Katholischen Stiftungs-Fachhochschule für Soziale Arbeit, München, und an der IGNIS-Akademie für christliche Psychologie, Kitzingen. Auszug aus ihren Publikationen: Phänomenologie des religiösen Erlebnisses. Religionsphilosophische Untersuchung im Anschluß an Adolf Reinach und Edith Stein, Königshausen & Neumann, Würzburg 2003; Frauen bewegen die Päpste. Leben und Briefe der Hildegard von Bingen, Birgitta von Schweden, Caterina von Siena, Mary Ward, Elena Guerra und Edith Stein, Augsburg 2010. Herausgeberin (mit H.-B. Gerl-Falkovitz): Edith Stein – Themen, Bezüge, Dokumente, „Orbis Phaenomenologicus", Königshausen & Neumann, Würzburg 2003; Die ‚unbekannte' Edith Stein. Phänomenologie und Sozialphilosophie, Peter Lang Verlag, Frankfurt am Main 2006; Mitarbeit an der Edith-Stein-Gesamtausgabe (= ESGA): Wiss. Einführung und Bearbeitung der Bände 6, 9 sowie 14–17. Ihre Forschungsschwerpunkte: Phänomenologische Religionsphilosophie, vergleichende Religionswissenschaft (Christentum im Spiegel islamischer Philosophie). Beckmann-Zöller lebt mit ihrer Familie südlich von München.

Wilhelm BLUM, geb. 1943, Dr. phil., hat in München Altphilologie, Geschichte und Philosophie studiert. Nach einer Zeit als wissenschaftlicher Assistent am Internationalen Forschungszentrum in Salzburg war er 16 Jahre lang Dozent der Politikwissenschaft an der Universität Regensburg. Danach wechselte er nach München, wo er von 1992 bis 2010 am Maximiliangymnasium Altgriechisch, Latein, Geschichte, Philosophie, Ethik und Sozialkunde unterrichtete und wo er weiterhin lebt. Er hat Übersetzungen herausgegeben, u. a. von Demetrios Kydones (14. Jh.) und Otloh of St. Emmeram (11. Jh.). Heute ist er vor allem als wissenschaftlicher Schriftsteller tätig; aus seinen letzten Publikationen seien erwähnt: Humanistische Reisen, München 2002; Höhlengleichnisse. Thema mit Variationen, Bielefeld 2004, Letzte Worte, Bielefeld 2007. Blum ist Mitglied des Vereins der Freunde des ifz.

Małgorzata BOGACZYK-VORMAYR, geb. 1979, Dr. phil., unterrichtet Geschichte der Philosophie der Antike und des Mittelalters sowie Geschichte der Ethik an der Universität Posen/Polen. Sie dissertierte 2011 an der Polnischen Akademie der Wissenschaften/Warschau zum Thema „Aletheiologische Konzepte des Seins. Vergleichende Studie über den Platonismus und die Phänomenologie". 2009–2011 war sie wissenschaftliche Mitarbeiterin am ifz Salzburg, wo sie 2011 das Symposium „Leid und Mitleid bei Edith Stein" organisierte. Aus den Veröffentlichungen: Spuren des Anderen. Eine philosophische Antwort auf eine politische Frage, in: Die Destruktion des Dialogs ..., in: D. Bingen et al. (Hrsg.), Harrassowitz, Wiesbaden 2007, S. 23–32; In die Wüste, in die Welt. Über die altchristliche Lehre von der Seelenkraft, in: M. Bogaczyk-Vormayr, C. Sedmak (Hrsg.), Patristik und Resilienz, Akademie, Berlin 2012, S. 179–210; Vom Scheitern und Neubeginnen. Ein philosophischer Beitrag zur Resilienzforschung, „Salzburger Beiträge zur Sozialethik", Nr. 1, 2012, S. 1–26. Sie lebt in Posen und Salzburg/Land, wo sie zur Zeit in Kooperation mit der Lebenshilfe Salzburg an dem Buch „Art brut – Outsider art – Naïve Kunst" arbeitet.

Urbano FERRER, geb. 1948, Prof. Dr. Habil., ist Professor für die Moralphilosophie an der Universität Murcia/Spanien. Er dissertierte 1975 in Madrid über das Problem der Intentionalität bei E. Husserl. Er unterrichtete u.a. an der Complutensis Universität in Madrid und an der Universität Navarra. Er ist Mitglied des Beirats der Zeitschrift „Cuadernos de Bioética". Sein Forschungsschwerpunkt liegt in den diversen Themen der phänomenologischen Ethik: Personalität (E. Stein), Bioethik, Multikulturalität, Gerechtigkeitskonzepte. Auszug aus seinen Publikationen: Qué significa ser persona?, Madrid 2002; Desarrollos de Ética fenomenológica, Albacete 2003; Para comprender a Edith Stein, Madrid 2008; Kausalität und Motivation bei Edith Stein, in: B. Beckmann, H.-B. Gerl-Falkovitz (Hrsg.): Die ‚unbekannte' Edith Stein. Phänomenologie und Sozialphilosophie, Frankfurt am Main et. al. 2006, S. 43–58.

Margaretha HACKERMEIER, geb. 1963, Dr. theol., ist wissenschaftliche Referentin für Religionsunterricht am Gymnasium am RPZ in Bayern. Sie studierte Katholische Theologie und Mathematik in Würzburg und Paris. Schon zum Abschluss ihres Studiums begann ihre Auseinandersetzung mit E. Stein. Sie verfasste ihre Zulassungsarbeit fürs Staatsexamen mit dem Titel „Einfühlung als Voraussetzung für Mensch- und Christsein". Während ihrer Lehrtätigkeit als Studienrätin in Augsburg promovierte sie über die frühe Philosophie von E. Stein, was sie 2007 abschloss: Einfühlung und Leiblichkeit als Voraussetzung für intersubjektive Konstitution. Zum Begriff der Einfühlung bei Edith Stein und seine Rezeption durch Edmund Husserl, Max Scheler,

Martin Heidegger, Merleau-Ponty und Bernhard Waldenfels, Kovac, Hamburg 2008. Sie versucht seit vielen Jahren, E. Stein in der Erwachsenen- als auch Jugendbildungsarbeit (Vorträge bei Symposien, Katholikentagen, Weltjugendtagen, Kath. Religionsunterricht) bekannt zu machen.

Elisabeth KAPFERER, geb. 1977, Mag. phil., studierte Germanistik und Politikwissenschaft in Innsbruck. Seit 2009 ist sie wissenschaftliche Mitarbeiterin am Zentrum für Ethik und Armutsforschung der Universität Salzburg (ZEA). Ihre Forschungsinteressen umfassen die Bedeutung von Kultur in der Armutsbekämpfung, Lokales Wissen, Erinnerungskulturen und Armut/soziale Ausgrenzung und Repräsentationen von Armut/sozialer Ausgrenzung. Sie ist (Co-)Autorin und (Co-)Herausgeberin diverser Publikationen am ZEA und am internationalen forschungszentrum für soziale und ethische fragen (ifz Salzburg). Veröffentlichungen (u. a.): Sozialatlas Lungau. Ideen und Projekte für ein besseres Zusammenleben, mandelbaum verlag, Wien 2012 (gem. mit A. Koch, N. Kühn und C. Sedmak); Making Change Happen: The Lungau Experience 2011. The Social Festival „Keep the Ball Rolling." from the Perspective of Poverty Research, in: E. Kapferer, A. Koch, C. Sedmak (eds.), The Logics of Change. Poverty, Place, Identity, and Social Transformation Mechanisms, Newcastle upon Tyne, Cambridge Scholars Publishing 2012, pp 58–74.

Mette LEBECH, geb. 1966, Prof. Dr. phil., ist eine dänische Philosophin, die an der National University of Ireland in Maynooth arbeitet. Sie ist Präsidentin der International Association for the Study of the Philosophy of Edith Stein (IASPES) und Mitglied des wissenschaftlichen Beirats für die Herausgabe von Steins Werken in der englischen Übersetzung. Ihre Forschungsschwerpunkte: Phänomenologie, bes. Edith Stein, Philosophie der Menschenwürde, philosophische Kategorie der Freundschaft, Angewandte Ethik und Bioethik. Sie veröffentlichte u. a. Studyguide to Edith Stein's Philosophy of Psychology and the Humanities, in „Yearbook of the Irish Philosophical Society" 2004, pp. 40–76; On the Problem of Human Dignity. A Hermeneutical and Phenomenological Investigation (Orbis Phaenomenologicus Studien, Bd. 18), Würzburg 2009; Why do we Need the Philosophy of Edith Stein?, in: „Communio. International Catholic Review", Winter 2011, vol. XXXVIII, no. 4, pp. 682–727.

Joachim PIECUCH, geb. 1956, Univ. Prof. Dr. Habil., ist Professor für philosophische Anthropologie und Religionsphilosophie am Institut für Philosophie in Opole/Polen. Er doziert auch Geschichte der Philosophie und philosophische Anthropologie an der theologischen Fakultät der Oppelner Universität. Studium der Theologie in Nisa und Lublin/Polen, der Philosophie in Kraków/Polen sowie in Freiburg im Breisgau. Promotion bei J. Tischner mit der Arbeit Das Verständnis von Erfahrung bei F. Rosenzweig. Habilitationsschrift über den phänomenologischen Erfahrungsbegriff und die Erfahrung Gottes. Forschungsschwerpunkte: Phänomenologie, Hermeneutik, Philosophie der Neuzeit, Religionsphilosophie. Zahlreiche Veröffentlichungen, u. a.:

Edyta Stein – filozof i świadek epoki (Edith Stein – Philosophin und Zeugin eines Zeitalters; als Herausgeber), Opole 1997; Doświadczenie Boga (Die Erfahrung Gottes. Eine Erörterung des phänomenologischen Denken von Bernhard Welte), Opole 2004.

Clemens SEDMAK, geb. 1971, Univ. Prof. DDDr. Habil., studierte Theologie, Philosophie und Sozialwissenschaften in Innsbruck, Linz, Zürich und New York. Er forschte und unterrichtete u. a. in Chicago, Toronto, Rom, Bergen, Oxford, Jena, an der Kenyatta University in Nairobi, an der Ateneo de Manila University in den Philippinen, an der University of Notre Dame/Indiana. Seit 2005 ist er F. D. Maurice-Professor für Sozialethik am King's College London und seit 2009 F. M. Schmölz-Gastprofessor an der Universität Salzburg. Er ist Leiter des Zentrums für Ethik und Armutsforschung der Universität Salzburg, der Salzburg Ethik Initiative sowie Präsident des internationalen forschungszentrums für soziale und ethische fragen (ifz Salzburg). 2011 initiierte er das erste österreichische Sozialfestival „Tu was, dann tut sich was.". Seine Forschungsschwerpunkte liegen in der Sozialethik (u. a. moderne Arbeitswelt, Armutsbekämpfung, Welthunger), in der Erkenntnistheorie und in der Religionsphilosophie. Auszug aus seinen letzten Veröffentlichungen: Kleine Verteidigung der Philosophie, München 2003; Geglücktes Leben. Was ich meinen Kindern ans Herz legen will, Wien 2006; Transformation Theology (mit O. Davies, P. Janz), London 2008; Leid verstehen (mit Ch. Unterrainer), Augsburg 2010; Jedem Abschied wohnt ein Zauber inne (mit A. Kothgasser), Innsbruck 2012. Sedmak lebt mit seiner Familie in Seekirchen am Wallersee/Salzburg.

Claudia Mariéle WULF, geb. 1962, Dr. phil., Dr. theol., hat den Lehrstuhl für Moraltheologie/Christliche Ethik an der Katholischen Fakultät der Universität Tilburg mit Sitz in Utrecht inne. Wulf studierte Pädagogik mit dem Schwerpunkt Erwachsenenbildung und katholische Theologie in Bonn, Paderborn, Dresden, Zürich und Fribourg. Sie promovierte in Philosophie über die Anthropologie Edith Steins (Freiheit und Grenze, Patris Verlag, Vallendar 2001, ²2005) und in Theologie über das pastorale Gespräch über Schuld (Schuld, ins Wort gebracht, Vallendar 2008, ²2011), Frucht einer etwa 20-jährigen pastoralen Praxis in Frauen- und Jugendseelsorge, als Universitätsseelsorgerin und in der Lebens- und Krisenberatung. Sie publizierte weitere Werke zum erkenntnistheoretischen Hintergrund der Moraltheologie (Was ist gut?, Vallendar 2010), zur christlichen Erlösung als Beziehungsgeschehen (Begegnung, die befreit, Vallendar 2009) und zur Anthropologie (Der Mensch – ein Phänomen, Vallendar 2011). Zahlreiche Aufsätze und internationale Referentinnentätigkeit zu Edith Stein; aus ihrer Handschriftenforschung resultierte die Neudatierung einiger Werke der Philosophin. In ihrer aktuellen Forschung befasst sie sich mit dem Einfluss psychotraumatischer Verletzungen auf Verantwortungsfähigkeit und Lebenskonzeptgestaltung und dessen Bedeutung für die theologische Forschung und die pastorale Praxis.